光緒上虞縣志校續

5

紹興大典 史部

中華書局

上虞縣志校續卷二十八

輿地志九

古蹟

漢始寧縣治順帝時分上虞南鄉爲始寧縣隋廢（嘉泰會稽志）三界市卽漢始寧縣址（萬歷府志）水經注舊治水西常有波潮之患晉中興初治今處前則猶在水西也隋開皇九年廢入會稽郡隸會稽嵊縣志謂明成化間始隸嵊縣乾隆府廳州縣圖志廢縣在縣西南五十里○（錢玫補稿）國朝唐九皐始寧古治詩鳳翥龍蟠聳碧峰剡溪繚繞舊虞封低徊野渡秦時日出沒斜陽舜廟鐘風俗變遷微近

古絃歌隱約小留蹤神明可
有遺碑在江樹江雲一片濃

漢司鹽都尉治水經注江水東逕上虞縣南至王莽之會稽也本司鹽都尉治也戴校本無也今據全氏趙氏本增地名虞賓據浙江通志

尉司在縣治西南其北爲射圃對鑿二池奐亭其上扁曰照心宋縣尉方申伯案職官表宋縣尉無方申伯名詳附考孫衍條下建燬於建炎及其再刱元至元丙子又燬越十五年庚寅尉張興重建廳曰清心堂曰環翠門廡庖湢無不備正統志○元教諭黃和中記上虞爲越中縣設尉一至元丁亥眞定深州張君興寔來其政簡其令嚴公且清也下車靡他務

惕焉以學校廢缺是念捐貲躬役迺藩迺墉長者山去縣一里屏蔽西南踞重岡作亭其上增壯形勢邑有眞武祠水旱禱輒應始易地改築用斥而大用昭乎神休且不鄙夷其民有惠有感春雨雪彌月散職租以餔饑弱肉不強食必勇抉一無少貸凡足以敦世教芘賴生人者罔不誠信周密古之所謂尉者畏也君斯盡之尉有廨掓於宋建炎燬後百有餘年至元丙子又墮於焦土而不起來者相望養秩安祿者不及問因陋就簡者不暇問君於是政成且三載乃相攸故址耨荆葦石繚以周垣爲屋四十間棟宇之制崇庳協中丹雘之飾華質合度以庚寅九月課材閲月而斧斤論功署事有廳退息有堂門廡庖湢榱桷弈弈日用百須無器不備費不於官惟祿之羸役不病民及民之時流逋四歸聚廬聯居整比如翼過者輟步驩歎昔唐有尉尉氏者考滿剌史寵以清心苦節之詞因取清心名堂最後背負蘿巖雲收天淨時若幔垂屏列用黃山谷同環紫翠間詩語扁曰環翠堂大書摛張實惟左丞紫薇史公所題鸞翔鳳翥彈壓山川高明顯爽之觀天藏神祕雲然豁露猗

歟偉哉嘗謂天下事無大小如不萌苟且之心鮮不克究者曾叔孫昭子所館雖一日必葺去之日如始至春秋稱其賢大夫一命以上皆可行所志況治所吏民之耳目非他役比君於考績之載必葺之功勤於始至賢豈在昭子下邑人請刻石堂上以詔無止予曰張公年方強仕初命作尉廉能之聲獵獵日起使之大施厥施詎可量哉惜割雞未用牛刀如隋尉顏師古所云

嵩城在縣西北六十里其城斷續橫亘數里乃古壘也嘉泰會稽志　上虞縣故城今縣西廢地是也太平寰宇記舊置戍守明初置臨山衛城遂廢今有嵩城市一統志○王振綱案資治通鑑吳國內史袁崧築扈瀆壘以備恩釋之者曰袁崧當作袁山松扈瀆今在平江府吳縣吳地記云松江瀉海名扈瀆洪稚存乾隆府廳州縣圖志滬瀆在上海縣北松江下流也晉袁崧築滬瀆壘備孫恩於此是滬瀆在今松江

府上海縣非在上虞也滬之爲壘列竹爲之陸龜蒙敘矢魚之具云列竹於海澨曰滬滬范成大吳郡志曰列竹於海澨曰滬吳之滬瀆是也則滬瀆以列竹海中而名如嘉泰志所云斷續橫亘數里所謂滬者何以稱且復加以城之名所謂瀆者又何以稱耶大抵嵩城亦當時古壘後人嫁袁之名而附會之○案備稿斷扈瀆爲上海辨之甚詳舊志相沿指爲今嵩城廢址明倪元璐嵩城廟碑記謂晉吳國內史袁公建嵩城孫恩之亂三吳八郡倉皇流離公禦之不一其地城之不一其鄉此嵩城其一也祠北曰嵩下市東南有亂將橋西南有孫家洞居民之說是也又云公本諱崧別傳分爲山松考資治通鑑吳國內史袁崧築扈瀆壘以備恩胡三省注袁崧嘗作袁山松元璐之說實本於此其指嵩城爲袁所築雖僅據居民之說別無確證然查孫恩作亂時歷四載沿海繹騷豈有定所況晉書明云牢之率衆東征屯上虞吳國內史袁山松築扈瀆壘備恩事在一時嘉泰會稽志亦云晉安帝隆安間孫恩攻上虞朝廷遣劉牢之袁崧沿海備恩嵩城之名當始於此是則上虞之有

嵩城嵩城之爲袁築未爲無本不必執扈瀆在吴爲疑

後郭在縣西北四十二里縣治舊在百官此北門之外也萬曆志㊀王振綱案唐以前縣治當在今白馬湖西白馬湖即古之漁浦湖水經注云縣之東郭外有漁浦湖是也今之後郭即古治北門之郭

還珠門在縣東里餘取合浦守孟嘗去珠復還之義宋慶元中知縣施廣求重建既廢元至正末丞相方國珍築新城移爲通明門亦廢正統志

鳳仙門在縣南一里路通仙姑洞故名宋知縣施廣求建既廢元方國珍改爲城門曰朝陽亦廢正統志

鏡湖別島門在縣西南西溪湖陽宋慶元中知縣陳炳建元方國珍改爲城門曰金罍亦廢正統志○案慶元宜作紹興

晝錦門在縣西宋紹興中鄉先達李光知紹興府邑人榮之故名卽今西門城址正統志

豐寍門在縣西北鵓鴣嶺方國珍築爲北門卽廢正統志

節婦門在縣學門左明柳宗遠妻唐洎其婦陳二嫠守節聞於朝洪武初詔旌表立之正統志

酒稅務在縣治東南七十步運河南宋時酒課歲該生酒烹酒官錢一萬一千六百七十二貫二百六十文後於各鄉都分爲三十二坊管辦又設四坊帶辦戶部酒課久廢○正統志

教場在縣西百官鎮北相傳漢時置新纂

百官里舊經云沿舜百官牛羊倉廩備之義又云禹會諸侯百官曾聚於此萬歷志

扶蜂里舊經云縣北有漁浦湖傳是舜漁處村民繞湖亂居故名萬歷志

粟里會稽三賦注云舜時供儲於此乾隆府志

謝公里在東土鄉太傅所居東山志

五夫里在縣北三十五里嘉慶志

國朝潘思漢記略五夫里名勝區也前明邱瓊山白予族祖太常公鳳山之麓有焦婆井焉井有賦篆版蓋於井上太常如其言啟而錄之版復蓋諸井既而賦失

尹姓今無存者志稱唐焦氏生五子俱官大夫孝感上
聖於此立塋而里以名雖然里以五夫著而賢才文學
之盛則不自五大夫始五大夫止也余嘗游覽其閒峙
者有大小寒峰清風峽鳳皇玉屏琴客罣恩諸山流者
有東西疊錦溪洗硯池淸斯沼石蟹澗石渠大雲黃坡
蓮花七里港諸水書院則有月林南山闌易則有太極
之窩訂誤則有修經之樓著述則有白雲之巢藏修則
有尚志之齋浮香之閣睹茲形勝不獨里有賢士希蹤
芳躅令人慨想其遺風逸韻已也嗟乎東山所以志太
傅娥江所以彰孝女地以人傳也予竊怪焦氏五子垂
名厥里而名卒湮沒不彰又怪太常既獲茲賦而流傳
不長井版復剝蝕於流泉蔓草閒徒使好古之士溯洄
景慕不置也悲夫○王振綱案萬歷志有
五夫河五夫市無五夫里姑因潘記附存

理學里在縣西百官鎮明俞繪居此內有俞子講學堂今
尙存新纂

古孝子里在縣西門外明孝子陳衡居此新纂

游謝鄉俗傳謝康樂舊游地萬歷志○案今在嵊縣東北三十里○宋陳子高詩雨裏落帆游謝鄉寒聲古木共荒涼四山爲我洗蒼玉况有故人歸上方自注故人汪彥章時寓東山國慶院故云

姚邱在縣西四十里一名桃邱相傳爲舜所生處旁有虞濱嬀石舊志在指石山之東嘉泰會稽志

谷林郡國志云上虞縣東今有姚邱即舜葬之所東又有谷林即舜生之地復有歷山舜耕于此嘉禾降此山也太平寰宇記○案仁和趙昱建有谷林堂春草園小景分記吾家先世本上虞人谷林上虞小阜也○新增

虹様村在縣西南載初鄉有握登聖母祠東西有二赤岸

相傳爲舜生之祥〔萬歷志〕東西赤岸在縣西南四十五里相傳舜生時垂虹所照〔宏治府志〕

牛羊村金仁山通鑑前編引蘇氏古史舜生於諸馮甚者指會稽上虞牛羊村百官渡爲舜所居蓋因孟子之言而附會之也今莫指其地〔錢玫補稿〕

三憮南逢吉會稽三賦注圖經上虞有地名虞濱其水經嬀石入東海江裏有上中下三憮言二女降時嬀地高險迴曲使者至險輒憮然而歎故曰三憮〔沈奎補稿〕

孟村漢孟嘗所居與會稽剡縣接界〔萬歷志〕在縣西南六十

里俗呼孟家岡新纂○案嘉慶志旣云在始甯鄉反併入孟嘗宅下東西相距甚遠今分列於此

牛步爲高僧白道猷騎牛入山之路牛隱其地有牛倒行跡故名萬歷志

石駞步任昉述異記上虞縣有石駞步水際謂之步疑即今之駞石步錢玫補稿○在縣南二十五里俗呼大石埠

琵琶圻在東山下小江口今呼琵琶洲萬歷志

成功嶠在縣西南三十里晉謝元破苻堅歸爲會稽內史鄉里旌其門磨崖大書三字其上云壁立臨江巍然大

觀〔萬歷〕志

石室在縣南太平山煉丹石右廣數丈高丈餘中拆爲二有隱者題其壁曰太平山色翠重重勾漏丹砂隱碧峰舊經云吳時道士于吉嘗築館於此今石室左有道士舊墓尚存即吉築館之地又有堂基在焉又傳葛稚川未詳〔萬歷〕志

石瀉在十五都塔嶺〔萬歷〕志〇備稿案石瀉之跡山陰縣志以爲在昌安門外今石瀉村是萬歷志以爲在縣十五都塔嶺又云瀉水門凡溪上俱有此則在十五都見王晏傳府志則謂並不在東如舊志所云在上虞是反趨敵也考南史王晏討孔顗顗以東西交逼不知所爲其夕卒千餘人聲云東討賓趨石瀉

蓋東討爲一句是顗令千餘人揚之之詞實趨石瀉爲一句載筆者明其奔竄之實如左傳吾其奔也遂奔狄之類故王晏傳云顗竄於山嶕村村人縛之以獻晏晏斬之東閣之外是山嶕村即今石瀉村在郡城昌安門外實顗所趨之地安得以上虞溪上之水門偶以石瀉著名而輒誣以爲孔顗趨避之所哉○案塔嶺今在十九都非十五都十九都塔嶺下有石沸村疑石沸即石瀉矣

舜井在百官市舜廟北東西各一昔堙爲二墩吳越時錢王鏐復浚得讖記寶物萬歷志○錢鏐記吳越寶正中旌敎僧儀恩奏云按圖經西北去三十五里有舜井二口深三丈舜子生時井爲湧泉即淘金之處也世傳秦始皇封塞作兩墩各高一丈相去三十餘丈晉宋以來僧爲佛寺鄉人或耕鋤多得古磚甃石南去半里有舜廟北去半里爲百官橋東去二百步有機証院唐僖宗朝賜額寶正三年閏八月初九日奏上當月十四日錢王差西都上直官五十八人東都

上直官五十八貫火糧畚鍤至井所開掘得識記寶物一百二十餘件都抽領西都上直廂虞候盛瑗東都上直廂虞候孫宏西都隨身虞候閭邱稔勾當拜祭内直殿十將于軒十六日鑿西井十九日得銀環六赤珠一金盒一古文錢二千三百四十琥珀珠一當十大錢三當五十大錢二十四太平錢百直百三銖二十四大錢二百五十四五銖錢九百六十貨泉錢二百八十半兩錢三十石獅一鐫其背曰重華井天明可開腹内有水精珠一東井得銀塔一高一尺五層内有一金瓶舍利二顆散金瓶二金鈴六銅鈴一銀環六銀鈴一水精珠十四琥珀珠九雜珠大小三十五小琥珀獅子三十瑪瑙珠七玉八珠一玉環一銅鏡三銅爐一小瑪瑙珠六土瓶一以上共三十四件並有石匣盛之題云唐永徽四年於此造塔鎮井有重華石一片闊三尺厚九寸左右有索痕深二寸官中令造深沙神一軀足履四石寶正四年六月廿九日差錢文殿祭神鐫石吳越國王寶正三年八月廿九日重開舜井收得重華石一片竊恐年移代遠莫測端由特令鐫刻用記年月己丑歲林鐘之月

二十九日天下都元帥吳越國王記又一在縣西南二十五里車嶺一在縣西南二十里象田山南萬歷志嘉慶志○唐朱慶餘詩碧甃磷磷不記年青蘿深鎖小山巔向來下視千尋水疑是蒼梧萬丈天

金罍井在縣南一里天慶觀東廡晉太康中獲金罍於此井嘉泰會稽志漢魏伯陽遺蹟其下更有九小井泉甘而冽元至正間作亭其上後圮明正德丙子再搆石亭萬歷府志萬歷間復圮嘉慶志○元余元老記城南有小阜特立曠野外廣數十畝四山環列如畫漢魏伯陽居之著參同契鑿井以資修煉上一而下九晉太康中嘗浚治得金罍上之於朝井之得名以此始泉甘而冽不以旱潦盈縮旁有觀曰元妙歲罹洊歎莽爲瓦礫井亦榛翳至正丁亥僉憲趙公以餘暇登眺斟深酌清

慨然覽古因伐石紀事且作亭以覆之僕居是邦實諗
初未因識歲月以自效於柳先生復北門乳穴故事○
趙棨詩夜光隱隱金罍古秋色沈沈石甃寒老樹轆轤
蒼蘚合何人三咽伯陽丹明葉砥詩亭亭金罍山古有
神仙宅漢魏伯陽父飈馭藐八極山中鼎竈無靈蹟惟
餘九井澄寒碧丹光有時夜燭天博作絳霄霞五色誰
云蓬瀛之路隔三萬餘珠宮貝闕在咫尺造化由我非
由他心竅造化竅手擘混沌殼宇宙茫茫曾不滿一握
問訊伯陽與稚川爲我稽首致我言
兩翁拍手應劃然滄海月生秋滿天

梅仙井在縣東十六里明因寺中宋孫嘉明因寺記云越
之上虞距縣東十餘里有地名竹橋有井曰梅仙予眞
嘗汲以煉丹
案井上徑三尺下方五尺甃以石深四倍
之泉清而不冽不以旱潦盈縮俗傳能愈
痼疾病者輒求焉嘗以
擬蘇耽橘井云○新纂

焦家井在縣東北五夫市中舊經云昔焦贛卜地穿此井水味甚甘嘉泰會稽志一在縣東通明門外今名唐家井萬曆府志○國朝杜時芳焦婆井懷古詩聞說昔人跡頻增逸士遊五松千古立一井萬年悠碧草蒼煙斷青苔晚氣收龍池開兩鏡鳳岫出孤邱蕭寺無聲寂村莊少客幽荒碑沉不見殘記幸還留慨歎付啼鳥懷人看水鷗浮生今一覺何用覓封侯王振綱案焦贛穿井之說不足徵信今名焦婆井在縣東門外者乾隆間有五齡孩女墮入經三日始出不死土人謀堙之居民俞學殷訟於官曰井古蹟也五齡孩女三日不死殆仁井壽宜表不宜塞遂得不堙道光間爲土豪所佔邑令周鏞立碑示禁今在俞家樓屋下

葛元丹井在縣西北二十八里蘭芎山萬曆志○今亦名丹池國朝曹章詩仙子乘鸞去丹池幸尚存摩崖尋古蹟荷鍤劚雲根石破通樵徑林深隱寺門江流還屈曲漁艇滿孤村

蕭家井在縣東一里等慈寺西廡側本梁蕭氏所捨宅也嘉泰會稽志

磨劍井在縣北三十里伏龍山北深七尺廣半之云吳越王錢鏐於此磨劍萬歷志　池西南百數步有井泉亦甘美土人謂之裏磨劍井新纂

三井在車嶺西土名張西㘅相傳吳越王遺蹟一井出泉一井出酒一井出茶厥後酒茶二井因競飲遂廢獨泉井存焉萬歷志

印田在縣東東畈下閘相傳車純生於此旁有一樟木是

其遺蹟新纂

孟嘗宅在縣東南一里萬曆志○嘉泰會稽志作在縣南者誤宅旁架橋又東卽還珠門嘉慶志○明葛焜詩合浦傳遺事循良漢史書東郊青草合誰識孟嘗廬　國朝王振綱詩偶過孟嘗宅斷碑今已蕪青天寃婦雨碧水舊官珠當道曾推薦耕田亦大夫高風餘古廟瞻拜一嗟吁

馬融宅在疊錦溪宋朱晦菴詩云疊錦溪邊馬融宅又云知是當年宰輔家則融似爲宰相意者非東漢之馬融乎萬曆志在縣北三十里後爲朱右宅嘉慶志○王振綱案東漢馬融字季長茂陵人爲南郡太守考晉史亦有馬融見陶黃傳俱非上虞人亦不官宰相朱子詩句當是比擬但上虞爲

宰相者李莊簡外無人焉姑闕疑以存其舊○案莊簡生於五夫卒於紹興二十九年己卯朱子來虞在淳熙壬寅相去已二十四年故抵五夫而有懷莊簡也宰輔當指莊簡

魏伯陽宅在縣南百樓山名勝志餘詳百樓山

謝安宅在東山卽國慶院址萬歷志餘詳東山

謝元宅在縣西南四十里其地有車騎山相近爲太康湖一統志水經注車騎將軍謝元田居所在右濱長江左傍連山平陵修通澄湖遠鏡於江曲起樓樓材悉以桐梓森聳可愛居人號爲桐亭樓樓兩面臨江盡升眺之處蘆人漁子汎濫滿焉湖中築路東出趣山路甚平直山

中有三精舍高甍淩虛垂簷帶空俯眺平煙杳然在下水陸盜晏足爲避地之鄉矣據浙江通志○又通志引嘉泰會稽志云上虞江有琵琶圻臨江有石牀名釣魚臺爲謝元所居之地田居當是舊居之訛

孫綽宅孫綽遂初賦序經始東山建五畝之宅世說孫綽賦遂初築室畎川自言止足之分齋前種一株松恆手自壅治之浙江通志○國朝王振綱詩畎川築室近東山謝傅樓頭與往還記得金聲誇擲地松風一路問柴關

葛洪宅水經注三石頭丹陽葛洪遯世居之基井存焉浙江通志餘詳蘭芎山

周元吉宅在長者山宋周元吉所居萬曆志

義門劉氏宅在縣東門外土山西二小山下舊有雙闕臺綽楔門務本堂聚衣堂演馬塘雪蔭花圃傳粉井今俱廢惟洗米池及碑石尙存新纂○趙抃義門碑記載文徵

陶朱釣臺在縣西南十里西溪旁故址尙存新纂

陶宏景釣臺在縣西南釣臺山山皆巖石嘉慶志

葛稚川釣臺在縣南五十里廣利廟旁正統志高數丈枕山麓下瞰深潭水流爲雙溪萬曆志○宋華鎮葛仙翁釣磯石詩仙客乘閒學釣翁擘波時躍錦鱗紅浮槎不到寒潭上松葉泠泠自好風

王〔宏〕之釣臺在蘭芎山上虞江有三石頭〔宏〕之嘗垂釣於此萬曆府志

上虞鄉亭在縣西北虞江濱梁劉孝綽曾於此觀湖賦詩正統志　古圖經上虞鄉在縣西蘭芎里疑即梁湖江濱也萬曆志○劉孝綽詩載文徵

雙檜亭在曹娥廟寶慶會稽續志其上雙檜甚古會稽縣志

東西二眺亭在東山嘉泰會稽志餘詳東山

薔薇亭在東山之麓舊址猶存東山志

觀風亭在縣治南運河邊洪武初改名接官亭正統志　宋〔淯〕

祐中令魏琚建今爲水館亭萬歷志

虚籟亭在縣西南八里資聖寺旁宋鄉人杜思恭建正統志

宋楊廷秀詩楊子平生山水癖拄折瘦筇穿破屐纔聞泉石有佳致憾不使我生羽翼嚴陵七里飽往來洛陽八節畫中識放翁寄題虚籟亭始知造物無終極古言因物想其人我今因人而想物虚籟虚籟不可見相看杜子口吃吃我和長歌以贈子子去持以歸當以我詩置之虚籟壁子歸須作虚籟圖圖以贈我毋使老大終身抱此一奇疾

視淸亭宋趙友直痛父良坡死難置萬歷志○趙友直賦曰慨黄虞之不作兮衰鳳無靈抑世人之齪齪兮念誰爲之澄子實有隱衷兮竊自悼其生聊乘化以自適兮無復嬰吾之情居不懸金石出不建旄旌身不被錦繡口不嚼大烹厰其中爲一亭扁其處曰視淸淸於春兮光風卉洗脫繁華無

樾淩清於夏兮南薰至冰絃操裏荷香馨清於秋兮揚皓彩天高宇肅萬籟鳴清於冬兮寒砭骨老梅幹上飛六霙一時清兮四時清四時清兮時其恆何末俗之亡良酒眯目而弗瞠清吟不足清飲不能清談何有清隱何曾冥冥者難睹皎皎者易盲彼淮陰之弗視徒功高而赤族博陸之弗視竟以驂乘而罹刑胡憂樂之倚伏亦慶弔之相迎是以賢智達觀明哲凝睛不與鴟梟而競食不與鴻鵠而爭聲留侯視之友赤松龐公視之耦力耕視商山者爲四皓視栗里者爲淵明嗚呼惟伯夷之視兮世莫與京豁塵眸於百代之上兮聞者必興歎首陽之胥兮吾自愛吾之亭

制幹亭在縣東十二里金烏山下宋進士京制幹朱灼致仕歸隱因構亭焉明季廢遺址尚存據採訪冊纂

一覽亭在縣西南長者山巔元尉張興叔以眺四山之勝

萬歷志○明徐子喬詩雉城南去棟雲飛無數青山作
四圍狂欲捫天因策杖嘯將傳谷且振衣落霞樹樹晴
銜麓曲澗村村靜掩扉此地投
閒堪自老倦游儻許着漁磯

尚古亭元魏壽延建沈奎補稿餘詳下福緣精舍○明唐
肅詩蘭風山中一坏土云是唐朝九
弟墓唐朝九弟鄭公孫遠自鉅鹿來茲所福州文學文
章家石首大夫民父母短碑三尺猶可讀剝落龜趺臥
榛莽有孫有孫心獨苦來拜松楸淚如雨藤蔓苔荒五
百年上世遺餘此其古福祈山連夏蓋湖華載兩石歸
吾廬正憐斯文紀先德不但鐵畫銀鉤書賢孫有子復
好德重作茲臺覆茲石當口口者復有碑李公文章秦
公筆吾來正值兵革餘荒村廢城狐兔跡巋然獨映馬
鬣封喬木垂陰一千尺不見他家塚纍纍亦有圭首蟠
蛟螭只今斷裂半爲
礎敲火不禁芻蕘兒

富春亭元孫邦仁建邦仁祖昶自姚遷虞之西溪湖旁邦

仁留心理學嘗搆亭於湖左右山巔曰富春亭吏部郎中葉砥作記見林希元西溪湖賦沈奎補稿

草亭在縣東門外俞氏所居錢玫補稿○明趙撝謙記友人俞君負上虞東郭門外而居近市嫌其喧隘別作娛親之所即舍後曠夷之地數十畝中高矩其址立亭八九椽覆以白茅列樹花果桑竹數百十本引泉注渠而決左右外則規蕩槿高藩籬名其所曰東園亭曰草亭間侍親涉園以遊入亭以息覽望江山之壯延適風景之美時課子弟持樽酒捧肴稱壽爲樂意甚慊也而來徵記於餘姚趙古則先生曰大丈夫生天地間得志則正立朝廷犯顏天子之前援薦英俊誅斥奸邪綏懷夷狄出則袍鞾鞍馬而前後壯士入則玉佩而曳長裾務欲利及於人人聲流於世世不得志則賁於荒僻笑傲侯王課耕之暇則蔭嘉樾漱清泉披讀古豪傑士傳長聲放歌以舒所蘊時節則椎狗烹羊吹竹彈絲揮觴醉酒上致樂於親下盡歡於妻

子嗚呼盃似夫沒身於世者索升斗之祿退縮於人而不恥趯逐逐於分銖而不能少裕者哉今方脫謝人之所汲汲者將從吾所好非俞君吾誰與談乃爲之歌俾俞君酒後耳熱作擊缶烏烏而歌歌曰東園之邱草亭幽幽牆桑八百株春蠶可爲裘五頃肥田六角黃牛課奴勤力稻米登秋春秫作酒於以忘憂人生從所好何事乎
公侯

夏蓋山亭明嘉靖間通判雷鳴陽建萬歷志。明謝讜碑記距上虞治六十里有山矗立曰夏蓋作鎮海壖尊崇巘並東逼臨山西控瀝海南扼剡台諸路殆備寇之要區也嘉靖壬子倭奴寇烏盆去山僅五里明年陷臨山去山僅二十里憲臣酌羣議遴官之能且善兵者飭兵山之下以備時柏山雷公倅吾紹毅然任之無難色既至申令宣威卒伍肅肅然生氣暇迺乘馬周行相厥形勢山僻且峻人罕登陟距緣巖攀條不可上公獨騎迅往倏先及巔一從不能追焉蓋自有此山未有此奇登也巔既坦且廣故有烽堠址公閲而歎曰無論游觀即此瞭望大便雖一葦在波莫逃於睫是不可弗亭也遂請貲於公帑命工料力構亭三楹聳如翼如煥如哨者有止屯者有居凡遠近盜蹤詭跡一望瞭然余深善之嘗偕客登焉萬山歷歷在目壤縮而隘海流爲細樹如纖蔥人行類蟻天下奇觀此亦足稱矣佇久情曠觴客於亭日不能暴風不能侵然後多斯亭之幈幪也客曰仁人之利溥哉軍旅之猷庇及讌游無何公以憂去此方之人德公之保障迺即公所爲亭像公於其中時饗公俾余記之勒石亭左夫觀南國之棠者思召伯之政撫峴山之碑者追叔子之德斯祠也實感公於無疆者也或謂公勳懋此方固矣其沛澤於紹於虞於青於杭尤偉且渥宏且浹也是以鐫遺愛志去思者隨在樂爲奚假此方祠之嘗捍患恩隆拯生感切此方之人自不泯其心耳非謂限於此以盡公也公名鳴陽永寍人。謝讜詩荒州駐蓋禹功多萬古青青只薜蘿亭堠新營依絕巘峰巒遥拱隔重波平臨星漢巖光冷迴絕烟塵海氣和莫怪登高無絕徑隨雲南度玉龍窩

接待亭在國慶院東明知縣劉近光建以待登遊賓客嘉靖十六年太守湯紹恩又建一亭題曰越東形勝東山志

子來亭在縣西南十里明萬[歷]十二年知縣朱維藩開復西溪湖四郊之民不戒而至者日以萬計七日湖成人樂之爲建亭今廢康熙志。朱維藩記余宰虞三載爲萬[歷]甲申春二月有西溪湖之役云湖之衰殆數里築隄防水厥功頗鉅即以工計之殆不啻數萬用民動衆其將無未信之厲乎始而自揆聚千駟之馬於一廐則食用每見其難散千駟之馬於各郊則食用每見其易邑之以圖定者將百有四十里里率其遞遞率其甲力分於衆多費均於各辦庶幾哉不勞而功可成也請諸臺府蕭公欣然受命焉繼復竊慮大道之隆也人私其情愛其力即一家之事嚴君未必盡行於其子何况通邑之廣窮山濱海剛柔異性遲速異齊令出果必其惟行乎及經始後余輒往視之丁壯咸集合遠與近蟻聚蜂屯裹糧運土無早夜無晴雨不假督責旬日間湖之隄隱然若長城矣夫子樂於從父之令而民勇於從上之役其義則一而已在邑也爲順民即在家也爲孝子余媿未能子民何幸而得斯民之信從若此哉稽諸孫因越間稱虞姚有舜禹遺化風俗近古習孝弟勤儉亦好信而尙忠徵之今日殆信然矣余少誦靈臺詩聞子來之言今得身親見之遐想周家不識太和氣象更何如也爰即憩止處搆一小亭竊名子來而次第其事亦古人豐樂喜雨名亭之遺意歟

羅星亭在縣東三里奎文塔下水中明知縣錢應華建後圮崇禎甲戌邑人陳維新重建錢玫補稿○明尙書徐人龍重建羅星亭碑記載文徵

國朝乾隆間邑人錢必美捐修嘉慶志○明李拯陳赤翁修羅星亭成登臨志喜詩一柱孤擎萬堞東平鋪藻影遠涵空人臨畫檻方天上雲沐山城宛鏡中俗吏愧非作賦

手大夫眞有濟川功爲憑肝
膽憐千古玉乳冰壺澹味同

蒼筤亭在縣西二十五里大板橋側　國朝康熙間曹章
搆此爲讀書吟眺之所新纂

魋山龍亭在縣南黑龍潭右明天順六年邑令吉惠禱雨
建今存址新纂

始寧園在縣東山嘉泰會稽志在東山下謝靈運所棲止也萬歷志
東山之西一里爲始寧園乃謝靈運別墅一曰西莊
名勝志○靈運還舊園作見文選

花園在縣東南一里宋楊次山置萬歷志明嘉靖中盧鏜軍

與倭寇戰於此一統志○王振綱云今名花園畈是嘉慶志誤改楊園　國朝曹陛慶詩南朝舊宅僅墟村憑弔淒涼欲斷魂青冢高低滋露草綠池浮淺照黃昏惟餘荊棘荒烟裏無復笙歌逸響存野老競談前盛事不堪回首憶王孫

西園宋趙崇燦所居靖康初趙不抑扈蹕南渡奉詔寓居上虞等慈寺後因族繁衍崇燦遷居華渡西園見趙友直命子篇詩自注沈奎補稿○趙崇燦西園漫興詩懶謁金門裊玉鞭草堂新築在西園旋燒柏葉窮青史時翦焦桐理翠絃興逐漁樵從自放機忘鳥鵲任相喧逍遙擬作瀛壺客奚必輪飛弱水仙

楊園在縣西二十五里大板橋東宋駙馬都尉楊鎮別墅今尚有南北兩池遺蹟備稿

休園明謝讜别業沈奎補稿○謝讜休園記昔司空圖作休休亭自謂量才一宜休揣分二宜休耄而聵三宜休余休休同而所以休者異時有所不容一也性疏逸而憚防檢二也力不能任勞三也自解組還口不問黜陟耳不聞理亂歲積田畝所入買室東地爲園廣六十步袤百四十步名以休即司空名亭意也門種五柳蓋擬淵明云東鄙一井泉冽而甘可數十家汲兩旁植梧以蔭通西纖徑有竹十餘竿四時恆翠燠午得涼日行吟其間眞不羨千戸侯也北鑿池方僅二丈羣蓮競艷飛香嘗對而歎曰邈矣濂溪先得我心南闢小軒軒前種三桂樹露涼月白花垂垂耀金仕泰興時有鶴來集於庭余留畜之復購其一以配愛之擕之歸依依亭畔余亭坐輒翩翩對舞舞罷一鳴似巧媚余者西南搆樓四楹登之見龕赭二山赭北龕南對峙是謂海門最所寄興處海當春夏之交雲空天淨蜃氣成樓臺郭堞歷歷在目秋濤鼓怒若雪山奔崩而喧巨雷可駭可矚又西南爲臨湖閣春晴湖漲萬楊漲綠桃花倒映若鋪錦水底上下爛然夏雨初霽羣山濕翠如新沐

文霞曳漢蒲荇出沒凫鷗鸂鶒遠近交浴秋水澄碧璧月皓懸細風不興千頃一鑑倚窗而望焉心神頓曠邈二三知已傳斝通夕浩歌明月之章悠然身世之忘也嘻休矣世與我不相關矣樂斯園之遂吾休故記

南園在城南百雲湖上明副使鍾穀別墅廣可十畝極池館林泉之勝　國初時漸廢爲田今趙氏宅其一也沈奎補稿　國朝胡銑詩霞莊面逼水煙清投老歸來傍岸行松自爲舟新畫鷁柳能捲浪暗流鶯秋風衰草花俱老落日平湖月正明何處涼臺兼燠館漁歌環唱向荒城○王振綱云胡銑有獲堂集中載有十園詩各繫以小序此南園其一也有曰岾園在蘿巖山麓即今陸氏花莊曰青青園在縣治東半里曰水漣園附近南閣曰素園陳氏別業曰菘園即青青園曰半野園在城西南半里許爲陳星瑞講學處曰梅園在半野園北亦陳氏別業曰愳園胡子琢讀書處曰淇園在城南趙獻可別業此九園人地俱不甚顯且亦不古沈奎錄入補稿今

從刪

始寧墅在縣南郊宋書謝靈運父祖並葬始寧并有故宅及墅嘉慶志。靈運過始寧墅詩見文選　國朝李方湛詩滿眼餘芳草空池記昔名青山經劫在別墅幾人耕躁進身為累高才世獨生何如安舊隱應不墜家聲

顧墅杜京產與同郡顧歡在東山開舍授學世傳顧歡家墅在此嘉泰會稽志

東郊別墅在縣東北山之麓明劉朴築錢玫補稿。明張文淵東郊別墅引劉君廷素築室於北山之麓東皋之東扁曰東郊別墅蓋將觀稼穡於田疇取情景於胏腑壺觴琴弈與士大夫徜徉何樂如之閒得樵童牧豎言謂廷素朝憑欄而歎曰嗟我祖母倩事未伸不肖之罪也豈以其所居之

地有憂思耶予疑而詢諸左右曰莫我知詰諸廷素廷素曰良有以也吾祖景福公嘗爲虞庠弟子員性資超卓年十六而卽食廩二十有七遂遺世祖母陳少吾祖二歲卽寡居享年八十有五卒冰淸玉潔無少瑕玷有司未之疏湮沒無聞此吾所以悲歎自不容已也予聞而奇之廷素不以別墅爲樂而以別墅寄孝思賢矣哉若人也因憶予祖母與廷素祖母同出本邑大山陳爲嫡族姊妹行也廷素祖母前御史熊之女吾祖母前方伯金之妹豈夙嫻閨訓姆言皆能以貞節自持乎予祖母年二十有二遂孀居逾五十稔有司以聞欽蒙旌表樹坊勒石廷素祖母未嘗蒙恩典者蓋有待也姑書此引以俟觀風者采之以達之聖明能詩者咏之以協諸韶濩而已君名朴廷素其字與予友善弟恆又予之門生且世戚旣索予大書於卷端復徵予引予不能辭爲作東郊別墅引○石淵之詩北山麓東皋東高人結廬蒼烟叢居然獨抱事幽止混跡樵蘇朋鹿豕浮藍深沐髮華長淡泉輕泌詩脾涼短褐間行秋影瘦據卻胡牀晴籟奏盈疇禾黍夕陽天滿路桑麻春雨候四時佳興應

自知靜觀衆妙誰磷緇詎意高人心事惕朝暮憑欄猶未釋嗚呼我知劉君百不憂惟爾祖母情難酬先隴嗟峨頻入夢老雲愁絶誰爲動君不見共姜守義篇尚存又不見隴西節婦傳清頌陳克宅詩平坡晚景愛仙蹤一別搆東郊數畝宮種藥圃沾桑柘雨讀書臺引稻粱風一犂春事啼鶯外半榻閒情夢蝶中風木餘情恒寄憾遺安還擬埒龐公張承賁詩中山老子平坡翁隱德弗耀太古風居家友愛出天性里門少長服至公別築小室虞城東俗不絶兮塵不通春風滿面愛留客春雨滿陂勤課農有時花間磅礴慨世故有時林下優遊歌年豐出入止許漁樵逢懶在亂世爭長雄倚樓南望山萬重搜羅八極歸心胸嘗懷孝思瞻雲峰報劉無地徒忡忡羹牆若見祖母容頻揮老淚昏雙瞳。王振綱云嘉慶志誤作劉朴傷母今備錄徵詩原引依錢玫稿改正之

石壁精舍在縣西南石壁山宋謝靈運讀書處錢玫補稿餘詳山川

靈運石壁立招提精舍詩見文選。宋劉祖尹詩結廬投老瞰羣峰隱隱松杉曲徑通剩種池邊千纛竹近營林下一巢風欹眠盡絕春來夢趺坐閒看月噎空檢點吾生婚嫁了子孫無事惱衰翁

福緣精舍在福祈山之陽元魏文炳建中有尙古亭筠深軒寄傲軒見山樓等蹟蓋其子壽延續脩成之者嘉慶志所稱魏家花園是也備稿。案朱彝尊魏氏敦交集跋仲遠父處士明叔預卜塋兆於福祈山陽結廬其下曰福緣精舍。元任士林記夏蓋湖捍海爲隄袤百里中涵邱陵林藪之勝余泛舟其下雲飛鳥泊昂紆回振之地水竹縈秀知必有處士之廬也他日錢直卿以書抵余曰予戚魏明叔好修而理既還江海之事故邁施之業周於邱壑之間築數十楹宅湖山之勝歲時命巾車棹孤舟攜酒與客徜徉其間倦不知返固將爲兄弟夫婦終焉之藏子幸記之以嘉夫志也余聞而喜曰豈殆余所謂處士者耶夫人生而

靜者也自井田事廢造物平施之力亦窮故有事宦學之士固不得不游以訾省其身也是故簸弄毀譽衒賈是非開口見僞舉足成欺雖妻子不得告其情炳燭而不知跛漏盡而不知年非獨不哲且明也今天厚魏氏之家庶有之事固具唯諾庭行友怡政舉不耗落精術以出權謀不勞動筋力以奉拜跪時時頓置泉石錢鎛雲烟雨露之力日滋吾入且何營何求以彊人事乎故其趣幽幽可以處休其地窅窅可以觀妙曠然悠然而神以全淵然隆然而智以傳噫嘻子亦知夫菟裘之營亦太晚計蠒室之卜殆未忘形惟日與造物者游厚我佚我願受正以樂茲邱之下不殆處士之節歟明叔名文炳而文煒其弟云。李延興詩京城六月日如火風軒散髮執書坐頓嫌城市多煩囂欲買田廬何處可素几茶甌吹碧香有客敲扉偶相過爲言越中好山水厥土膏腴不偏頗魏氏之子文貞孫玉樹臨風色瑳瑳讀書浙水之東頭蒐今摭古以自課夏蓋湖光白湧雲福祈山氣青浮座三江帆上暮天長八月潮平秋水大亭邊獼猴長如人月黑林昏盜山果桃源人家疑此是洞口雲深晝無鎖百壺滿醉江南春擊缶高歌兒子和西蜀少陵恆苦吟南陽武侯尚高卧文貞昔在貞觀中大節堂堂不終挫好將舊學佐朝堂行見英風振頑懦索居何日賦歸來盡理遺書載輕舸我昔耕牧峴山陽門前水田足秔糯十年道阻不可歸江上秋風茅屋破舊栽松柏定成林石牆竹梢添幾箇向來耆舊安穩無每一思之淚交墮福緣林壑倘見分卜鄰擬住山之左客歸好語仲遠君歲晚寄書須報我淩彥翀詩福緣精舍何年有學士親書湖上墳卜地依稀封馬鬣種松次第長龍文魏公笏在多遺澤夏蓋山高盡白雲前代名人留制作子孫從此藹清芬陳樵詩湖上蘭舟水上亭有時水漲與階平亭前古柳經春弱門外孤口昨夜生海氣遙連育王塔蜃樓半入會稽城山陰道士攜琴至寫盡風聲到水聲

存義精舍在縣東一都元姚天祥建廢久新纂

水東精舍在縣東門外即龍王堂故址嘉靖三年知縣楊

紹芳建樓三間用塞水口前立石坊扁曰水東精舍樓之額曰奎文閣塑朱文公像祀焉萬曆十二年知縣朱維藩與泳澤書院於西溪湖奉文公像祀書院而重修奎文閣別立魁星祀之萬曆志 萬曆二十六年閣復圮壞知縣胡思伸重修以泳澤書院傾頹不堪奉祀復移文公像於閣上後圮 國朝康熙四年新改爲東嶽廟僧慧源董其事康熙志。明朱袞記自城闉而東可三里邱屹然中㟭起搆其處曰水東精舍實自吾楊侯伯傳始侯下車之明年爲乙酉歲登邱而周覽進父老諮曰淵自離兌合流趨震震軸曠以豁微此莫搤與既聞敘龍宮廢狀則慨曰固風氣而事勿經其廢也宜其在崇正乎問之寮寮曰敢不協恭校師暨士曰嘉惠敢不跂承侯於是退而思取材藉孰如撤可毀之宮民疲弗易使孰如責犯科以力三閱月而閣翼然立已而瘃以舍繚以垣樹石表門望者稱精舍云侯慮無以端教範收儒效爲風氣庇迺像文公朱夫子於閣而顏其楣曰至文俾學者遊而仰止焉曰茲實文公提舉過化之地爾其尋遺範毋忽既釋菜過三峰問記衮曰校舍之外無舍也有精舍非以廣藏也時制責校以課士應舉未嘗一日不於文以筌蹄眡文吾見功利滋而道德薄寖至目古爲迂闊是豈文之弊乎文無踰六經凡以載道也習其文而遺其道豈習也故曰文莫吾猶人躬行君子則吾未之有得言尚道也舍以精其思與學焉者也文公還自浙東於武夷精舍與學者辨淅學之非以爲舍六經而尊史遷舍窮理盡性而談世變舍治心修身而喜事功大爲心術累吾邑往哲必有親被其教者至於今日而可忘乎誠即六經而精思與學析之弗雜守之允固眞有以見夫道之根於人心切於日用而不可以富貴貧賤禍福利鈍二焉則士習正而眞材出敷而典常著而功烈進以經世退以藻身斯無

負吾文公之教而上可應奎山川亦與有光焉不然而取工文獵高第爲足應奎而於道若贅疣然則校舍已多又奚有茲舍耶侯名紹芳應城人癸未進士落成書其始末於石以詔吾虞之士俾永永知德且精自擇焉

○徐學詩水東精舍讌坐次陳用章文韻詩空谷年來常卧痾登樓感慨不勝多簡書遼左還曾否烽火吳中近若何原注時傳遼左兵討蘇寇疑妄遣正苦萬方同寇盜敢憐多病獨維摩只今撫字勞楊子此邑猶聞黃鳥歌陳繼疇詩半暝上虛閣開尊對夕陽八將花共老心與日俱長樹密藏遊舫鶯啼過石梁濯纓吾黨事餘響發滄浪

福山書舍在縣北三都嘉福寺內明正統間侍御羅澄讀書處今尚存新纂○明東吳錢溥福山讀書圖序略福山爲越中佳處僧寺在焉而今監察御史慎菴公家食時慕諸葛武侯靜以成學之訓購寺之西南隅隙地築室三楹又於園中築小室二間聚書數千卷閉戶誦習廢飲食忘寒暑者幾年聲色貨利凡可以動搖人之心目者舉不足爲公累蓋得於靜學之功深

矣既而舉進士擢行人拜御史分巡閩滇翱翔中外輝光墳典又幾年矣而公猶惓惓然懼事或違乎道也志或汨乎物也今或背乎初也得無有棄繫之失忘筌之誚乎乃倩善繪者圖其舊學之所出入與俱觸乎目以警乎心亦仕優而學之意也

讀書堂後漢朱儁讀書處在縣西北旁有洗硯池○萬歷志○浙江通志案宏治郡志載上虞有朱買臣讀書堂旁有洗硯池考朱儁乃上虞人以孝養重於鄉閭此堂當是儁也本買臣實吳人郡志誤耳○沈奎刊誤考後漢書朱儁本傳儁未嘗官侍中惟漢書朱買臣傳則云拜買臣爲中大夫與嚴助俱侍中上虞朱侍中廟朱侍中讀書堂本指買臣今既屬儁當稱太尉大司農案通志既辨讀書堂非買臣而侍中二字未改今從刊誤删

五桂堂在縣南三十五里塘沿村宋神宗朝兵部員外黄

雲號月山者遭時亂避居於此遂家焉孫大休大賑大輔大淸大智五八兄弟同朝不失忠藎高宗御筆賜詩云昔日燕山竇今朝交水溪名黃庭前一椿老丹桂五枝芳新纂

月林堂在縣北五大夫里宋淯熙閒潘時建新纂○潘時記余自幼喜讀陶淵明杜子美詩淵明有性本愛邱山子美有月林散淸影之句每志斯言他日作舍環竹而居者必榜以月林面山爲堂必榜以愛山淯熙丁酉秋七月五夫別墅之左右得曠土二十餘畝北抵徐山山雖不高其來甚遠至是而止依以爲堂如屏風然面值南山色潤可愛兩山拱接若爲賓主者明年二月始定誅茆之計首爲愛山堂月林堂盡望南山之勝月林堂四面皆修竹余少所志於是乎得又爲樂壽堂浮香閣淸風峽靜止

齋喬木茂樹環舍迴抱會將詣湖北移憲湖南擢帥廣東復徙長沙一出六年友端能承乃翁意爲廳爲門爲兩廡與他屋之未備者闢小圃開徑與後山通上下縈紆遠近二三里許余初手植梅桂五十餘本友端補之益成佳勝復搆小亭二十餘所於花木之間甲辰冬十二月余自長沙被召力辭而歸吾廬落成已二年矣余年六十有三入仕凡三十七年凡所居官不敢苟且及爲監司爲帥臣以爲一有不善被害者多往往竭思慮疲精神故血氣頓衰而疾病以生因頹然無意於世志懶多倦讀書不立程度然非有益於善心有儆於昏惰有助於閒適者則有所不暇惟樂壽堂爲敘族之所而月林堂靜止齋乃余修藏之所各一大廚貯孝經論語孟子四書易春秋禮記大字通鑑三史范純夫唐鑑陶淵明韋蘇州元道州杜子美詩本草千金諸方遇欲觀覽信手抽取隨意翻閱有所會悟或不覺終卷困即推去支頤而睡童僕無敢呼者有時聞池中魚躍或山閒鳥鳴忽然有覺舊能彈琴三十曲一行作吏浸廢不理今如隔世矣家藏二琴頗佳常置清風峽愛山堂興來

輒作數聲亦復欣然有得於心不自知其不能爲琴也諸小亭游賞各有所宜時作小詩題壁閒隨所欲言信筆直書不復苦思以事雕琢浮香閣鄰里相過止具香茗清談而已或過午則折蓮取菱芡瓜果以侑村醪雜坐茂樹修竹間有杜陵共醉終同卧竹根意味凡相與言不過雨暘寒燠穀粟桑麻無非田野閒事未嘗議論時務及世治亂老妻兒孫輩知予愛閒無仕宦意皆安於閒靜若將終身焉蓋優哉游哉聊以卒歲而已生平最喜書畫金石刻秦漢舊物奇硯古墨之屬至是澹然悉付兒孫不以累心殊覺胸次灑落無復一塵之翳如虛空然若必利達而後可以行其志豈若予之所樂非貧賤富貴可以加損哉因書於壁以示吾子若孫云

不礙雲山堂在城中宋忠訓郎陳策讀書之所萬歷志戴表元記上虞陳策孔晨所居在雪岑青山浙江通志○宋戴復古詩元龍湖海士高卧百尺樓奈此一區宅乃在城市頭囂塵撲面不容辭賴有南山慰人眼從旁買得五畝園便覺地

偏心自遠溪流滾滾瀉寒玉塔影亭亭出僧屋林廬掩映花木稠佳處亭臺三五簇可以悅雙親可以娛衆賓可以挾書卷可以羅酒尊金谷從渠誇富貴玉砌雕闌鋪錦地目前景象雖不同胸中所樂元無異陳次賈陳次賈豈是人中碌碌者丈夫有志在四方處處春風桃李場功名事業未入手營此一邱何太忙

文杏堂在華渡西宋趙氏第進士者二十有八詔建文杏坊因以名堂林希元西溪湖賦西則趙氏文杏第是也沈奎補稿○宋趙必蒸詩文杏堂開華渡西九天雨露正來肥漫誇奕葉光先宅御羨新栽出故知千載暖回唐苑樹一時春足謝家枝欲將俚語依金玉把盞同論覺醉遲

壽樂堂元魏壽延建沈奎補稿○元王璛至正二十五年季夏望日燕壽樂堂分韻得高字詩

愛汝華堂遠俗囂青山對面與雲高可堪好酒畢吏部更有能詩何水曹藺紙漫教題彩筆銀瓶不惜瀉蒲萄

也應清曠風塵外誰道邊城尚驛騷明朱右詩潮水茫茫漲碧波故人風雨亦來過詩成屢作清平調醉後同聽白苧歌氣味關情於我厚文章有道屬君多華箋落筆成千首不覺銀蟾挂薜蘿

月會堂在縣西門城外便民倉基衕內明黃廷玉等建新纂

○明謝肅黃氏月會堂記略黃氏其先江夏人後建炎中武經大夫發扈駕南渡卒葬上虞子哲廬於墓側因占籍焉世遠族大或居郡邑或居村落族之長者曰廷玉及其弟國輔士心君定四人議曰程子謂凡人家法須月爲一會所以萃其族而修其好也其每一月舉族之人集祠堂致薦於武經公畢以長幼序拜相慰問懸族譜圖而觀焉既會又懼夫會之屢而或怠也寓書來吳乞著之文時洪武癸亥

正心堂在縣北三都永豐鄉明永樂間羅正仲建新纂○明教諭魏禰正心堂記略正心堂者上虞羅正仲所名之堂也乃父性中以德著乃兄文仲以孝聞咸稱虞北賢士正

仲承賢父兄之教秉剛直寡嗜慾讀書明大義言謹行端友愛之情出自天性嘗曰同氣連枝者兄弟也天下至難得焉古人或九世同居或緦服百口同爨者皆天理民彝之在人心未嘗泯也誓與兄弟居不異室食不異爨錢穀衣食不私取言語動静不稍乖是必先正其心而後可故以正心名其堂又因以自號其所以警之者何其切也及兄物故正仲愈懼後人不能皆知己志恐其久而失墜因命其姪懷瑾求文以垂戒瑾奉命乞予文予司鐸上虞有年素知羅氏本末不揣固陋爲之記以告羅氏子孫尚益引而勿替也

南山書堂在縣北寒山之麓明太常潘府建廢久　新纂○潘府自記南山來自天台雁蕩不遠千里岧嶤崒嵂聳拔矗天至於五夫面直北海嵎然中止而有大小兩寒峰焉參差競秀近界鷹山鳳山之間乃予潘子所建書堂處也其山未至斯地三十餘里遂已旁分兩翼左爲蘭芎右爲九龍山即沿曹娥江而下兩山拱向如相揖讓然内有牟湖新湖黄坡湖潤於東上妃湖白馬湖夏蓋湖破

岡湖浸其西而南山之二寒爲益勝也故五夫雖一鄉市其在唐宋時有焦大夫李參政顯於前朱考亭潘月林父子光於後逮我國初雖有朱白雲晚年僑寓於此隨因厥子與谷府通書獲罪里中豪傑一空而中間科第雖間出亦無甚著名者由是山川淑氣涵蓄停聚三百餘年文運復興而予之書堂始建實宏治戊午冬至日也先此予在宦途苦無靜室爲游藝之所至是歲久乃成父喪釋服幸得書堂居之春秋崇祀先聖先賢及祀啟聖公惟謹明年起復改主刑曹事幾三載乃乞便養南部因得武選員外蓋爲家貧欲以祿養報母以修書報朝廷也時在留臺其心未嘗一日不與南山之念也詎意明年又遷廣東提學部署未久遽任文宗固由冢宰馬公深知亦特命也然親年愈高而便養之路不宜愈遠考校十月即自棄官歸養因得肆力書堂而前日之心釋然矣時方授徒數十中明師弟之禮期與講明正學作新士風嘗奉老母觀鄉約每見諸老深衣大帶拜獻壽酒喜曰不圖年老覩此盛事又詣講所坐聽談經自以修經閣後所產並蒂梅分賜諸生梅數適與

人當而母顏亦嘗一開隨値逆瑾用事流毒興謗恐被
重禍遂廢講學深自韜晦竊歎自少既無程子指導之
師以開從入之路今日又無朱門相助之友以分著述
之勞每有疑難積待日久靜思書院之中恍然常若有
得也惜乎此堂之草建迨今未及一修爲益陋耳其間
正德初諸生有以地僻屋陋勸易長慶廢寺之產改建
之既而因人沮忌中止乃予不靳百金之費悉捨其產
於縣學而別興月林書院矣幸而予愛南山之勝未嘗
暫廢祀禮而書堂固前若也厥後甲戌乙亥間御史盧
正夫以常同被天曹楊遂菴之重薦兩遣猶子生員十
日遠來相度重建之以病弗果明春巡按鮮文卿敬慕
過深剏承都憲彭濟物之重託侍講董文玉御史林以
永之協謀貽書欲舉白沙廣中助田三頃供給生徒以
盡崇儒重道之意亦因鮮君告病之速無及也但因一
疏力薦之耳夫書堂之修不修固自有數也而數之中
亦或有待焉噫潘子書雖富於著述不必積以充棟士
雖樂於教率不必引以及門堂雖建於南山不必修茸
以蔽風雨自不知爲何如也若夫虞城有南山菴長樂

有南山書院西湖有南山集賢堂則皆潘子平生雅
愛此山隨地寓意焉而斯堂在於五夫者不與也
復古堂在縣南十里萬[歷]十二年知縣朱維藩復古西溪
湖遂建堂於側以爲觀風駐節之所萬[歷]志今廢康熙志
湖曲草堂明陳公英別業沈奎補稿○明張居傑詩築室瀕湖曲靑蓮映碧波地偏行跡
少林靜落花多門外開天鏡窗前
長薜蘿杜陵千載後重賦草堂歌
百歲堂在縣西二十五里曹家莊明徵士曹一泉爲其父
徵君百歲壽翁曹賢直建新纂○國朝沈文奎記古者天子臨雍尊事三老而鄉飲
之禮興所以尙齒崇德禮壽耇也少陵云人生七十古
來稀百歲則更稀矣此曹翁質菴徵君百歲堂所爲有
可記也堂建於板橋之側其初茅茨數楹徵君哲嗣國
賓一泉公增葺之裔孫隱君少泉公復重葺之少泉公

嗣子余盟友培之茂才輩囑余爲之記余惟人生知己提挈之恩爲至不能忘猶憶余少時煢煢一身顛連困苦幸得少泉公解衣衣我推食食我延師偕諸子課讀教誨培植於我嗚呼公眞視予猶子哉後予以坎坷魔瘴出九死一生之計走萬里外自丁卯離鄉契闊二十餘載今　大淸順帝登極受　詔使督總漕省親旋里渡娥江至板橋來謁而少泉公已仙逝矣登斯堂也恍見少泉公儀服音容如故實悲且悼又見其後賢崢嶸林立復歎徵君之德之壽爲世稀有將以鍾　興朝人瑞於未艾非苟焉已也徵君身歷六朝壽逾百齡恂恂德望惜未及見予慕少泉公之穆行懿德恍想見乃祖徵君之留貽覩後嗣之英才輩出愈想見徵君及少泉公之遺澤孔長也古稱仁里德門予於斯堂瞻仰得之矣時順治辛卯

觀瀾堂在縣西皁李湖瀾嶺口　國朝曹章別墅新纂○曹章自記辛酉之秋曹子建書院於皁湖之瀾嶺始予先人卜葬茲山幾歷年所瞻眺松楸悽焉以愴欲搆一椽墓側

晨夕相依此素志也是夏鳩工庀土翦榛築垣爲堂廡之計無何天旱湖水暴涸磚石土木動出萬難不得已輕者用負重者用車數月而工成予志始慰爲堂三間曰觀瀾因地誌勝不忘本也旁分兩翼開闥啟牖爲筆牀茶竈之區題曰湖山疊翠登階一望青峰插天綠水繞庭全湖之勝盡在目中階下爲池雜植芰荷菱芡游鱗泳躍題曰漾碧池上開圃種蔬周以土牆用荆爲扉題曰聯雲圃外空地數畝栽花竹果木其上干雲拂霄蔭翳馥郁四時俱佳而春秋最勝予日與二三友朋飲酒賦詩流連忘歸致足樂也後之子孫躋是堂者體祖父之志無簡陋以廢弛無侈大以遊盤讀於斯耕於斯則基將日固宇將日新庶幾斯堂之不朽也是爲記

日門館在太平山齊杜京產講授之所元末劉履亦避地於此補注選詩四明山志詳日門山下

凝虛館在縣簿廳側宋蘇主簿建正統志○石曼卿題詩載文徵

鵝山館在蒿壩南遺址尚存萬曆志

懷謝軒宋紹興初知縣張彥聲建李光詩云此日開軒懷謝傅直緣談笑破苻堅萬曆志

筠深軒元魏壽延建錢玫補稿○明王冕題詩君家住處多幽趣繞屋琅玕淨無數蕭蕭清韻動天風冉冉晴陰生綠霧湖山掩映蒼翠稠五月六月涼如秋且開三徑待佳客底用千畝論封侯況爾此君高節古縱有雪霜那可侮平生正直少人知野草閒花徒媚嫵知君古意同古賢脫略嘯傲情翩翩我生愛竹比君癖櫛風沐雨三十年投老歸來舊溪曲竹色荒涼芳草綠歲寒無以慰孤懷只有梅花在空谷聞君有竹心遑遑便欲逕造君子堂安能爲我羅酒漿月朗吹簫呼鳳凰

寄傲軒元魏壽延建錢玫補稿○明王冕乙卯春訪仲遠宿寄傲軒觀李作遂賦長句詩花竹

參差蔭石苔幽居卻似小蓬萊山光入座靑雲動水色
搖天白雨開得興不妨閒覓句忘機儘可自啣杯主人
愛客能瀟灑許
我攜琴日日來

聽松軒在縣北三都永豐鄉明洪武間羅文仲建久廢新纂

○明楊彝記凡車前高曰軒而室之前楹高者亦曰軒
上虞羅君文仲築小軒於所居之偏葺其室有類乎車
之軒以爲燕居之地其所樹松森秀可玩每淸風過之
聞其聲超然若有忘於世慮者乃扁之曰聽松以寓其
意之所適而屬予記之夫松之爲植其有心也貫四時
歷歲寒而後彫之操見焉是故有足尚者然物之有喙
者多善鳴以鳥鳴春以蟲鳴秋非無可聽者也而有以
股鳴者以翼鳴者以腹鳴者不獨有喙者而後爲善鳴
也然皆不能無意也惟松之鳴也因風被之而有聲蓋
有適然者矣風之在天地間隨氣升降而一噓一吸鼓
舞羣動各以其時獨何意於松哉而松被之以鳴天籟
之發因乎自然當其有聲則寂而感也固出於無意及

其無聲則感而寂也復歸於無意故其小鳴若笙鏞之間奏其大鳴若波濤之震撼其爲類不一聽之各有所適而豈可與物之善鳴者同日道哉文仲之居是軒也宵閒晝永或讀書之暇或隱几之次中心淡泊無所爲累而松於是乎鳴焉傾耳而聽之隨其感寓雖時有所適而果何意於其間哉蓋於其鳴也非所期於其息也非所抑是彼之有聲無聲爲一自然而吾之有聽無聽亦一自然以是心而應天下之事何往而非道乎昔陶隱居高棲華陽師友萬乘舉天下之物無足以動中者而於松風之愛獨不能忘情焉則其所以保貞白者豈無見於斯乎文仲尚友古人勤學好修而志之所存若此則誠有足嘉者是以言之時洪武甲子十一月

涵碧軒在縣西百官橫街明洪武間徵士王友俊讀書處舊址猶存新纂○明劉三吾記浙多名山水而都會會稽會稽多名山水而聚勝上虞上虞多名山水而其渾涵在王氏涵碧軒娥江橫亘鏡湖瀰漫前乎其軒所見者也夏蓋白馬上妃三澤淡靜空闊現雨景

而納烟霏後乎其軒所見者也禹陵秦望日鑄雲門東山蘭芎奇聳磊拔蒼翠濃秀開劃低昂千態萬狀則皆蘸影軒之所見江面水曲者也不特此也天台鑄其西南巨海環其東北而要其所勝或流或峙或近或遠焉能悉納而置之軒中乎然達觀元覽不以流峙殊形遠邇界跡在山而水見其淸在水而山見其綠山水渾融漚波上下花明草天柳搖荷豔翡翠之迷蜻蜓之醉日與山光水影相蕩潏飛射於戶牖盃盂几席之間友俊於是焉憑欄極目天垂野盡一碧無際蓋將超其身於俯仰之間游其神於塵埃之外者乎不然何能博而覽諸至遠約而歸諸至近之一軒耶今友俊以上召之京登對稱旨方將柄用朝廷擢任岳牧出其軒中之涵養者以康濟蒼生則所涵育蓋無旣矣豈獨樂一軒株守邱園哉友俊其勉之故爲記以道其所得而擴其用於天下時洪武

壬申十一月

水竹居在縣北福祈山下明洪武間陳九敘建 新纂○明王霖水竹

居詩後序略夏蓋湖當虞邑之勝湖上有山盤盤焉雄拔諸峰曰福祈者又一湖之最者也六朝陳氏世居之有九敘者年銳而氣清學勤而志敏樂其天地山川之秀茂林修竹之幽又一假手於人而成者也闢一室顏曰水竹居凡玩物適情之具無不置自三皇五帝之書子史百家之語莫不欲研窮之一惟不與射利者交故其爲人澹如也予嘗坐居其上將有所搆思九敘曰瑽瑽琤琤者水聲也青青蒼蒼者竹色也先生雖不邇聲色庸可無一言予與九敘有文字交每以無片言爲憾因抵掌而笑曰時之文士詠歌盈什顧何復懸懸於予竊有復者王謝爲晉名流鬱於時而未信故皆假山水之勝以發所蘊父老相傳湖上鏡潭之水清則必有文人秀士出爲時彥者九敘彥士也固當廣其居爲進德修業之所俾是湖之水復清一出爲時名流使福祈之勝得繼美於蘭亭東山不偉歟時洪武五年壬子○

唐肅水竹居銘上虞陳九敘所居有水竹居之勝太史危先生爲之記矣九敘復來徵銘予因謂古人因物以致警況其所居乎哉乃爲之銘俾刻諸楹閒一銘曰相

爾有心宜水之鑑兮其源弗涸其流弗濫兮弗濫則平弗涸則清兮又銘曰相爾有德宜竹之則兮其節弗抑其中弗窒兮弗窒則虛弗抑則直兮三銘曰爾居之臧水竹之宜兮靜焉以修動焉以施兮爾修爾正爾施爾愼兮銘斯刻斯庶無愧爾居兮

友樵齋在縣西南楊梅峰下元王發所築萬歷志○明危素記略余適越得越人王君爲楚語者讀之余愀然太息曰悲哉斯人之志其命之不遇者乎他日太史葉君敬常致浮圖師大同之言曰鄉也子之過越聞楚語者先君子之所作也先君子與時不偶退藏山海之間混混然與樵蘇爲羣故題燕休之室曰友樵子其爲我記之案王君諱發字景回其大父武岡軍學教授諱汝舟多藏書君蚤穎敏能讀之有闕遺必旁搜徧請補完乃已性至孝父病親治藥食或聘爲師則曰吾有子職安能違膝下而他適故從之遊者踵相接於門嗚呼君之畜學不可謂不勤君之制行不可謂不愼而卒隱約於山林方強而遽

死余悲其命之不遇者此也友樵齋者界上虞會稽兩邑之境當楊梅峰之下襟帶浙江有樹石之勝大同雖去爲身毒學然亦能讀其父書慷慨有氣誼其弟克明則居於是而能其業者夫塞於前者未必不通於後勉爲善而已余方輯續楚辭既錄君之作而敘識之又重葉君之請而爲是記

尚志齋在縣北徐山下明初潘鎬建新纂○明朱右尚志齋銘上虞潘鎬子京居五夫市厭塵貿之煩囂也闢室爲進修之齋既題之曰尚志徵言於搢紳先生以表之閒請余爲之銘銘曰心所之志爲與行靡息德乃朕潘京氏敎禮讓義與仁日趨向吉凶榮辱維所尚

桐亭樓在浦陽江曲晉車騎將軍謝[元]築水經注○說詳謝[元]宅條下

酒樓去縣南六十步寶舊酒務廨基廣四畝十步宋嘉定中監務徐褎然於廳基建樓名曰金罍偉觀專權酒務

後燬於兵正統志
皆山樓宋陳處士之居宋僖詩注去丹山赤水洞天十五
里劉樊昇仙之蹤尚存樓東一里爲東明寺登是樓者
恍惚若與仙佛接錢玫補稿又一在嵩鎮未詳誰建國朝
邑令虞景星有詩新纂○明宋僖詩老來厭住城郭中
眼暗車塵千丈紅十日看山坐西閣
半春多雨怕東風榻移更覺陳蕃好賦就那如宋玉工
夜對青蓮須秉燭明朝有約徧溪東高樓百尺坐元龍
客到山間度幾重雲薄霏霏含翡翠窗虛面面見芙蓉
空中書寄仙人鶴月下詩成佛寺鐘三十六峰都在眼
登臨更憶最高峰國朝虞景星過嵩鎮信宿皆山樓
枕上偶成詩魚目勞勞尾亦赬能言鸜鵒使人驚煙霞
笑傲都成癖儒雅風流已近名何待急流方勇退可
堪坦道定兼程無榮纔好希無辱贏得身閒心太平

深秀樓在賀溪倪氏建 錢玫補稿○明宋僖記略上虞隱者倪翁谷眞予姻戚也翁與其從子性樓居其邑之東南羣山閒以深秀名之取歐陽公稱滁之諸峰者之語也谷眞翁有潛德以寬厚長者稱於鄉黨性早孤而教於其世父與其母夫人者甚篤明愼温恭出天性而問學不自畫翁之二幼子雖得之晚年而端敏向學所至未易量倪氏之子弟若此獨不可以爲古人乎然則登其樓者有觀人之明豈獨見其山之深秀也哉余於倪氏有姻戚之好慮其諸子姓之居是樓者以深秀之稱在乎山不在乎已而於其所宜勗者有所忽也於是乎記時至正丁未九月

疊嶂樓在賀溪倪氏建 錢玫補稿○明宋僖記今年春予以事適上虞之始寧鄉行山谷中若干里雖涉水石狎禽魚而一邱一澗必及之而後見稍得其勝則目已煩足已倦乃知貪多慕遠非衰朽者之所堪也因竊自念以爲當山水之會憑高得其所庶可快意於一舉足一寓目之頃乎及抵賀溪姻戚倪君

以道爲余置酒疊嶂樓啟東牖以觀則臨綠野邇清溪襟抱夷曠而羣山踴躍自南而趨北者横亘二十有餘里蒼翠交積雲氣流動可玩樓之左右去數百里又皆岡巒重拱與之勢相屬脈相貫其鄉與吾邑接凡山之高偉與獻奇秀而競出者盡在吾目中矣向之所念不終日而獲之一何快也雖然余與以道望諸峰則所謂丹山赤水洞天者在其東南十五里而近漢上虞令劉綱及其妻樊夫人昇仙之迹在焉余雖生長邑中未嘗得脫屣一往而觀其處常以爲憾今老矣猶願采藥其山中侶猿鶴賓雲月超然以釋其憂患而未果也試以是語告以道以道指其樓之前鄮山之南而語余曰此丹山道也子倘能往吾即與之偕文徵

見山樓在縣西四十里元至正末魏壽延建浙江通志○宋濂有記載

環翠樓在縣東南慶善寺內元方九思有碑記見金石及寺觀○新纂

拱辰樓在縣南二十都管溪明嘉靖中郎中徐學詩建明末兵燬新纂

憶沖樓在崧鎮沈奎補稿國朝余得鯉記樓之構也以天啟初爲予束髮讀書處辟此者二十餘年矣丁亥春叔氏復館予風景制作已格格非舊予思憬然吟詠步履恍如故事焉遂書其名曰憶沖樓謂昔也予齡尚沖而今憶及之耳樓居鎮之幽四望曲巷深樹宛轉雜遝而斯樓居中獨閒且曠無異諸峰林壑間樓之左有巨石如喬山鼎百億人不敢舁相傳爲正德中一夕風雨乘潮至實雄峙焉其餘多綠楊青桂名花數百本西則翠野平疇浪錦千里述不能殫登斯樓囂者由之而靜鬱者由之而舒俗者雅文者遠以故偉人碩士之英舉名秀風流之拔跡往往間從此出春之半諸弟以予憶沖言請記之予曰噫樓記人乎人記樓乎昔予處茲樓年方穉叔氏未獲售今予年幼而長矣壯有室矣叔氏弱且衰病且死而樓獨無恙是人之大

不樓若也且予與樓相距者二十年風還代改不齊循環反覆翻若波瀾非即樓之升沉變化耶夫人於一邱一壑隴畝之旁平生偶或佇足必爲之追憶舊遊述其行事憑弔其山川里居盛衰消長徘徊顧盼不能去即去之猶忽忽不忍釋諸懷況此樓固童而習之少而安之者乎然而予心非復童予年不復少矣由今思昔如浮滄溟浩浩蕩蕩如遊太古荒荒唐唐飄然如秋雲之遠增人意以悲如夢魂之靜昧昧我思之書云日月如邁我心則沖此予之所以爲憶沖也夫諸弟猶然沖人也朝夕斯樓壘可謳筆可舞亦念有憶及斯樓日乎語有之昔以非虛今以非實蓋後之憶今今之憶昔一而已矣然則樓記人乎人還記樓也夫是之謂憶沖樓

永錫樓在崧鎮　國朝順治十八年俞嗣祺建沈奎補稿○俞得鯉有記載文徵

天香樓在梁湖　國朝王望霖建藏書數萬卷天香樓石

刻存焉新纂

枕湖樓近崧鎮　國朝連仲愚讀書處光緒初年始建樓藏書六萬餘卷仲愚手校善本及塘工紀略義田事略史論拾遺敬睦堂條規水利本末倚紅樓詩草周比部耻白集孫穀古微書阮校王復齋鐘鼎款識諸刻版藏列架上山陰沈寶森爲撰藏書目錄序序曰書多則讀愈少何也古者書存秘府漢時天祿石渠之藏蘭臺石室鴻都東觀之儲晉人延閣廣內之蓄皆是也其時或賜祕書之副或請讀未見書蓋天府有書民間無書也兩漢經師專門授受策殘簡亂丹漆蠹蝕勢不能多晉宋以還則付寫定聯爲卷軸其時或手鈔八千紙或日課五十紙學者非手寫不能得書然經神學海之號邊笥劉簏陸廚傅

府柳篋之名皆郝隆所謂腹中書刻板無書也隋唐以後雕本漸興宋元至今坊刻益盛藏書之家動輒數十萬卷然致書愈多則讀愈難玉編金簡列爲觀美百城雖具新如未觸蔽一也先代收藏不甚愛惜蛛封蟫穴漸成斷爛蔽二也尚書典錢班史質物購之累世棄之一擲蔽三也近世搢紳以書充宦橐連艫累載苞苴風雅蔽四也然此皆不學者耳其號爲讀書者吮芳漱潤以供詞采片文隻字以資考訂治以申韓性以莊列蔽五也所由書愈多讀愈少也余友連君擷薌自其先大夫家有藏書擷薌又增益之光緒初其兄穆軒搆枕湖樓以儲約六萬卷板其前後春秋風日清霽則卸板列冊以風擷薌又編書目一卷命予序之其書不必奇祕然甲乙部較備其搜葺皆善本可誦夫備經史得善本一門羣從共爲砥礪書固不在多也然予又有說也書者皆古有德之言味其言輒思其德連氏自忠州公起家源遠根厚樂川公爲善益篤勤塘工置義田禦災捍患德皆犖犖大者則宜乎讀書者之多也蓋德爲本書爲末德既至矣即插架無其子孫亦未必不能讀也然

則藏書之多少又不足言也○新纂

西莊在東山或謂東山西岸正統志　在縣西南葛仙鄉謝靈運別墅萬歷志

任公莊在縣南任家溪唐天寶閒廣文館學士任文選居此新纂

白鷗莊在夏蓋湖荷葉山明謝讜所築萬歷志○謝讜詩草長不分犢徑鷗飛多向煙濤牧子斜陽短笛漁人淺水輕舠

水西莊在城西明高士陳以行別業尙書洪鍾撰記嘉慶志○明謝澤陳公貴水西莊四首今朝佳雨歇風日澹柔和芳塘春水足渙渙浮晴波桃李結清陰好鳥鳴聲多招

邀從所務其如幽興何結構交平疇開軒見新綠山中
昨夜雨淸溪漱鳴玉二麥喜新收家家餠餌足呼酒覓
東鄰共唱南風曲風雨幸調和西莊遂幽討負杖步芳
郊曠望千里道百穀得新晴村村收割早有客山中來
也說今年好賦稅喜新足燕集皆良儔寒天苦日短夕
陽滿西樓山中有松柏靄靄連雲稠願託歲寒契永遂
林泉
幽

迎山閣在縣治內萬歷志

沃靑閣在縣西南定善寺內萬歷志○趙俶有賦載文徵

太常第在縣北大雲嶴口明太常卿潘府舊宅背玉屏山
溪口鑿池曰硯注池蓄流水右穿井曰筆峰井今池存
井廢新纂

都憲第在東城内九獅橋西南明右副都御史湖廣巡撫車純舊宅燬於粵匪今僅存故址新纂

秋官上卿第在南街文武廟北䢺水河上明大理寺卿贈刑部右侍郎葛浩故宅今廢爲民居新纂

京兆尹第在西南門街金罍山後玉帶溪之上明應天府尹金罍子陳綘故居新纂

給諫第在縣治西明參議王鉉舊宅新纂

太史第在縣南湖溪村明翰林學士丁進宅天啟丙寅建今圮新纂

楊皇后門基在縣東門外許家衕內柱牆皆石今尚存新纂

車輅院在城南郎令楊巷新纂

白雲巢在縣北鳳山南元末朱右遯世居此新纂

蘭峰隱居在蘭芎寺下明御史謝瑜別業新纂

長者山居在縣西南長者山明葛焜所築錢玟補稿○明徐渭詩芳搆一何幽峻結憑青旻匪眞貯文史庸以棲道眞憶昔當茂年攬轡臨通津天路遠莫致帝閽儼郎神西林匿白日芳華謝青春回轍苦不早盫復驅其輪市隱狎親串山居屏氛塵兩難兼所欲四美錯可陳念子處其中翩若羲皇身嗟彼南冠者何時愜登臨徐學詩過長者山精舍贈百岡道丈詩久向宮牆識步趨考槃山陸學如愚紛華等是浮雲過夢寐眞成野鶴孤舊業未須窮萬卷閒情那復賦三都心齋尋取簞瓢樂陋巷於今我丈夫

陳洙題百岡長者山居詩長者山前築別居門迎五桂
欲淩虛低徊不礙雲霄翼曲折還期駟馬車綠襯苔痕
依石砌青流草色映圖書君家
原是隆中後三顧應須出草廬

器物附

桓罍宏治間青州盜發齊桓公墓獲銅罍徑二尺高如之
爲盧龍朱錦所得後歸韓桃平家虞城破罍亦殉焉王猷
定四照堂集○猷定
有桓罍記載文徵

金罍晉太康中鑿井得之井在縣南一里今天慶觀東廡
嘉泰會稽志　國朝王振綱詩神仙杳然去金罍埋古
井井底流丹泉芬芳復清冷上有連理枝龍蛇動秋影
開樽坐松風
一磬晚山靜

鴛瓦五代淸泰中澄照教寺有鴛瓦飛於甌峰上其地產

金沙白石嘗聞鐘磬之聲萬曆志詳見寺觀

牙像梁武帝集上虞縣民李允之掘地得一牙像方減二

寸兩邊雙合俱成獸形其內一邊佛像一十二軀一邊

一十五軀刻畫明淨巧迹妙絕將神靈所成非人功也

中有眞形舍利六焉沈奎補稿

許承瓢眞誥云上虞吳曇拔得許承一瓢贈褚伯玉伯玉

亡後留付弟子朱僧標歷代寶之可受一斛唐先天二

年勅女道士王妙行詣金庭觀投龍因持此瓢還長安

嘉泰會稽志○王振綱云金庭觀在嵊縣以吳曇爲虞人故著於錄

等慈寺鐘宋紹興十一年造宋李光等慈寺鐘銘等慈寺於上虞爲大伽藍慶歷中咸潤師所剏建經方臘之變金碧之區鞠爲草莽越二十一載有僧首妙智大師志遠始出衣囊與其徒法常兼募衆緣經營而一新之師既以大厦安四衆又欲以鴻鐘警六時悲願既深衆應如響爰涓擇吉辰精求良工得富陽人陳誠稽合律度範模陰陽凡用銅三千六百觔高廣之數厚薄之齊咸適厥中將以覺昏聾滅罪垢迷法性者詩聲而頓悟沈幽途者聞響而解脫其功甚大寶紹興辛酉九月某日也邑人李光觀茲盛事隨喜結緣銘曰諸佛出世開方便門引導衆生莫捷聲聞爰作鴻鐘以警朝昏滅除罪垢誘掖善根衆生愚癡淪墮幽扉曠劫長夜永無出期天鼓一動若輪息機如雷如霆淵達幽明聲來耳邊不於空生若夢而覺若醉而醒衆眞羣魔稽首聳聽○沈奎補稿

古鐘江湖邊昔有尼寺一夕陷於湖有鐘墮水底相傳人或見之頃歲旱湖涸忽見鐘鼻鄉人共挽出之俄頃風雨暴至鐘復沒嘉泰會稽志

古鏡在七都西匯嘴普濟寺又名空浦寺井底萬歷志餘詳金石國朝王振綱詩大士無慈航普濟胡以濟一鏡沉中流義在防海泚反復廿八字剝蝕籀文細鏡兮如有靈莫被毒龍制

銅漏在縣庫元至正二十五年造嘉慶志國朝李方湛有記詳見金石○謝啟焜詩菩薩線落中原爭一月一星夾日行象緯示變民怨起太史不得操權衡天命已歸皇覺夢台溫睦婺兵縱橫紹興尚行樞密院夜半刁斗聞江城誰司卯酉數更漏同官范器題姓名員職不與史志一或多或少或全失四郊多壘官制紛淅東分治事倉猝銘云鑄此節晨昏乙巳五月戊午日大小奉令政無渝懸壺聚椽軍

符密儒官雍容具文藻居敬暨制陽彝筆已亡蓋箭但有箭鐵線文字工無鈌其高二尺圍半之其法用銅通於律至元初平南宋時象數新頒郭若思南北日官驗推測更作候極渾天儀玉陛指陳忘日昃水晶盤照天同規鳴呼開基纔百年神器不守鐘虡遷慶元路守刻漏在四百載過如雲烟推步立成法可考機倕制作今猶傳曹江蘭亭楷隸外又見篆法冰斯鐫秋雨摩挲絲苔漬採入兩浙金石編○邑令崔鳴玉歌玉蒸知昏朝蓂莢識朒朓別維布令甲順時昭信示周官準天行挈壺以命氏漢代鑄銅儀取則亦昉此聞有鑿蓮花金光燦爍爍抑或狀渴烏吐納辨寸晷亦有刻節法晝夜以百紀又聞水可秤計觔一刻矣否則數點籤更可候浮矢體用本相同形製各殊似此壺元明物銅肌暈青紫散亡存者三天池與受水銘款篆清疏至正之乙巳其一類天池鑄自天順祀器既不復完用亦難指擬典庫謹司藏寶貴良有以虞廷咨敬授孔門訓時使應作斷罟供勤民

請顧諟

天順銅漏明天順七年癸未造嘉慶志餘詳金石

玉玦明萬歷四年丙子建浮圖於飛鳳山巔開土築基方五尺許得古玉玦一枚色黄潤而微有血漬痕須臾又得琥珀珠二枚大如指頂其小盋盂鑪盌之類甚多皆古陶器規制甚樸郎以玦與珠實塔相輪中萬歷志

寶鼎明萬歷二十一年甲午民耕上妃湖田得古鼎銅色微白疑雜以銀汞質雷文篆花細密不知何代物也民以獻縣令楊爲棟送學供文廟存祭器庫萬歷志○案甲午當作癸巳

墨林石藏曹恆吉家沈奎補稿○恆吉自記略曹子過梁湖市見異石麄質而頭理長二尺有奇高不及尺者一寸下廣上鋭左軒右軽面平正背凸凹不齊如削居人甃以爲砌泥沙塗垢穢如也審視之如有花木自然之影間其自則曰此庚午秋七月大風雷雨虞山崩洪沙石中所出也亟命舟載石而歸置讀書處汲清泉且洗且刷滓穢去而墨痕見其自下而上者若雲林畫木二株花蕚數瓣石之右自上而下若芥若焦若槲葉色愈光潤晶赫可蕉名之曰墨林誌異也

古盌　國朝康熙二十九年庚午居民於長者山掘得之沈奎補稿○范蘭詩長者山藏神仙館掘之赤色土纍纍其陰舊得古金罍其陽新得今雙盌盌中紹聖錢累百小大俱看色黃白小者叩之音韻長大者無聲同瓦石色樣既殊寶氣別小爲宋陶大無識瀠州韓家見其一云是隗囂墓中出苦嗟絕物無明徵突見今人有眞匹江西磁盌世運車新建燒青寫百花陶工淫巧競高

耀近推宋斗尤豪奢人心厭舊作何極古道照顏良可嗟今人制器喜繁飾古人摶土取一色今人意思含妙微古人規模差反側郎看漢盌徑周尺盎然上淺下逾窄素體全無畫色滋隱文微作梅花畫漢時在庭宋在野幾世幾人經愛惜人好易驚天地心物長易見鬼神責不憂光怪稀精鑒但恐完持無善策君不見茂陵玉盌出人間乾坤此貨稱難得

九枝樟在縣西崔公祠前一本九枝相傳爲五代時物明嘉靖閒居民以元夕張燈燃燭其上被焚至今名其地萬曆志

連理樟在金罍觀殿前階右樹二株大似殿柱高數仞枝結連理交互而上中成圓形咸豐辛酉粵匪入虞被砍

又南鄉丁宅街有古樟一株高大異常數百年物也新纂

烈婦樟在縣西南南穴孫烈婦祠旁嘉慶志

安南牡丹在縣西四都大山下明陳金奉使安南見其國有牡丹名玉樓春者異之攜歸植園中歷今數百年繁豔如昔新纂

伏波銅鼓重五百兩古製斑駁藏連氏杭湖樓新纂○山陰沈寶森

銅鼓歌摩天金刀寒銅柱界蠻煙梟獍何蹀躞銅馬金門立漢家火德鼓鑄成伏波一出空南溟莽莽武溪流毒淫娥江日落寒濤聲趨來奇響發水上驅策雷電爭彭鏗想見援枹馘鯢鯨將軍鼙鼓催南征龍涎猩血蝕不得古綠剝剝疑銅精連君古英傑好古羅璆琪鼓兮賀汝得所主漢盤周鼎那敢爭何當借此爲諫鼓勿以

后族埋勳名不然疊作漁陽操一爲薏苡鳴不平蒼梧曾爲貿圜寶（自注商寶意守梧得一具）多士題識交越城璧合珠聯上湖潞天寒老鶴相對鳴（自注君家有古銅鶴）

李氏硯宋李莊簡舊物　沈奎補稿

○李光端硯銘贈六十五姪孟容紫淵之精膏潤不枯以昇猶子旌其勤渠杜門著述如漢仲舒朞汝裒然飛聲天衢孟堅硯銘端巖之珍玉德斯具祕藏深淵如士未遇出爲世用匠石一顧溫潤中涵文彩不露伏膺寒窗守此眞素研窮經史講磨世務伸紙落筆三峽倒注丹墀縱言青瑣綬步收功翰墨翳汝之助孟珍端溪方硯銘端溪之石非黳非赤斲爲汝硯斯文是力惟古聖賢是鑽是研飛聲丹陛落筆萬言孟傳硯銘席上之珍鑽之彌堅曰吾衣鉢尼父所傳孰爲汝師南極老仙匣而藏之以昇曾元秉德之操如石之堅種學績文以磨以研治吾墨莊若農服田鹵莽滅裂其報亦然我銘斯硯以貽孟傳方寸之地破暗發蒙涓滴之水膏潤無窮溢爲江河升爲雲龍匣之藏之不敢妄用以全其功

松花石硯藏沈奎家沈奎補稿○案余金熙朝新語乾隆七年庶子張南華鵬翀蒙　召對　賜御書是日　賜松花石硯上有　御製銘以靜爲用是以永年八字詞館諸臣豔稱奇遇後此硯不知何時散失嘉慶中郡人沈廷楷從江南歸購此硯以贈沈奎父烺背面八字一字不苟與熙朝新語適合

龍泓硯藏王氏寶硯山房硯左側有米芾龍泓二隸字右側有王子趙芳洲惠亦山八字背有趙文敏楷字跋云吳興趙孟頫子昂寄贈京口石民瞻大德庚子夏五凡二十字又有文待詔隸字跋云嘉靖辛丑溧民耕土得之今藏史有孚氏是歲九月既望長洲文徵明識凡二十八字新纂

倪文貞遺像古衣冠立梧樹下石旁曾鯨寫照有波臣小
印藏縣南西山下徐氏家新纂

春風堂隨筆云今世所用摺扇亦名聚頭扇南宋以來詩
詞題詠甚多余收得楊妹子所寫絹扇面摺痕猶存据刊
補志餘纂

上虞縣志校續卷二十八

輿地志九

上虞縣志校續卷二十九

輿地志十

塋墓

漢

郡功曹王充墓在縣西南十四都烏石山萬歷志　國朝嘉慶十二年邑人林鑑修治嘉慶志　咸豐五年林鼎臣謝簡廷重修立石採訪○案舊志祇書某墓不書某官嘉泰志及省府志有書某官某墓者有祇書某墓者今遵用其例

合浦太守孟嘗墓在縣東南二里於越新編○案嘉泰志作在縣西七里

尚書魏朗墓在縣西北四十二里正統志

孝子楊威母墓在縣東北上水經注○案萬曆志嘉慶志並云縣北亦有楊威墓水經注無此文刪

孝婦包娥墓在縣東北五里蘿巖山下正統志○案墓在潘家陡去縣十餘里云在蘿巖山下者非　國朝邑令莊綸渭包孝婦歌

吁嗟乎予于役過孝娥嶺喟然太息而低徊鏡鸞隻青春顏華黍代冰霜摧心誓井水去纖埃姑老壽終姑女奚疑哉誣鴆寃獄胡爲來恐傷姑心不忍剖甘蹈白刃沈陰霾於是上天怒不止旱成三年災吏再陳寃太守理罪人斯得興雲雷大雨滂沱潤四野孝娥心跡光昭回雖死能令梟膽落宇宙生氣爲之開笑從夫壻游地下八閒黃鵠歌空哀至今嶺頭魂魄毅碧血猿鳥鳴蒿萊姓氏當與東海比北宮孝養何能偕聞之東漢包全女全以孝聞萌根荄以孝繼孝孝尤摯曹娥終古相追

陪風雷不外一誠格金縢玉井千秋垂井至今存邑人稱爲包井我
爲擴其址而崇其臺墳外地邑人輾轉售賣余捐俸贖還更買青松三萬
栽俾茲孝娥
之墓長崔鬼

孝女曹娥墓在曹娥廟左今屬會稽縣界萬曆志

葛仙翁墓在縣西南四十里葛公山巔有石室高丈餘狀
如冢嘉泰會稽志○案府志云神仙傳葛元居會稽語
弟子張恭曰今當解去遂入石室而卧三晝夜大
風折木良久而止然燭視之但有衣在豈郎此地而名
墓耶備稿云廣輿記廣信府鷟湖山有葛元冢又句容
縣有葛元墓并此
而三未知孰是

晉

太傅謝安墓在縣西北四十里史云安葬在建康梅岡此
云安墓未詳案南史謝靈

運父祖並葬始寧或是謝元父子墓爾○嘉泰會稽志○案萬歷志曰謝文靖墓在東山非也金陵志云安葬梅嶺岡後被陳始興王叔陵葬母彭氏發墓棄其柩而安有裔孫爲長興令乃遷葬於此備稿曰廣輿記云謝安墓在上虞孫枝東山考云車騎親載旅櫬申首邱之義同生七八相從於東山又按謝邈死難方明逃免營舉凶功數月乃畢是舉數十喪皆於始寧卜兆安厝謝氏墳在東山者自安石下何啻數十據諸說安墓所在當以萬歷志之說爲可從嘉泰志謂謝元父子墓是也備稿引東山考及謝方明傳語竟謂始寧卜兆何啻數十恐未盡然謝元疏中雖有同生七八凋落得及覩息瞻睹墳柏云云而相從東山要自孫枝添說何足依據郎謝邈傳云並害兄弟竟至滅門然南史惟邈弟沖沖子明慧爲孫恩所殺見謝石及沖子方明傳餘無可考方明營葬或爲沖與邈暨明慧墓邑志塋墓似當刪太傅謝安墓增補車騎將軍謝元秘書郎謝琰散騎常侍謝沖諸墓然其地是否在今東山不可考矣

魏道微墓去縣西北四十里案道微於謝安山昇仙安得有塚疑葬衣冠也○正統志

唐

沈府君墓在寶泉鄉見新出土沈府君墓誌銘

處士葉再榮墓在寶泉鄉孝敬里見唐麋簡墓誌銘

吳越公主墓在縣北小越伏龍山正統志○國朝王振綱詩臨安城中錢婆留

吳越一鎮據上游能驅銀泿三千弩能固金湯十四州

虞東有湖悉登眺湖上古井清泉劉隆隆黃土起高塚

白楊蕭瑟風雨秋云是當年公主墓漆燈明滅青燐浮

鈿蟬金雁瘞芳草伏龍卧虎悲松楸巒岫迢迢隔雲樹

蘆灘歷歷眠沙鷗君看豐碑字滅石

橫卧安知其中不藏貍貉與蚍蜉

宋

周元吉墓在長者山萬曆志

校書郎劉瑜墓在智果寺西阜墓傍有古松一株高數百丈大數十圍覆垂於地於越新編國朝康熙庚戌六月爲大風吹折康熙志○案劉氏譜瑜祥符間進士乾隆府志作漢校書郎誤

資政殿學士李光墓在二都姜山萬曆志○案姜山在鎮都東南云二都非備稿云方輿路程考略云在餘姚竹山案竹山與姜山相去不遠墓碑係朱子所題國朝周鼒謁李莊簡公墓詩當年怒目指咸陽欲斥權奸抱恨長嶺外青鞋雲路黑塚邊丹樹日痕黃靈旗閃閃空山雨喬木森森古篆堂南渡山河公浩氣至今樵牧肅瞻望

武經大夫黃發墓在蘭芎山麓明教寺東補稿○案杭世駿黃應乾傳發

高宗時爲
武經大夫

龍圖學士趙子潚墓府志作趙繡誤在瑞象寺前劉漢弼墓北斷
碑猶存萬[歷]志明趙若虛斷碑詞嗟我龍圖公邱墓
象山裏洪雨頹高岡年深失修理人每子孫微
逐日加侵毀雖有宰木生盜之光如洗石虎樵磨刀石
羊牧玩戲石馬眠竹籬石人卧荒地剩有一碑銘先代
胡公製上下除龜龍高約丈三四刻石頌功勳密密皆
文字既爲冰霜砭復因風雨漬濛濛莓苔生龘龘塵埃
蔽字畫不分明魚豕難辨異擾擾仕宦流皆來閲遺址
近寺僧道[璉]聲聲怨累已乃生大毒心夜夜碎豐碑峙官
府責近鄰枉罪平民罪復遇賀邑侯欲取誌文紀爲憫
先賢遺追悔事中止雲頭龍剝落足下龜裂體從此石
散分石散文章廢雖有一紙摹藏之示累世近因倭寇
侵將去人家寄人家不收拾鼠損紙遂棄今人生已遲
無復見碑記嗟嗟此石碑亦有興
與替此碑雖可亡口碑猶未已

兵部尚書宋延祖墓在任嶴口康熙志

郎中豐誼墓在縣東五里於越新編

經略潘畤墓在縣西北三十里正統志○案備稿云朱子墓誌謂葬永豐鄉姜希嶴而道萃編別有一傳云後遷西十里詹家㟅

觀文殿學士孫邦仁墓在油車畈朱山嶴口萬歷志

文州防禦使趙不抑墓在化度寺山補稿

武翼郎趙善傳墓在蔡墓山杜君廟側備稿

侍郎劉漢弼墓在縣西南十里瑞象寺前萬歷志郎南嶴竹陸灣一名侍郎岡墓前表有詔修劉忠公墓道七字○採訪

鄞縣丞劉漢儀墓在縣北蘿巖山側傳聞採訪

司農卿劉漢傳墓在二都狀元墓嘉慶志

提刑趙彥緆墓在縣北五夫鳳凰山正統志○案嘉泰志在五夫山鳳凰村誤

朝散大夫趙彥繩墓在永豐鄉金雞山孫燭湖集

承奉大夫葛巘著作郎葛季昴墓並在縣後山萬歷志

廣州知府趙艮坡墓在西溪湖眠牛山墓上有樟木三株於越新編○元林希元題趙艮坡趙友直墓銘宋有遺澤慶諸遠孫惟公壯志卓彼超羣篤約以禮博學於文務行仁政四海必聞視其不義藐若浮雲惟臨大節盡命忠君父忠子孝起自一門名垂萬世以鎮乾坤據此疑友直墓亦在是山

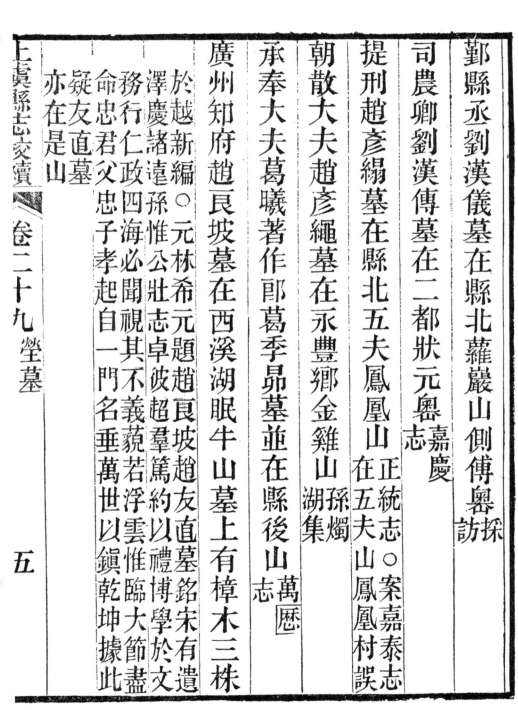

知縣趙良坦墓在邑之玉霧山補稿

進士夏夢龍墓在縣東南十里正統志○案夢龍湻祐庚戌進士嘉慶志列入元人誤

黃枏墓在皐李湖萬歷志

孝子錢興祖墓在五夫鳳凰山萬歷志○案孝子生宋嘉定癸酉卒元至元己卯故舊志皆列元今從錢玫稿改此

靖林侯竺均墓在寶泉寺左女仙山採訪

郭知府墓在縣北十里皐李湖東正統志○案康熙志作郭知縣誤郭名圭知南雄府有傳

承議郎主管官誥院王茂孫墓在寶泉鄉圭山之原乾隆府志○案茂孫時代無考

孝女朱娥墓在縣南六里董家嶴萬歷志

侍郎倪思墓在賀溪餘姚縣志○案備稿云倪思其先自青州扈駕南遷居吳興宋史有傳但載其知紹興不言居餘姚餘姚志以爲墓在賀溪湖州府志則云在烏程縣西十五里未知孰是

龍圖閣學士通奉大夫尚書黃度墓在葛仙鄉鳳凰山絜齋集○案度宋史有傳字文叔新昌人隆興元年進士

承事郎孫洋墓在永豐鄉孔堰孫燭湖集○案備稿云洋字叔度餘姚人嘉泰元年十二月與夫人王氏合葬

觀文殿學士王爚墓在葛仙鄉新昌縣志○案爚宋史有傳字仲清新昌人

端明殿學士會稽縣開國伯王克謙墓在鳳凰山之原克謙字德炳會稽人咸淳丁卯二月與夫人高平郡君史氏合葬○乾隆府志

奉禮郎瑞州上高縣尉陸嵩墓在陸家村西採訪

元

孝子俞文珪墓在縣北五癸山麓備稿

樞密院都事王霖墓在鮑家嶴萬曆志

吳淞教諭徐昭文墓在縣北四十里橫山西麓採訪

隱士徐瑞卿墓在縣北四十里厲家嶺西王廉撰墓誌銘

採訪

縣尹林希元墓在縣西南瑞象寺左於越新編

縣尹李睿墓在城北三里葉眺之原萬歷志

明

徵士劉履墓在縣西象田山萬歷志

晉府長史朱右墓在蘭風山萬歷志

隱士張岳墓在蕫家嶴萬歷志

薛氏三世墓贈吏部郎中薛廷玉禮部主事薛文舉吏部

郎中薛常生墓俱在縣西南駱家嶺萬歷志

葛氏七世墓徵士葛貞墓在董家嶴御史葛啟墓在官樣
獅子山贈大理寺卿葛文玉墓在板橋下王山贈大理
寺卿葛用聲墓在大井嶴大理寺卿葛浩墓在方嶴山
西參政葛木墓在麻舊作茆嶴常熟知縣葛柟墓在姥嶺
袁州同知葛焜墓在大井嶴萬歷志
徵士范文煥舊作彰誤墓在官樣山萬歷志
侍郎劉鵬墓在二都萬歷志○案墓在潘家陡
郎中劉諫墓在南嶴覆船山萬歷志
御史王誠墓在牛欄嶴萬歷志

饒州知府葉砥墓在縣西南駱家嶺萬歷志
江陵丞鍾霆墓在任家匯萬歷志
戶部侍郎杜思進墓在任嶴萬歷志
僉事謝肅墓在橫塘內謝郎灣康熙志
禮部尚書嚴震墓在九都東華村採訪○案萬歷志在嚴巷頭松樹墩誤
東阿知縣貝秉彝墓在貝家嶴萬歷志
福建按察使僉事徐喬年墓在方山康熙志
徵士張程墓在樊家嶺萬歷志
庠士張輝墓在西黃浦萬松山萬歷志

布政使張居傑墓弟僉事居彥墓俱在道士嶴萬歷志

知府張崑墓在官樣山萬歷志

通政使謝澤墓在會稽三黃山康熙志

通判林釗墓在屈家堡康熙志

車氏四世墓政和丞車勿慕在家上西山贈雲南參政車克高車廷器墓並在英嶴副都御史車純墓在董家嶴萬歷志

御史葛昂墓在客山下萬歷志

知州顧琳墓在西大園萬歷志

御史范宗淵案名清墓在西溪湖山萬歷志

南貴州道監察御史葛詡墓在官樣山萬歷志

贈刑部尚書洪榮甫墓在蘿巖山下萬歷志○備稿曰在今木斗山

布政使陳金墓在驛亭萬歷志

參議王鉉墓在西城內山萬歷志

清江令章大輔墓在施家村前採訪

錦衣指揮執戟郎章珊墓在正宗菴前百戶池旁採訪

州判韓琪墓在九都裴盾村採訪

教諭范升墓在東官樣山萬歷志

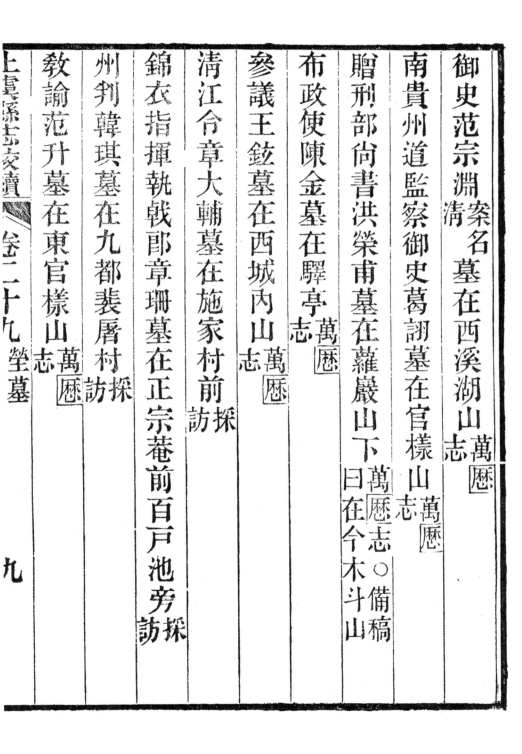

孝子俞正儀墓在潛家㘭萬曆志

教諭俞繪墓在湖田灣萬曆志

布政使王進墓在蕭家㘭萬曆志　子同安訓導仁墓在會稽白水康熙志

布政使陸淵之墓在西橫山萬曆志

太常少卿潘府墓在大雲㘭嘉靖間賜祭葬浙江通志

贈禮部主事陸全墓在橫山北萬曆志

玉山知縣陸璯墓在金家㘭採訪

金華府學教授陸定墓在外嚴吳家埠採訪

贈工部主事張璁墓在西黄浦萬松山萬歷志

訓導葛銘墓在板橋畈上樊家嶺萬歷志

訓導葛瑀墓在丁高山萬歷志

教諭范璁墓在駱家嶺萬歷志

贈大理寺評事陳世英墓在楊家溪萬歷志

教授錢昺墓在駱家嶺萬歷志

知州范塤墓在石塘嶴萬歷志

孝子杜湮墓在王家橋萬歷志

姚氏三世墓教諭姚鏜墓在查山贈兵部員外郎姚霽墓

在磁窰山行太僕寺卿姚翔鳳墓在應家嶴萬曆志

參政張九容墓在板橋紗帽山萬曆志

蒲城知縣劉珩墓在蔡墓山萬曆志

徵士鍾禮墓在南山萬曆志

處士許璋墓在縣後山黃泥岡萬曆志○明陳維新弔許半圭墓詩北山萬疊蓮花護中藏大隱先生墓秋暮訪謁落木深雨榛烟棘步履誤已無子孫祠下居老農指是前高樹長松巋蕭方碑蹲剝蘚捫識處士字丹文隱現入人目新建題年嘉靖四先生陽明洞中友持慮懷疑新會走芒鞋踏破羣迷開一點空虛納萬有吁嗟乎漢南龍光占星文天下誰人不識君紫氣霏微吳楚分鄱湖血猩艎艦焚大藤未掃寬蘇湖脇從罔治遣岑孤西南用兵稱得志姚安山川列版圖滌蕩勳光韓襄毅辛勤經略衷潛夫泉石心

英雄手風雲略烟霞守眞隱絕著書避宅甘棲畝確乎不可拔濳龍初用九誥券簪纓偉麒麟蘿巖破屋齊芻狗功高謗速身後名劃跡息機生前叟生前身後彈指間古心如對青山朽日暮荒巒毒霧起徘徊不去還自喜虎豹窺羣麋鹿指仰視高山俯流水

我來弔古大奇特不拜通侯拜處士

韶州同知韓銑墓在鄭家𡼏萬歷志

將樂知縣陳大經墓在橫山龍舌萬歷志

福建按察僉事陳大紀墓在孝聞嶺萬歷志

徵士徐文彪墓在黃家𡼏萬歷志

郎中張文淵墓在萬松山弟洣陽知縣文澐墓在蘿巖山下萬歷志

玉山知縣孫景雲墓在南穴萬歷志

興化知府朱衮墓在黄泥山萬歷志子刑部員外郎朋家墓在岡側補稿

知縣石淵之墓在大尹山萬歷志

潋江知府顔爟墓在西北城下萬歷志

倪氏三世墓倪鎧墓在孟家墓之平洋倪應蘄墓倪湅墓並在白馬湖山乾隆府志○王振綱曰萬歷志載倪鎧墓在横山前倪應蘄墓在孔家堰蕭家嶴又康熙志倪湅墓在白馬湖山下岡詳略互異附錄存之○案倪湅墓在白馬湖任嶴

副使陳楠墓在蒲灣山萬歷志

光祿少卿徐子熙吏部郎中徐子俊墓並在裏車山萬歷志

朝城訓導徐子麟墓在車山萬歷志

贈大理少卿徐子忱墓在裏溪山萬歷志

通判徐子宜墓在俞村山萬歷志

御史葉經墓在鄭監山萬歷志

御史謝瑜墓在姜山萬歷志

御史陳紹墓在魏官山嘉慶志云在阜李湖瑞蓮堂側弟刑部郎中綰墓在杜家山萬歷志

侍郎陳渼墓在甑箅山萬歷志

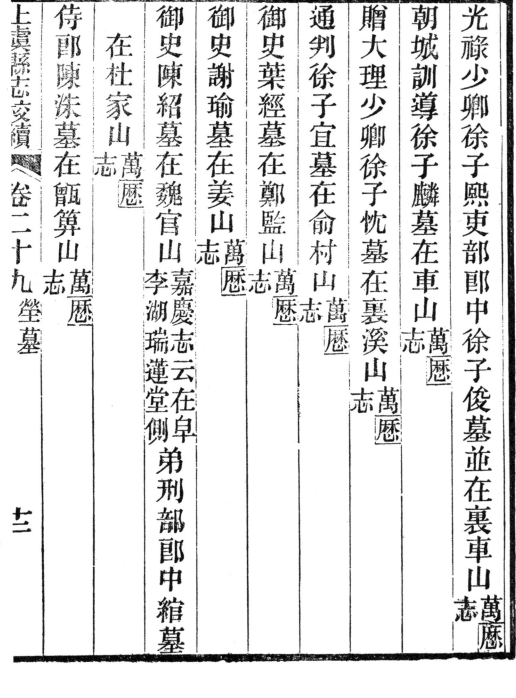

工部主事胡景華墓在馮浦山萬曆志

贈大理少卿徐學詩墓在管溪石龍頭山萬曆志

銅陵知縣陳佐墓在東横山萬曆志

應天府尹陳絳墓在崑崙山萬曆志

貴州參政徐維賢墓在方山嘉慶志○案萬曆志誤作石隴山

孝子須有文墓在十六都須宅泗洲塘嶺下邑令胡思伸

旌墓立石採訪

大典知縣謝讜墓在荷葉山萬曆志

僉事張承賚墓在梅塢邱潭嶺萬曆志

陝西道監察御史賈大亨墓在白馬湖象山採訪

贈南雄同知陸如大墓在何家㠌萬歷志

贈昭勇將軍累贈光祿大夫左柱國黄鳳鳴墓在鐵甲山採訪

泗州州判陸景槐墓在裏嚴山採訪

王昌二墓在十九都達溪眠狗山採訪

副使金柱墓在龔㠌萬歷志

蘇州同知徐希明墓在洪巖山萬歷志

神秘營副將顧景元墓在九都太平橋北採訪

陳希周墓在夏蓋山楊家園補稿

主事謝師嚴墓在鮎魚山萬歷志

鍾億墓在上黄嶴萬歷志

工部郎中顧充墓在九都桑家村旁採訪

黄之璧墓在縣後山北海溪採訪

贈兵部右侍郎徐鄰墓在石家西嶴嘉慶志云在溪西虎尾山子工部員外郎宗孺墓在陳家嶴戸部尚書人龍墓在戴家山康熙志

贛州府推官唐藩墓在十一都虎李巷山康熙志

四川按察使徐良棟墓在方山 康熙志

主事徐觀復墓在柯家山 康熙志

工部員外郎徐爾一墓在隱地山 康熙志

副使徐景麟墓在溪南山 康熙志

山東巡撫李懋芳墓在會稽化山 康熙志

副都御史陳維新墓在屈家堡 康熙志

左庶子丁進墓在浮山 康熙志

唐芳墓在縣東花園畈 康熙志

主事趙燮墓在五夫東潛鄉 浙江通志

戶部尚書倪元璐墓在會稽聖儀洞康熙志

湖廣德安同知趙德遴墓在上妃湖梅花地乾隆府志

翰林學士徐復儀墓在方山康熙志

王肅墓在上舍嶺徐家嶴萬歷志○案肅官階年甲里居無查故附於此

丁節孝墓在大齊嶴康熙志

烈婦宋黎氏墓在阜李湖東荷葉山採訪

上虞巡檢邱鈞母馬氏墓在鳳鳴山之原補稿

兵部尚書陶諧墓在花浦嘉靖二十八年諭祭葬乾隆府志

雲南左布政使司陶幼學墓在王家滙乾隆府志

吏部侍郎董玘墓在十二都大善村海螺山一名隆祐山

新增萬歷間諭葬乾隆府志

國朝

吳川知縣黃應乾墓在西門外九枝樟後烏沙墩採訪

贈通奉大夫趙鶴墓在五夫里東瀝鄉鎮龍橋浙江通志○王振綱曰鶴字康侯明武德將軍燮英次子歸安庠生爲殿最之祖○案五夫鎮龍橋今無查

州同趙汝舟教諭趙汝旭墓並在五夫朱家灘浙江通志○案朱家灘今在三都

建寍同知趙振芳墓在十都洪山湖備稿

御史王世功墓在六都西成橋採訪

孝子謝寍渙墓在五都二里永安橋田補稿

孝子王全璧墓在蛟山弟全琮墓在虹樣村備稿

孝子宋球墓在二都桑五廟前採訪

息縣知縣徐自任墓在王家嶴山採訪

新安知縣徐雲祥墓在戚家嶺弟編修雲瑞墓在裏溪梅花墩採訪

州同署獲鹿縣事陸拱辰墓在東華畈採訪

教諭朱亦棟墓在九都唐家橋江西戴均元題墓採訪

通渭知縣王煦墓在縣後山黃泥岡備稿

湖北上荆南道錢騋墓在南門外樊家嶺備稿

知府陳瀛墓在楊家溪備稿

奉政大夫王望霖墓在西陡亹鮎魚山備稿

孝廉方正錢玫墓在朱村備稿

孝子袁翊元墓在孔家畈採訪

舉人王振綱墓在潘家陡雷公山採訪

候選訓導連仲愚墓在西華蓋山之麓採訪

贈道銜候選知縣陳景祺墓在小官山嶺黃泥山採訪

贈道銜龍溪知縣錢世敘墓在黃泥岡琵琶墩下採訪

烈婦陳金氏墓在夏蓋山麓羊角井頭補稿

古墓附

蔡墓在縣西十里世傳是蔡伯喈墓案邕固嘗避難至越然史載邕六世祖與其父及母死廬墓事不聞有墓在此也死獄中又不在越非漢蔡邕明矣太平御覽載人有夜坐論史忽有叩戶自稱蔡邕字伯喈者人曰死王允獄中非子耶鬼曰彼是東漢之蔡伯喈也吾姓字適同耳以此推之殆亦此類姑存之○嘉泰會稽志○案正統志云去縣西十五里五龍山儒先蔡邕葬此故名非讀曹娥碑蔡邕也萬歷志云在縣西五龍山世傳爲蔡邕父母墓王山史云蔡邕係上虞孝子非漢中郎諸說以嘉泰志爲最初當從前志列入漢代今仍據嘉泰志附後

楊素墓在縣西北五里亦見舊經或謂素死長安又非越人疑有同姓名者爾○嘉泰會稽志

焦氏墓在五夫里東齋記事紹興上虞縣有村市曰五夫故老云有焦氏墓於此後五子皆位至大夫因名又云余嘗過其處見道旁古石塔有刻字可讀乃會昌三年余珠所記云草市曰五夫因焦氏立塋於此孝感上聖而爲名○新增

玉岡古墓在縣署後玉岡山相傳元末上虞尹蘇松死亂葬此詳祠祀○新增

案塋墓之志所以禁樵采而防護之也自墓大夫之職不修往往名賢邱隴有數百年後而爲牛羊踐踏者雖然傭丐皁隸子孫亦知世守必一一登之記載亦冗濫而鮮當兹據嘉泰志省府志正統萬歷各志暨采訪册

依時代爲次首錄鄉之賢者異方之賢次之女之賢者附鄉賢後明以前見舊志者都錄 國朝擇賢名較著者錄其他年世未遠後嗣能守姑從闕如以竢來者至若前志傳疑確無依據過而存之通錄篇末

上虞縣志校續卷二十九　輿地志十

上虞縣志校續卷三十

食貨志一

戶口

按田攤派之丁入用賦中此著滋生實數而已

宋

大中祥符四年上虞戶五千一百四十一丁二萬八千二百五十七嘉泰會稽志

嘉泰元年上虞戶三萬三百三丁三萬二千三百一十九不成丁九千四百五十八嘉泰會稽志○按乾隆府志及嘉慶志引此條二千作三千九千作四千皆誤

明

洪武二十四年戶三萬三十七口十三萬七百三十四萬曆志○按萬曆府志作一十三萬一千七百三十四

永樂二十一年戶三萬一千九口九萬二千二百四十一萬曆志

永樂籍上虞戶三萬四千一百十九口八萬萬曆府志

天順籍上虞戶口同永樂籍萬曆府志

嘉靖十年戶二萬二千四百一十二口四萬四千三十六萬曆志

萬歷十年戶一萬九千三百十一口三萬五千六百三十八萬歷志○按萬歷府志戶口數與此同戶下注民之戶一萬七千八百八十軍之戶九百四十匠之戶三百一竈之戶一百九十陰陽之戶五捕之戶三僧之戶二十五道之戶三口下注男二萬三千二百五十九婦一萬二千三百七十八細數與總數不相符合當有誤字

萬歷三十四年戶一萬九千三百一十有一丁口三萬五千六百八十有二其男丁二萬三千二百五十有九婦女一萬二千四百二十有三內分鄉民八丁一萬六千六百一十五竈丁一千八百五十四鄉民婦女九千四百六十三市民八丁四千七百九十市民婦女二千九百六十○萬歷志

國朝

康熙籍上虞戶一萬五千二百一十三舊有民戶軍戶匠戶竈戶陰陽戶捕戶僧戶道戶諸名色不一今惟別以紳戶衿戶民戶竈戶口六萬八千九百三十八男四萬四千二百五十九婦二萬四千六百七十九○康熙李府志五十二年三月十八日 上諭海宇承平日久戶口日繁嗣後直隸各省地方官遇編審之期察出增益人丁止將實數另造清冊奏聞其徵收錢糧但據康熙五十年丁冊定爲常額續生人丁永不加賦於是各直省郡縣將新增人丁實數繕造清冊名爲 盛世滋生冊是歲上虞縣增益人丁四千四百一十一口俞府志

雍正四年實在人丁三萬八千一百八十八丁口九年編審舊管人丁三萬八千一百八十八丁口新收人丁一萬五千八百一十二丁口開除人丁一萬五千五百七十一丁口實在人丁三萬八千四百二十九丁口實在市民人丁五千一百七丁內除原額完賦市民人丁四千七百九十丁外實　盛世滋生寄居人丁三十二丁土著人丁三百一十六丁共增益人丁三百四十八丁實在市民人口三千一百八十八口內除原額完賦市民人口二千九百六十口外實　盛世滋生寄居人口一十五口土著人口二百三十五口共增益人口二百五十口實在鄉民人丁一萬七千七百九十七丁內除原額完賦鄉民人丁一萬六千六百一十五丁外實　盛世滋生土著鄉民人丁一千二百八十六丁實在鄉民人口一萬一百八十二口內除原額完賦鄉民人口九千

四百六十三口外實　盛世滋生士著鄉民八口七百
九十九口實在竈丁一千九百一十四丁內除原額完
賦竈丁一千八百五十四丁外實　盛世
滋生士著竈丁六十四丁。乾隆通志
乾隆五十六年上虞縣戶五萬七千三十五男女大小丁
口十七萬六千五百七十七乾隆府志
嘉慶籍上虞戶六萬四千一百七十二口十七萬八千二
百六十六嘉慶志
同治八年編審男大五萬九千四百九十七丁男小二萬
二百七十三丁女大五萬一千五百六十六口女小一
萬四百九十三口加入籍棚民一百三十七丁口寄籍

棚民六十九丁口本縣煙戶冊

光緒十六年編審實在男女大小十四萬七千二百三十六丁口加入籍棚民一百十四丁口寄籍棚民七十九丁口本縣煙戶冊

田賦

明

洪武籍上虞田地山蕩池塘共八千九百八頃四分一釐

田三千九百一十九頃二十一畝二分九釐一毫　地八百四十六頃九十畝六釐二毫　山四千一百二十八頃一十四畝四分七釐五毫　池九頃一十七畝一分五釐　蕩三頃六十二畝九分二釐五毫　塘九十

四畝五分七毫

○萬歷府志

萬歷籍上患田三百七十九頃四十四畝一分四釐三毫

中患田九百九十六頃三十畝九分五釐七毫　熟田二千八百三頃九十畝二分六釐一毫　破岡等畈患田三十六頃二十一畝六分　例不起耗蘆田六十二頃二十八畝七毫　池塘漊二十七頃五十畝一分四釐五毫　地八百三頃一十九畝三分三釐四毫　蕩五頃五畝六分九釐八毫　山四千九十八頃八十七畝九分三釐七毫　學山三十頃八十五畝　萬歷志

○按萬

歷府志萬歷十三年田地山蕩池塘瀝共八千八百八十三頃六十四畝四分九釐八毫內田三千九百四十六頃二十六畝八分七釐二毫地七百七十七頃五十六畝七分五釐五毫山四千一百二十九頃七十二畝五分三釐七毫蕩四頃七十四畝三分八釐一毫池二十頃一十二畝五分五釐二毫塘五頃一十六畝二釐一毫瀝五畝一分三釐九毫熟池塘瀝一十七頃二畝二分四釐七毫中患塘瀝四頃八十六畝三分六釐二毫下患塘瀝三頃四十五畝一分三釐五毫與徐待聘縣志頗有參差徐志成於萬歷三十四年其中相距二十一年必有陞改之處已無可查考

國朝

康熙十年上虞田地山蕩池塘瀝共八千九百三十四頃五十三畝四分九釐七毫七絲五忽田三千九百八十頃七十四畝三分

九釐六毫八絲五忽　地七百九十四頃三十七畝一
分二釐六毫九絲　山四千一百二十九頃七十二畝一
五分三釐七毫　蕩池塘漊二十九頃六十九畝四分
三釐七毫○俞府志○按康熙縣志所載皆萬歷時舊
額此乃康熙六
年清丈後實數
乾隆四十九年上虞田地山蕩池塘漊共九千四百二頃
三十四畝一分六釐九絲三忽零　上患田原額三百
七十九頃
四十四畝一分四釐三毫自康熙六年至乾隆八年歷
案新增田五十七畝八分三釐二毫除乾隆三年豁免
田四頃二十三畝　中患田原額六百九十六頃三十畝
六分七毫七絲　九分五釐七毫自康熙六年
至乾隆四十五年歷案新增田三十五頃七十二畝八
分二釐二毫七絲六忽除雍正六年乾隆三年豁免田
四頃四十六　熟田原額二千八百三頃九十畝二分六
畝四釐九絲　釐一毫自康熙六年至乾隆三十年

歷案新增田六十二頃五十六畝九分六釐九毫六絲七忽五微除雍正六年至乾隆二十年豁免田七十三頃六十九畝一釐六毫五絲七忽

破岡等畈患田

原額三十六頃二十一畝六分自雍正十二年至乾隆四十五年歷案新增田一百八十二頃三十九畝五釐一毫七絲四忽

例不起耗竈田

六十二頃二十八畝七毫

地

原額八百三頃一十九畝三分二釐四毫自康熙六年至乾隆四十五年歷案新增地二百七十頃五十一畝五釐九毫八絲三忽除乾隆三年至乾隆四十五年除地一十三頃二十九畝五釐三毫四絲

山

四千九十八頃八十七畝五分三釐七毫

學山

三十頃八十五畝

蕩

原額五頃五畝六分九釐八毫自康熙六年至乾隆三十年歷案新增蕩二十畝三分八釐

池塘瀝

原額二十七頃五十畝一分四釐四毫自康熙六年至乾隆三十年歷案新增池塘瀝二頃四十二畝四分二釐六毫一絲除乾隆八年池改墾田除池一畝一釐三十年塘改爲田除塘三分七釐四毫○乾隆府志

嘉慶九年上虞田地山蕩池塘瀝共九千六百七十頃八十五畝六分八釐二毫六絲三忽　上患田三百七十五頃七十八畝三分六釐五毫五絲　中患田七百二十七頃五十七畝七分三釐七毫六忽　嘉慶五年新陞二百一十一頃四十一畝五釐三毫五絲四忽　熟田二千七百九十二頃七十八畝二分一釐四毫一絲五忽　破岡等畈患田二百十三頃三十八畝三釐四毫三絲四忽嘉慶五年新陞六十二頃二十八畝九釐二毫四絲一忽　例不起耗竈田六十二頃二十八畝七毫　地一千六十頃四十六畝三分七釐七毫五絲三忽　山四千九十八頃八十七畝五分三釐七毫　學山三十頃八十五畝蕩五頃二十六畝七釐八毫　池塘瀝二十九頃九十一畝一分八釐六毫一絲○嘉慶志

見存實額

上患田原額三百七十九頃四十四畝一分四釐三毫康熙六年爲清查各省等事案內丈出田一十一畝雍正七年爲欽奉　上諭事案內首報陞科田三十二畝一分九釐乾隆八年爲確查開報陞科事案內陞科田一十一畝八分八釐五毫二絲又爲加陞田糧事案內地改墾田二畝七分五釐五毫除乾隆三年爲請陞勸墾等事案內坍荒田四頃二十三畝六分七毫七絲

實該田三百七十五頃七十八畝三分六釐五毫五絲

中患田原額六百九十六頃三十畝九分五釐七毫康熙六年爲清查各省等事案內丈出田四十八畝康熙十六年爲籌餉期於有濟等事案內清出田一十四畝三分三釐二毫二絲六忽雍正六年爲飭查坍沒田糧等事案內陞科田三十二頃三十畝雍正七年爲欽奉　上諭事案內首報陞科田三十七畝七釐一毫五絲乾隆八年爲確查開報陞科事案內陞科田三畝六分又爲加

陞田糧事案內地改墾田七畝七分三釐二絲乾隆四十五年爲加陞田糧事案內地改墾田二頃三十二畝八釐七毫嘉慶五年爲遵　旨核擬具奏事案內報墾額外民願於當年起科田一百三十八頃四十七畝六分九釐三絲六忽又嘉慶五年爲遵　旨核擬具奏事案內報墾額外民願於次年二年後起科奉文統入於嘉慶五年入額田七十二頃九十三畝三分六釐三毫一絲八忽除乾隆三年爲請申勸墾等事案內坍荒田四頃一畝八分四釐五毫七絲雍正六年爲飭查坍沒田糧等事案內豁免沿海坍缺田四十四畝一分九釐五毫二絲實該田九百三十八頃九十八畝七分九釐六絲

熟田原額二千八百三頃九十畝二分六釐一毫康熙六年爲清查各省等事案內丈出田二頃畝四分二釐八毫八絲五忽康熙五十年爲遵例陞科事案內陞科田一十七畝四分雍正六年爲飭查坍沒田糧等事案內陞科田三十五頃畝雍正七年爲欽奉　上諭事案內首報陞

科田八頃二十七畝一分九釐六毫九絲又爲確查開
報等事陞科田九十畝雍正十一年爲確查開報等事
案内陞科田六畝六釐八毫五絲雍正十二年爲確查
開報等事案内陞科田七頃三十畝六分四絲乾隆二
年爲確查開報陞科事案内陞科田二畝九分九釐九
毫八絲七忽五微乾隆八年爲確查開報陞科事案内
陞科田一頃九十五畝五分三釐九絲七忽又爲加陞
田糧事案内地改墾田五十五畝二分二釐七毫一絲
又爲加陞田糧事案内地改墾田一畝一釐乾隆三十
年爲確查開報陞科事案内陞科田六頃七畝二釐二
毫八絲八忽又爲加陞糧銀事案内地塘改墾田二十
三畝四分八釐四毫二絲除雍正六年爲飭查坍没田
糧等事案内豁免沿海坍缺田四十九頃八十八畝八
分五釐四絲八忽雍正七年爲請定各省耕耤等事案
内置買耤田壇基共田五畝四分八毫乾隆三年爲請
中勸墾等事案内坍荒田一十四頃六十二畝二分九
釐四毫一絲一忽乾隆九年爲再飭悉心等事案内豁
免築塘廢棄田一頃二十六畝八分六釐三毫九絲八

忽乾隆二十年爲彙報秋禾一隅被水等事案内被水沖坍沙石壅漲田一十七頃二十二畝一分一釐實該田二千七百九十二頃七十八畝二分一釐四毫一絲

破岡等畈患田原額三十六頃二十一畝六分雍正十二年爲確查開報等事案内陞科田一百三十九頃八十二畝五分九釐三毫二絲三忽又續報陞科田一十四頃九十七畝九分六釐二毫二絲八忽乾隆八年爲確查開報陞科事案内陞科田一十九畝三分乾隆十四年爲確查開報陞科事案内開墾田九十五畝八分應於乾隆十五年起科乾隆十五年爲確查開報陞科事案内陞科田七十三畝七分乾隆十六年爲確查開報陞科事案内陞科田一頃二十四畝八分乾隆二十五年爲確查開報陞科事案内陞科田一十頃二十八畝九分八釐四毫二絲三忽乾隆四十五年爲確查開報陞科事案

內陞科田一十四頃一十五畝九分一釐二毫嘉慶五
年爲遵　旨核擬具奏事案內報墾額外民願於三年
四年後起科奉文統入於嘉慶五年入額田六十二頃
二十八畝九釐二毫四絲一忽除乾隆五十二年爲墾
田已廢等事案內坍豁田五頃實該田二百七十五頃
二十二畝六分一釐七毫四絲
六十六畝一分二釐六毫七絲五忽
例不起耗竈田六十二頃二十八畝七毫
地原額八百三頃一十九畝三分二釐四毫
康熙六年爲清查各省等事案內丈缺地八頃八十二畝一分九釐七毫九絲一
忽康熙十六年爲籌餉期於有濟等事案內清出地一
頃六十九畝六分九釐六毫三絲六忽雍正七年爲欽
奉　上諭事案內首報陞科地一十二頃九十八畝九
分二釐七絲五忽雍正十二年爲確查開報等事案內
陞科地一頃五十九畝九分四釐四毫乾隆二年爲確

查開報陞科事案內陞科地一畝二分又爲飭查坍沒田糧等事案內原坍田畝復漲陞科地四十九頃二十七畝七分四釐一毫七絲應於乾隆四十年起科乾隆八年爲確查開報陞科事案內陞科地五頃四十六畝一分五釐五毫四絲一忽乾隆十一年爲遵 旨議奏事案內開墾地二百四頃四十七畝四分五釐七毫應於乾隆十三年起科乾隆十三年爲確查開報等事案內開墾地九十畝應於乾隆十四年起科乾隆二十五年爲確查開報陞科事案內開墾地六十八畝二分七釐九毫一絲六忽乾隆三十年爲確查開報陞科事案內陞科地二十畝四分八釐乾隆四十五年爲確查開報陞科事案內陞科地二頃三畝三分八釐三毫乾隆五十年爲確查開報陞科事案內陞科地五畝四釐七毫一絲除乾隆三年爲請申勸墾等事案內坍荒地一十頃三畝九分九釐二毫二絲五忽除乾隆八年爲加陞田糧事案內地改墾田除地六十五畝七分一釐二毫三絲乾隆九年爲再飭悉心等事案內豁免築塘廢棄地四畝一分五釐一毫二絲九忽乾隆三十年爲加

陞糧銀事案內地改墾田除地二十三畝一分一釐二
絲乾隆四十五年爲加陞田糧事案內地改墾田除地
二頃三十二
畝八釐七毫實該地一千六十頃四十六畝三分七釐
七毫五絲三忽
道光二十年報墾新陞額外沙地二頃二十畝六分四釐
七毫六絲三忽
山原額四千九十八頃八十七畝五分三釐七毫
學山原額三十頃八十五畝
蕩原額五頃五畝六分九釐八毫康熙六年爲清查各省等事案內丈出蕩八畝
二分六釐三毫雍正七年爲欽奉上諭事案內首報
陞科蕩八畝五分四釐五毫乾隆三十年爲確查開報

陞科事案內陞科蕩三畝五分七釐二毫實該蕩五頃二十六畝七釐八毫

池塘漊原額二十七頃五十畝一分四釐四毫康熙六年爲淸查各省等事案內丈出池塘漊二頃一十一畝三釐康熙十六年爲籌餉期於有濟等事案內淸出池二畝五分六釐九毫二絲雍正七年爲欽奉上諭事案內首報陞科池一十五畝八分三釐六毫九絲乾隆八年爲確查開報陞科事案內陞科池二分乾隆四十五年爲確查開報陞科事案內陞科池一十二畝七分九釐除乾隆八年爲加陞田糧事案內池改墾田除池一畝一釐乾隆三十年爲加陞糧銀事案內塘改爲一除塘三分七釐四毫該池塘漊二十九頃九十一畝一分八釐六毫一絲

原額戶口八丁三萬五千六百八十二丁口內

市民人丁四千七百九十口乾隆九年爲再飭悉心等事案內題免人丁一口四分七釐九毫乾隆三十年爲請申勸墾等事案內題免坍荒人丁二十六口六分七釐七毫乾隆二十年爲彙報秋禾一隅被水等事案內題免被水沖坍沙石壅漲人丁二十口五釐九毫二絲一忽乾隆二十四年陞科人丁一十口九分八毫五絲一忽實該人丁四千七百五十二口六分九釐三毫三絲

市民人口二千九百六十口乾隆九年爲再飭悉心等事案內題免人口九分一釐四毫乾隆三年爲請申勸墾等事案內題免坍荒人口一十六口四分八釐五毫乾隆二十年爲彙報秋禾一隅被水等事案內題免被水沖坍沙石壅漲人口一十二口三分九釐五毫二絲八忽乾隆二十四年陞科人口六口七分四釐七絲實該人口二千九百三十六口九分四釐六

毫四絲二忽
鄉民人丁一萬六千六百一十五口乾隆九年爲再飭悉心等事案內題免人
丁五口一分三釐一毫乾隆三年爲請申勸墾等事案
內題免坍荒人丁九十二口五分三釐四毫乾隆二十
年爲彙報秋禾一隅被水等事案內題免被水沖坍沙
石壅漲人丁六十九口五分七釐九毫六忽　乾隆二
十四年陞科人丁三十七口
八分三釐八毫一絲八忽
實該人丁一萬六千四百
八十五口五分九釐四毫一絲二忽
鄉民人口九千四百六十三口乾隆九年爲再飭悉心等事案內題免人口二口九
分三釐七毫乾隆三年爲請申勸墾等事案內題免坍
荒人口五十二口七分三毫乾隆二十年爲彙報秋禾
一隅被水等事案內題免被水沖坍沙石壅漲人口三
十九口六分二釐八毫五絲二忽乾隆二十四年陞科

人口二十一口五分五釐三絲實該人口九千三百八十九口二分八釐一毫七絲八忽

竈丁一千八百五十四口

照田起丁每田九十二畝二分三釐派市民人丁一丁每田一頃四十九畝二分四釐派市民人口一口每田二十六畝五分九釐派鄉民人丁一丁每田四十六畝六分八釐派鄉民人口一口每竈田三畝三分六釐派竈丁一丁以上本縣賦役全書

合縣田畝字號凡二十三都外加鎮都城都皆仍萬歷之舊鎮都即五夫村城都近城村即萬歷之

坊都　國朝添設恩都即湖陸爲田字號計一百三十五圖圖即里也

一都共二圖天地元黃宇宙熟田　二都共六圖洪荒日月盈昃熟田內昃字一號起至二千九百號止皆熟田以下皆老畈田又荒字除破岡畈三千五百五十號內皆老畈田外皆作熟田　三都共十圖辰宿列張寒來暑往秋收熟田　四都共三圖冬藏閏熟田　五都共五圖餘成歲律呂熟田　六都共五圖調陽雲騰致熟田　七都共三圖雨露中田　八都共七圖結爲霜金生麗水玉熟田　九都共九圖出崑岡劍號巨闕珠稱熟田　十都共十一圖夜光果珍李柰菜重芥薑海鹹河淡熟田　十一都共四圖鱗潛羽翔熟田　十二都共四圖龍師火帝鳥熟田　十三都共二圖

官人皇中田　十四都共四圖始制文字乃上中田內始字一號起二千九百九十九號止中田以下皆上田又制字一號起二千五百號止中田以下皆上田又文字一號起二千五百號止上田二千五百一號起至五千九百號止中田五千九百一號以下皆熟田又字字一號起二千五百號止皆上田二千五百一號起至七千四百七十五號止皆中田七千五百七十六號以下皆熟田又乃字一號起至二千四百九十九號止皆中田二千五百號以下皆上田

十五都共四圖服衣裳推上田　十六都共二圖位讓上田　十七都共三圖國有虞中田

十八都共三圖陶唐弔熟田　十九都共三圖民伐罪熟田

二十都共三圖周發商湯熟田　二十一都共六圖坐朝問道垂拱中田內朝字一號起至三百號止皆熟田以下皆中田　二十二

都共八圖平章愛育黎首臣伏戎羌熟田　二十三都共十四圖遐邇

壹體率賓歸王鳴鳳在竹白駒熟田　鎮都共二圖食場熟田　城都共

十圖化被草木賴及萬方蓋此熟田　恩都共二圖時和年豐熟田　內年字一

號起至三十號止熟田其餘中田惟時和豐皆熟田　續陞民安物阜老畈田　附時和年

豐老畈田　附民安物阜新畈田　奉公守法新陞中田內奉字一號起

至一百四十號止爲新陞中田一百四十一號起至三百號止作畈田　務本力農新陞畈田　附

渣大渣湖田老畈田　浮龍熟田　沙梁湖沙湖老畈田

天地黃宙列宿老畈田　漳老畈田　東宙西宙熟田

附夏蓋湖歷次報陞田畝總數

雍正六年報陞田六千七百三十畝按依分數三十畝當作二十八畝六分六
釐二毫四絲○時字一千九百六十一畝三分八釐三
毫一絲七忽和字一千二百三十八畝六分三釐六毫
二絲三忽年字一千七百二十八畝
六分四釐三毫豐字一千八百畝　雍正七年報陞附
和字田九十畝雍正十一年報陞田一萬四千六百九
十五畝五分五釐八毫四絲七忽按依分數當作一萬四千八百三十六畝
九分七釐四絲九忽○民字三千九百四畝二分四釐
三毫四絲安字八百二十四畝一分五釐四毫八絲物
字二千五百九畝六分七釐四毫四絲阜字四千七十
畝附時字一千八百二十七畝三分二釐三毫一絲二
忽附年字一千七百一畝
五分七釐四毫四絲七忽
乾隆二十五年陞報田一千
二百二十八畝九分八釐四毫二絲二忽按依分數當作一千一百

二十三畝三分七釐六毫三絲六忽○附民字一百二十一畝一分八釐九毫七絲四忽附安字五十畝七分六釐一毫五絲五忽附物字一百十六畝八釐四毫九絲附阜字五百十一畝一分六釐五絲七忽附時字一百四十八畝五分三釐二毫三絲八忽附年字一百七十五畝六分四釐七毫二絲二忽 乾隆三十年報陞田五百七十三畝三分三釐四毫八絲按八絲當作八忽○附時字八十六畝四分五釐一毫一絲五忽附年字五十九畝九分六釐二絲三忽附豐字四十六畝五分二釐七毫八絲附民字十九畝九分六釐八絲附阜字三百六十畝四分三釐四毫一絲 乾隆四十五年報陞田四百七十畝附阜字一百七十畝附列宿字三百畝

以上六次共陞田二萬三千七百八十六畝五分三釐九毫九絲按依上數當作二萬三千八百二十二畝三分四釐三毫三絲三忽○備稿

嘉慶五年報陞中田二萬一千一百四十一畝五釐三毫五絲四忽按依分數五釐三毫五絲四忽當作八釐四毫四忽○奉字五百一十八畝六分四釐公字四千三百八十一畝四分三釐一毫六絲四忽守字四千六百六十四畝六分三釐八毫七絲八忽法字二千三百十六畝四分六毫六絲二忽務字一千三百七十五畝八分一釐三毫六絲八忽本字三千九百十一畝五分六釐一毫三絲力字一千一百六十畝七分一釐四毫二忽農字三千六百三十一畝八分七釐九毫○按本字三千九百十一畝依總數當作三千九十一畝百字必誤加

報陞畈田六千一百二十八畝九釐二毫四絲一忽按依分數當作一分一釐九毫四絲四忽○奉字七百四十五畝五分二釐七毫二絲五忽公字一千五十七畝四分九釐七毫三絲七忽守字一千五百三十七畝五分九釐二毫九絲七忽法字三百九畝四分九釐四毫五絲三忽務字八百二十九畝七分二

釐七毫三絲六忽本字一千七十七畝四分四釐二毫七絲七忽力字一百二畝七分三釐一絲七忽農字五百六十八畝一分七毫

共續陞田二萬七千三百六十九畝一分四釐五毫九絲五忽按依上數當作二分三毫四絲四忽○本縣田畝冊

以上田額

南齊

上虞百戶一滂南齊書周顒傳建元初爲長沙王參軍後軍參軍山陰令縣舊訂滂民以供雜使顒言之於太守聞喜公子良曰竊見滂民之困因實極矣役命有常祗應轉竭蹙迫驅催莫安其所每至滂使發動遵赴常促輙有柤杖被錄稽顙階垂泣涕告哀不知所振又云山陰邦治事倍餘城然略聞諸縣亦處處皆

蹟唯上虞以百戶一滂大爲優足按賦役之專隸上虞者此爲最古舊志不載今補之○新纂

宋

嘉泰元年上虞夏戶入身丁錢舊管三千二百九十八貫二百文今催五千一百二十六貫七百二十文　紬一千三百三十五疋三丈七尺今催一千八十六疋一丈一尺四寸三分　絹一萬三千九十九疋二丈一尺今催一萬二千四百四十九疋一丈八尺一寸二分三釐

按乾隆府志引此條二分作三分誤

綿六千九百七十二屯二兩二錢五分五釐今催四萬六千一百九十七兩二錢五分五

釐三毫五絲　秋苗米上虞額管三萬七千八百九十七石六斗六升一合五勺合零就整三百三十四石二斗三升坍江等三千四十六石二斗四升合催三萬四千五百一十七石一斗九升一合五勺　和買絹七千二百九十七疋三丈五尺八寸舊額之外創增和買係經建炎三年十一月紹興二年九月八年二月湻熙八年閏三月紹熙元年二月五次蠲減之數　役錢一萬三千九百五十一貫九百八十六文　水陸茶錢八百五十二貫八百六十六文　小綾二百疋折一千二百三十三貫八百文按乾隆府志引二百疋作三百疋誤　職田米一千三百七

十四石九斗四升　折帛錢三萬九千三百一十三貫八百文係將八戶鹽稅紬綿絹丁鹽和買絹數內科折每紬一疋折納一丈三尺三寸綿一兩折納五錢丁鹽稅絹一疋折納八尺和買一疋折納一丈和買每疋折錢六貫五百文宅絹若紬每疋並折七貫文綿每兩并耗折四百六十文　折紬綿五千六百二十七兩每紬一疋數目折納一丈三尺三寸以綿一十七兩折絹一疋　折稅絹麥一千二百八十九石九斗五升以二石四斗一升折絹一疋　折苗糯米三千六百三十五石四斗七升三合以一石折苗一石一斗一升　課利稅租額四千六十一貫四百九十一文遞年趁到二千八百八貫二十六文　茶每歲批發六百斤住買六百斤　酒租

額九千六十六貫三百七十文遞年趁到五千五貫五十三文嘉泰會稽志○按嘉泰志尚有經制錢總制錢添收頭子錢增收米墨勘合錢止列紹興府總數無上虞分數故不錄

明

按嘉慶志沿府志之舊列元至元籍實無稅額惟泰定籍有夏稅鈔秋糧米租鈔酒醋課鈔稅課鈔茶課鈔歷日鈔店地鈔諸名目而已今不列

洪武籍夏稅麥五百四十三石四斗九升五合一勺鈔二千四百二十四貫三百三十文麥苗一千二百七十五石三斗五升六合九勺秋糧米三萬九千六十四石六斗九升八合九勺租鈔一萬二千四十九貫一十三文賃房鈔一百三十七貫九百六十三文

萬曆籍農之賦四曰夏稅麥一千七百三十九石八斗六升七合四勺徵於田地曰

秋糧米三萬六千四百七十四石四斗四升二合一勺八抄合田地池塘瀝派徵曰夏稅鈔四百八十五錠四百四文於田地池瀝蕩派徵曰秋租鈔二千五百四十三錠三貫九十八文田地塘瀝蕩參酌派徵○夏秋鈔每貫折銀二釐

廛之賦一曰房租官瓦房賃鈔二百四十八貫二百七十五文

傳之賦二曰馬價四百五十三兩一錢八分六釐四毫曰驛夫輸本府入各驛

均徭

兵之賦一曰兵餉銀二千六百二十六兩六錢八分四釐六毫

戶之賦二曰蕩價四十二兩九錢八分八釐先責辦於竈戶後派於田輸鹽運司曰諸鈔油榨碓麻鈔門攤契鈔茶引油契本工墨鈔樹株果價鈔酒醋鈔漁課鈔共銀一十兩二錢一分六釐四

毫遇閏如月數加增分派於漁茶油冶等戶間或派於田蕩

口之賦二曰鹽糧米內分三項顏料解京者每石折六錢解各學者折八錢解各倉者折五錢常本折半計米十九石六斗六升六勺責辦於鄉都成丁之人每丁七勺四撮遇閏增加曰鹽鈔每貫折銀一釐輸京庫及本府庫計銀二百二十二兩五錢一分二釐責辦於城市成丁之人每丁一釐五毫遇閏增加

里之賦三謂之三辦曰額辦銀有桐油銀白硝麂皮狐狸皮銀弓箭弦條銀胖襖銀藥材銀農桑絹銀俱解京計二百六十三兩五錢六分三釐曰坐辦銀有水牛等皮料銀歷日紙銀軍器料銀淺船料銀段疋銀漆木料銀四司工料銀果品銀牲口銀蠟茶銀菉筍銀俱解京計一千八百五十九兩四錢四釐一毫曰雜辦銀有科舉禮幣進士舉人牌坊銀預備上司各衙門書手工食銀軍器

路費銀上司各衙門新官到任隨衙下道家伙祭祀猪羊品物等項銀修理各衙所城垣民七料銀武舉銀戰船民六料銀文廟啟聖祠名宦鄉賢祠社稷山川厲壇祭銀各祠廟祭銀鄉飲酒禮銀孤老布花米柴銀表箋綾函紙劄工食銀表箋委官齎捧盤費銀拜進香燭銀拜賀萬歲冬至正旦令節習儀香燭銀迎春芒神土牛春花春鞭三牲酒席銀門神桃符銀三察院按臨門廚米菜銀三察院考試生員試卷果餅花紅紙劄筆墨府學銀恤刑按臨心紅紙劄油燭柴炭門皁廚役工食米菜銀各上司及查盤委官心紅紙劄油燭柴炭并門皁工食米菜銀上司按臨并本府朔望行香講書紙劄筆墨銀府送使客下程銀縣送油燭柴炭銀兵巡道駐劄士夫交際下程酒席銀水利道坊夫工食銀提學道按臨考試生員試卷果餅花紅紙劄筆墨銀季考生員試卷果餅花紅紙劄府學銀歲貢生員正陪路費花紅旗匾酒禮銀起送科舉生員路費花紅酒席銀迎宴新舉人旗匾花紅彩緞酒席銀起送會試舉人路費卷資酒席銀賀新進士旗匾彩緞酒禮銀兵巡道新任祭門猪

羊三牲香燭銀府縣新官到任祭門猪羊酒果香燭銀府縣新官到任修理衙宇銀府縣應朝起程復任酒席銀府縣陞遷給由酒席銀修理各察院分司公館銀修理府縣廳堂公廨監房教場及養濟院等處工料銀城垣圖畫紙劄顔料銀優恤節婦養贍米布銀上司并府縣卷箱架扛鎖索棕單銀察院分司公館置備家伙銀府縣心紅紙劄等項銀府縣皁隷工食銀府縣官船水手銀短遞夫工食銀經過使客皁隷工食銀馬疋草料并馬夫工食銀大小河船價并稍水工食銀預備雜用銀俱留府縣庫計三千六百四十五兩一錢八分七釐三毫

力之賦二曰銀差曰力差嘉靖四十三年後二差一概徵銀雇募

有各驛館夫各倉斗級巡鹽應捕鋪兵解戸獄卒弓兵傘夫皁隷分守溫處甲首看守各館門子各學庫子祠夫閘夫各場工脚巡欄南京直堂皁隷柴薪三院座船水手布政司廣濟庫庫子縣耳房

庫子各學庫子布政司首領[illegible]司運司府縣衞首領柴薪府縣馬夫各學齋夫各學膳夫會同館長夫府縣及儒學公堂家夫包陪富戶各渡稍夫民壯捕兵健步預備識造坊夫短送夫惟巡鹽應捕一項先儀免僉役徵銀抵課止用民壯弓兵巡緝巡鹽察院批再議紹興府議仍照額名數選募勤實之人充役共銀五千三百八十六兩九錢一分五釐五毫

自一條鞭法行後賦額大率二項曰本色米共七千六百六石四斗五升六合六勺熟田每畝米二升一勺六抄上患田米一升五合三勺中患田米一升七合六勺竈田米一升八合三勺四抄熟池塘瀝米一升一合二勺上患池塘瀝米一升八勺五抄中患池塘瀝米一升九勺零曰條折銀共三萬一千三百四十六兩一錢八分四釐六毫熟田每畝銀六分七釐六毫上患田銀六分七釐七毫中患田

銀六分七釐六毫竈田銀四分八釐六毫地銀一分五毫山銀二釐九毫五絲蕩銀三分五釐七毫熟池塘瀝銀四分五毫五絲上患池塘瀝銀四分四毫一絲中患池塘瀝銀四分五毫人田丁共銀一錢五分九釐九毫

此外不入條鞭者惟鹽糧米前數見鹽鈔銀前數見油榨鈔二兩八錢六分八釐五毫漁課鈔十兩八錢二分二釐四毫四絲漁戶出辦

海之賦一曰鹽入鹽法○以上萬歷府志

國朝

康熙籍額徵上患田每畝原徵銀七分六釐五毫并九釐等銀實徵一錢九釐九毫徵米四合五勺中患田每畝原徵銀七分七釐三毫并九釐等銀實徵一錢一分一釐一毫徵米四合七勺熟田每畝原徵銀七分八釐五毫并九釐等銀實徵一錢一分三釐一毫徵米四合七勺七抄

破岡等畈患田每畝原徵銀六分六釐三毫并九釐等銀實徵九分五釐四毫　徵米四合一勺例不起耗竈田每畝原徵銀七分七釐三毫并九釐等銀實徵一錢一分一釐一毫　徵米四合七勺　計田三千九百七十八頃一十四畝九分六釐八毫共徵銀四萬四千六百五十五兩六錢三分一釐三毫七絲五忽零共徵米一千八百七十九石五斗九升五合八勺零

地八百三十頃一十九畝三分二釐四毫每畝原徵銀一分一釐并九釐等銀實徵一分五釐七毫　徵米六勺　共徵銀一千二百六十九兩四分五釐三毫一絲九忽零共徵米四十八石一斗九升一

合五勺零

山四千九十八頃八十七畝五分三釐七毫每畝原徵銀二釐九毫實徵四釐二毫徵米二勺共徵銀一千七百二十一兩五錢二分七釐六毫五絲五忽零共徵米八十一石九斗七升七合五勺零

學山三十頃八十五畝每畝原徵銀一釐一毫實徵銀一釐六毫徵米一勺共徵銀四兩九錢三分六釐共徵米三斗八合五勺

蕩五頃五畝六分九釐八毫每畝原徵銀三分五釐實徵銀五分二毫徵米二合一勺共徵銀二十五兩三錢八分六釐三絲九忽零共

徵米一百六升一合九勺零

池塘㶁二十七頃五十畝一分四釐四毫每畝原徵銀四分二釐二毫實徵銀六分六釐徵米二合五勺共徵銀一百六十六兩六錢五分八釐七毫二絲六忽零共徵米六石八斗七升五合三勺零

市民人丁四千七百九十口每口徵銀一錢五分四釐市民人口三千九百六十口每口徵銀一釐四毫鄉民人丁一萬六千六百一十五口每口徵銀一錢五分八釐五毫鄉民人口九千四百六十三口每口徵銀七釐七毫竈丁一千八百五十四口每口徵銀七釐七毫計三萬

五千六百八十二丁口共徵銀三千四百六十二兩四錢二分二釐四毫

以上共科地畝人丁銀五萬一千三百五兩六錢七釐五毫一絲五忽零除優免銀八百一十五兩二錢七毫外實該科銀五萬四百九十兩四錢六釐八毫一絲五忽零　共科米二千一十八石一升八勺零按此乃六年前未清丈之數俞府志康熙十年田地山蕩池塘漊人丁等項共徵本色糧二千三十六石七斗三升一合一勺零折色銀五萬一千三百八兩七錢八分四釐四毫零則清丈後實數也

隨糧帶徵鹽課水鄉蕩價銀四十二兩九錢八分八毫三

絲五忽每兩滴珠路費一分七釐該銀七錢三分六毫七絲四忽拖船稅銀八兩滴珠路費銀一錢三分六釐不入田地解運司轉解戶部共銀五十兩九錢八分八毫三絲五忽路費銀八錢六分六釐六毫七絲四忽

遇閏加銀四百八十三兩二錢八分一釐五毫七絲三忽除拖船稅銀不加閏外每正銀一兩加閏銀九釐五毫六絲五忽

額外歲徵漁課熟鐵折苧麻七十二斤九兩七錢六分奉文折七徵三折色麻五十斤十三兩二錢三分二釐該折銀二兩五錢四分一釐三毫五絲路費二錢五分四釐一毫三絲五忽遇閏加麻四斤三兩七錢六分折銀二錢一分一釐七毫五絲路費二分一釐一毫七絲五忽

本色麻二十一斤十二兩五錢二分八釐該銀一兩八分九釐一毫五絲路費一錢八釐九毫一絲五忽遇

閏加麻一斤十三兩四分該銀九分七毫五絲路費九釐七絲五忽係漁户出辦解工部共銀三兩六錢三分五毫路費銀三錢六分三釐五絲

本縣額徵課鈔二百七十四錠一貫五百八十八文折銀二兩七錢四分三釐一毫七絲六忽有閏加鈔一十二錠二貫六百五十四文折銀一錢二分五釐三毫八忽

市鎮門攤鋪行出辦歸經費款用

本縣稅課局額徵課鈔六千六十七錠三百八文折銀六十兩六錢七分六毫一絲六忽有閏加課鈔五百四十九錠一貫五百六十一文折銀五兩四錢九分三釐一

毫二絲二忽均徭內編巡攔役銀
抵辦今撥充兵餉

本縣河泊所額徵課鈔一千二十一錠三貫二百二十八
文折銀一十兩二錢一分六釐四毫五絲六忽有閏加
課鈔六十錠二貫九百九十二文折銀六錢五釐九毫
八絲四忽漁戶一百三十一名
出辦今歸經費支銷

本縣河泊所額徵課鈔五百七十五錠四貫九百二十五
文折銀五兩七錢五分九釐八毫五絲有閏加課鈔三
十九錠八百七十五文折銀三錢九分一釐七毫五絲
均徭內編巡攔役銀
抵辦今歸經費支銷

本縣帶辦五夫稅課局額徵課鈔二千七十六錠六百三文折銀二十兩七錢六分一釐二毫有閏加課鈔二百三十錠八百一十七文折銀二兩三錢三釐六毫三絲四忽均徭內編抵辦撥充兵餉○以上康熙志

乾隆籍額徵田地山蕩池塘漊人丁外賦等項銀共銀五萬三千八百三十六兩與下分數不合當作九百六十七兩五錢九分五釐八絲六忽內田之賦四萬六千五百七十七兩五分七毫有奇地之賦一千六百七十五兩四錢五分三釐有奇山之賦一千七百二十六兩四錢六分三釐六毫有奇蕩池塘漊之賦一百七兩六錢七分四釐七毫有奇人丁之賦三千四百三十五兩五錢六分

六釐四毫有奇外賦各款共徵銀一百三十兩九錢三釐一毫有奇卽入前項編徵加顏料蠟茶藥材匠班等銀共一百八十八兩八錢八分六釐二毫有奇又加收零積餘米改徵銀四錢一分八毫有奇外賦不入地丁科有鹽課漁課課鈔路費等銀二十五兩八分九釐一毫有奇

額徵米共二千一百一十六石二斗四合一勺有奇內田之賦一千九百六十二石一斗二升一合三勺有奇地之賦六十三石六斗二升四合七勺有山之賦八十二石二斗八升六合有奇蕩池塘漊之賦八石五斗八升二合七勺有奇內除去收零積餘米四斗一升八勺有奇

額徵加閏銀五百八十九兩六錢八分八釐八毫有奇

以上乾
隆府志

嘉慶籍額徵田地山蕩人丁等銀五萬六千五百一十五
兩六錢八分九釐五毫六絲七忽有奇　加收零積餘米
改徵銀四錢一
分八毫一忽　顏料蠟茶新加銀四十六兩九錢八分
一釐二毫八絲六忽　顏料蠟茶時價銀一十兩六錢
四分六毫四絲八忽　藥材時價銀五兩四錢一分三
釐七毫一絲三忽　匠班銀一百二十五兩八錢五分
六毫二
絲九忽
額徵本色月糧米折銀二千四百二兩二錢四分七釐一
毫三絲
新墾米一百十二石一斗九升二合有奇折銀一百三十

四兩六錢三分四毫三絲九忽零
新加夏蓋湖丈新陞米一百二十四石八斗九升八合一
勺零折銀一百四十九兩八錢七分七釐七毫五絲六
忽零
外賦不入田畝拖船稅銀八兩一錢三分六釐
漁課銀三兩九錢九分三釐五毫五絲
課鈔銀十二兩九錢五分九釐六毫三絲二忽
共實徵銀五萬九千四百一十六兩八錢三分一釐一
毫五絲四忽零

地漕鹽驛等項額徵耗羨銀三千五百四十七兩九錢三分九釐三毫九絲七忽零內應解漕項耗銀三百二十九兩一錢六釐五毫八絲七忽　留縣漕項解費銀六十五兩八錢二分一釐三毫

又地丁等款解費銀二百六十三兩二分七釐　坐支本縣養廉銀八百兩　應給淳款孤貧銀糧銀八兩一錢九分七釐　應解司耗羨銀一千八百一十九兩二錢九分六釐四毫一絲零又解餉餘銀二百六十二兩四錢九分一釐　佐雜養廉銀縣丞典史巡檢各六十兩共一百八十兩　起司請領　備公額設銀一百五十八兩八錢原設二百兩奉藩憲飭減設一百五十兩八錢本縣養廉八兩○以上嘉慶志

光緒籍額徵地丁加顏料藥材等項共銀五萬六千七百八兩一錢四分五釐二毫四絲五忽零

外賦入地丁科徵銀一百三十兩九錢三釐一毫七絲五忽零內鹽課水鄉蕩價銀四十二兩九錢八分八毫三絲五忽每兩車珠銀一分七釐該銀七錢三分六毫七絲四忽零本縣稅科局課鈔銀六十兩六錢七分六毫一絲六忽本縣河泊所課鈔銀五兩七錢五分九釐八毫五絲帶徵五夫稅科局課鈔銀二十兩七錢六分一釐二毫以上四款均係隨糧帶徵即地丁編徵之內

外賦不入地丁原係車戶漁戶市鎮門攤鋪戶出辦今攤入地畝編徵科徵銀二十五兩八分九釐一毫八絲二忽內鹽課拖船稅銀八兩車珠銀一錢三分六釐漁課并路費銀三兩九錢九分三釐五毫五絲本縣課鈔銀二兩七錢四分三釐一毫七絲六忽本縣河泊所課鈔銀一十兩二錢一分六釐四毫五絲六忽

共地丁外賦銀五萬七千一百二十一兩五錢八分五釐五毫七絲四忽零除坍荒銀二百九十二兩六錢五釐三毫六絲一忽零　除被水冲坍沙石壅漲銀九十五兩七錢四分五釐七毫八絲五忽實徵銀五萬六千七百三十三兩二錢三分四釐四毫二絲七忽零

額徵米除零積餘米四斗一升零外實徵米二千二百三十九石九升四合九勺零每石折徵銀一兩二錢共折徵銀二千六百八十六兩九錢一分三釐九毫三絲三忽零以上賦役全書

以上各款攤入田畝并米折徵銀計上患田每畝實徵銀一錢二分四釐一絲一忽有閏徵銀一錢二分五釐三毫四忽中患田每畝實徵銀一錢二分五釐四毫五

絲五忽有閏徵銀一錢二分六釐七毫五絲　熟田每畝實徵銀一錢二分七釐五毫四絲八忽有閏徵銀一錢二分八釐八毫七絲九忽　老畈田每畝實徵銀一錢九釐一毫九絲有閏徵銀一錢一分一毫四忽　新畈田每畝實徵銀一錢三毫二絲有閏徵銀一錢一釐二毫三絲二忽　新中田每畝實徵銀一錢一分六釐七毫四絲有閏徵銀一錢一分八釐三絲四忽　竈田每畝實徵銀一錢一分九釐四毫三絲三忽有閏徵銀一錢二分七毫四絲　地每畝實徵銀一分六釐五毫七絲七忽有閏徵銀一分六釐七毫六絲三忽　池塘每畝實徵銀六分三釐八毫一絲八忽有閏徵銀六分四釐五毫三絲一忽　蕩每畝實徵銀五分二釐九毫一忽有閏徵銀五分三釐四毫九絲一忽　山每畝徵銀四釐四毫五絲五忽有閏徵銀四釐五毫四絲四忽　學山每畝徵銀一釐七毫二絲五忽有閏徵銀一釐七毫四絲四忽○

見行科則

通共徵銀五萬九千四百二十兩一錢四分八釐三毫
五絲零
額徵地漕鹽驛存留米折等款六分耗羨銀三千五百四
十八兩一錢二分八釐八毫九絲三忽零
遇閏加徵銀五百八十九兩六錢八分八釐八毫三絲七
忽零每兩隨徵耗羨銀六分
道光二十七年完賦定章全案四月初三日闔邑紳耆具稟爲糧有定額價無定章
公叩按照銀價給示通諭以便完納事竊錢糧乃朝
廷正供絲毫爲重每逢上下兩忙開徵之先上憲申明
例額頒發告示實貼縣堂使百姓周知自封投櫃虞邑
民風素樸歷年踴躍輸將因地處山僻辦銀非易大小

花戶用錢完糧每年遵照定額一律全完本年糧價驟漲至三千有奇定例地丁正銀每銀一兩加耗六分將現在銀價核計糧額大不相符似此日逐加增民不堪命是否出自憲定抑係書吏舞弊茲當收徵之際公叩出示畫一額價便民輸將云云四月初八日署縣張批虞邑民風素樸所有地丁錢糧歷屆全完並無絲毫蒂欠惟地處偏隅花戶皆以錢完納而當此銀價驟漲之時將錢易銀不無參差稍存觀望本署縣權守是邦勸求民隱責任催科而徵收一切悉循舊章並無毫釐增益云云　四月廿二日紳耆呈府爲蠹書串弊重價浮收號叩親提究辦並叩檄飭定價以便趕完事竊惟錢糧正供例額煌煌向奉上憲頒發示諭嚴禁重價浮收所以剔弊竇而昭愼重也虞邑例額正銀一兩加耗六分向以制錢折納每兩外縣主供應錢三百文每兩又加戶庫等書辦公傾鎔費五十三文又加串錢每票七文大小花戶一體輸將統該足色銀價各項加錢每兩不過約計錢二千五百數十文不料本年上忙糧價驟漲三千有零虞邑於去年歉收之後加以糧價驟增人

心惶惶小戶貧民愈形困疲稟求縣主張貼憲示明定章程蒙批徵收悉照舊章因銀價驟漲不無參差等諭仍無定價可遵但民間惟知定例不諳舊章錢糧絲毫爲重以錢易銀可算可核何致參差旣有參差卽係弊竇顯由庫書譚智傑徐九杠串同戶書馬光輝等朦乘新主攝篆舞弊殃民叩憲親提嚴究並叩檄飭縣主照額定價依舊加貼完納現屆四月下旬例應完半之期民皆急公仍恐蠹書等藉端播弄別滋事端云云四月廿八日署紹興府楊批各花戶完納錢糧理應措辦足色紋銀自封投櫃由縣傾鎔批解並無折價之例該縣花戶向以錢文準折者因邑無銀兩爲通融便民之計豈能違例給示該紳耆等自應循照舊章踴躍輸將庶鄉僻愚民不致藉詞觀望惟據稱該庫書等膽敢任意浮勒如果屬實殊干法紀仰上虞縣嚴查云云　五月初三日紳耆呈府竊職等因本年糧價驟漲民心惶惶不得已稟明邑尊叩定畫一章程復於前月廿二日以蠹書串弊等由號叩憲轅蒙當堂面諭嚴提戶庫各書訊究仰見肅法便民現奉邑尊剔除蠹弊諭定章程大

小花戶一例輸納不致參差郎庫書等自奉嚴諭稍知畏法現在尚不敢仍前舞弊伏叩恩賜察核息銷云云

五月初八日署紹興府楊批旣經該縣明定章程不致復有弊竇姑寬提究案候註銷

定章該銀一兩加火耗傾工批解零星雜項銀一錢二分五釐照時價給算加內費用錢三百七十八文外費用錢五十三文通作九九六串算納新陳價目一例封櫃纔準墊票花戶櫃上投納一例照式

同治三年　奏減紹屬浮收案　閩浙總督兼浙江巡撫左宗棠以紹屬浮收太甚命戶部郎中顧菊生會同署紹興府知府楊叔懌檄提各縣收用各款清冊照數覈減並定章程五條稟覆奏聞并札發告示一百張通行曉諭

收用各款并覈減數目

上虞額徵地漕米折等銀五萬九千四百二十兩零舊徵每兩收銀一兩一錢二分五釐一七合錢一千九百十二文又另加平餘錢五百三十文合計每兩收錢二千四百四十二文共收錢十四萬五千一百三串零現擬每兩連耗徵銀一兩一錢起解一七合錢一千八百七十文共應解錢十一萬一千一百十五串零下餘錢三萬三千九百八十八串　本官衙門伙食茶爐柴油等項錢二千四百串　幕友修火等項錢一千八百串　戶庫各書銀匠差役門印經管人等錢一千六百串　同寅節禮等項錢八百串尋常往來委員一概不給差費院府縣試及司道府房費并捐給各項錢一千四百串

留給辦公雜用錢四千四百九十五串內本道辦公五百串本府辦公一千串　留給本官家用錢一千四百串監犯口糧看役人等錢八百串　書院山長錢一百六十串　以上九款共需錢一萬四千八百五十五串尚餘錢一萬九千一百三十三串每兩可以減錢三百二十二文共減錢一萬九千一百三十三串

章程五條

一實徵一兩一錢解司除正款並耗銀餉餘外籌補一款現在裁革所餘之銀應作爲解費省歇傾工夫耗釘鞘等項之用歸縣自行開銷其從前一切攤捐名目及各署陋規盡行裁革

一各縣徵收錢糧照例應用板串嘉慶二十四年曾經司詳通飭在案嗣因日久弊生改用活串致書吏弊端百出現在更定新章應統用三連板串如某戶應納銀若干均查照糧冊於串票內註明上忙完銀一半下忙完銀一半庶書吏不能有大頭小尾重徵倍徵諸弊而州縣發出串票若干即應徵銀若干亦易於隨時稽察

一串票櫃書向有票錢現在雖未全行裁革亦應明定章程不準例外多取其完納銀米花戶應隨完隨給串票不準延擱

一幕友脩火自此次定章之後亦應減省大縣準請刑名一席錢穀一席其小席祇準酌留二三人中小縣刑名併請一席小席準留一二人至府署向有發審脩金由各縣攤派現已提辦公即不準再問州縣攤派

一院府縣試經費自此次定章之後皆不準列入流攤每屆應實用若干亦應由府預先酌定按年提存

蓋因考試三年兩屆州縣吏調不時或後任適逢
辦考而平餘已爲前任得去則未免稍涉偏枯

總督左奏稿　奏爲覈減紹興府屬浮收錢糧恭摺奏祈
聖鑒事竊浙東各屬地丁南米經臣上
年奏明應一律核減並將溫州府屬先行減定在案茲
查浙東八府錢糧徵數以紹興爲最多浮收之弊亦以
紹興爲尤甚山陰會稽蕭山諸縣完納錢糧向有紳戶
民戶之分每正耗一兩紳戶僅完一兩六分至一兩三
四錢而止民戶則有完至二千八九百文或三四千文
者以　國家惟正之供而有紳民重輕之別以閭閻奉
公之款徒爲吏胥中飽之資官司以賠累爲苦民戶以
偏重爲苦若不明定章程刪除浮費弊累日甚其何以
堪孟子論治以經界不正井地不均穀祿不平爲深憂
者此也臣於上年覈定溫屬地漕後即飭奏調來浙差
遣候選知府戶部郎中顧菊生前赴紹興會同該管道
府將歷年官徵民納實數及向來流攤各款逐細清查
分別裁減茲據顧菊生等稟稱紹屬八縣六場正雜錢
糧有照銀數完納有照錢數完納殊與定例有乖現擬

統照銀數徵解其一切攤捐名目及道府各署陋規概
行禁革并擬於正耗錢糧之外仍視各縣舊徵多寡每
兩酌留平餘以爲各該縣場辦公之用開送徵解留用
數目清冊前來臣細加覆核除正耗仍照常徵解外紹
屬八縣額徵地漕等款并蕭山公租竈課銀四十五萬
三千四百七十四兩零除新昌一縣徵數業經減定勒
石毋庸議改外其餘七縣共實減去錢二十萬五千一
百零六千文南米額徵本色米七千餘石折色米一萬
五千二百六十七石零減去本色耗米三百六十一石
減折色耗錢一萬二千零七十二千文六場竈課額徵
銀一萬四千三百八十九兩又蕭山牧租額徵錢一萬
三千九百十六千文實減去錢四千二百四十二千文
計共減錢二十二萬一千四百二十千文米三百六十
一石但能永遠遵守大小戶一律完納以十年之通計
之民間卽可多留二百餘萬千之錢三千餘石之米矣
既無須損上以益下民力自見其有餘亦無須裒多以
益寡貧戶不憂其不足官之徵收有定章則上下之交
肅民之完納有定數則胥吏之弊除此次定章之後臣

當飭令各屬一體勒石遵守如有官吏陽奉陰違於定章之外添設名目多取分文者定卽立予撤參如大戶不遵定章完納致官有賠累之虞民有偏重之苦者亦必核實懲辦以昭儆戒所有覈減紹興府屬錢糧緣由理合恭摺具陳伏乞

皇上聖鑒訓示四月十一日內

閣奉

上諭左宗棠奏覈減紹興府屬浮收錢糧一摺浙東各屬錢糧以紹興府屬徵數爲最多而浮收之弊亦最甚經左宗棠查明核減將紹興府所屬八縣六場正雜錢糧無論紳戶民戶統照銀數徵解一切攤捐名目及陋規等項概與革除計除正耗仍照常徵解外共減去錢二十二萬有奇米三百六十餘石民困諒可稍蘇卽著照所議辦理嗣後並著爲定章永遠遵行不準再有紳戶民戶之別致滋偏重其地方官吏尤當潔己奉公剔除積習倘敢陽奉陰違添設名目格外需索及大戶不遵定章完納者卽著該督撫核實查參懲辦以重國賦而恤民瘼欽此

總督左札爲曉諭事照得州縣經徵銀錢貴有常制杭嘉湖三屬漕糧上年復欽奉

諭旨酌議核

減　皇上念切民艱於錢糧繁重之區特沛恩施曷
勝欽感本部堂督師入浙以來目擊凋殘勤思撫字疊
次札飭各該地方官嚴禁浮勒核減徵收以蘇積困復
經照會顧郎中前赴紹興會同該署府楊守詳查紹屬
各縣場舊徵銀米各數分別釐減浮費去後茲據顧郎
中楊守以紹屬各縣場錢糧除新昌一縣已經勒石定
數毋庸更改外其餘各縣場應統以一兩一錢作爲正
項外每兩酌留平餘津貼辦公並將一切陋規裁革酌
定用款稟復前來本部堂細加酌核所擬均尚妥協當
即據情入　告所有紹屬徵解錢糧合行出示曉諭爲
此示仰紹屬軍民人等知悉自同治三年上忙起徵爲
始除正項一兩一錢外山陰縣地漕每兩準留平餘錢
三百文南米本色每石準留餘米七升折色每石準照
五千文折收會稽縣地漕每兩準留平餘錢四百文南
米本色每石準照餘米七升折色每石準照五千文折
色蕭山縣地漕公租竈課每兩準留平餘錢四百文南
米折色每石準照五千文折收零戸米每石準照三千
三百六十文折收牧租每千準照一千一百文徵收諸

暨縣地漕每兩準留平餘錢三百文上虞縣地漕每兩準留平餘錢二百五十文餘姚縣地漕每兩準留平餘錢二百八十文嵊縣地漕每兩準留平餘錢三百五十文曹娥場金山場均每兩準留平餘錢四百文錢清場東江場三江場均每兩準留平餘錢三百文石堰場每兩準留平餘錢二百文自示之後準爾等地方刊碑勒石永爲定則無論大戶小戶一律照章完納不得稍有抗欠其完銀米應概用板串書吏不得包徵包解如有奸胥蠹役仍前勒折浮收或藉代墊及各項名目需索加費許赴該管地方官控訴申理爾等亦宜互相勸勉踴躍輸將毋得任意抗玩致干咎戾其各凜遵毋違等因除示諭外合行札飭爲此札仰該縣即將發來告示實貼曉諭俾便周示毋違此札計發告示一百張此札今勒石經正書院儀門左側

光緒二十三年禁革糧串票錢案

浙江巡撫廖壽豐札照得糧米串票錢文雖爲經書紙飯之費然究屬陋規祇得於官之平餘款內酌給業經通飭各縣場一律禁革在案誠恐日久玩生合

亟頒示札飭札到該縣立即遵照迅速將發去示稿飭
承照繕多張分貼曉諭一面勒石嚴諭以垂久遠仍將
貼示處所開具清摺同摹搨碑示專案送
府備查毋稍違延切切特札○以上新纂

以上賦額

康熙籍起運戶部項下折色銀一萬七百九十二兩八錢
九分五釐五毫七絲六忽零路費銀一百二十四兩二
分一毫三絲八忽零　內夏稅京庫折銀麥一千一百二
十六石五斗六升五合每石折銀
二錢五分該銀二百八十一兩六錢四分一釐二毫五
絲每兩滴珠路費銀二分七釐該銀七兩六錢四釐三
毫一絲三忽　農桑折絹九疋二丈五尺七寸八分全
折坐派二兩八釐五毫六絲二忽每兩路費一分該銀
二分八絲五忽零　秋糧京庫折銀米七千八百七十
石八斗八升每石折銀二錢五分該銀一千九百六十

七兩七錢二分每兩滴珠路費二分七釐該銀五十三
兩一錢二分八釐四毫四絲　派剩米四百二十五石
二斗七升六合六勺內米一百八十四石六斗五升五
合七勺零每石折銀七錢該銀一百二十九兩二錢五
分九釐三絲八忽零又米二百四十石六斗二升八勺
零每石折銀六錢該銀一百四十四兩三錢七分二釐
四毫九絲八忽兩共銀二百七十三兩六錢三分一釐
五毫三絲六忽每兩路費一分二釐該銀三兩二錢八
分三釐五毫七絲八忽零　折色蠟價銀二百二十五
兩五錢一分九釐一毫每兩路費一分該銀二兩二錢
五分五釐一毫九絲一忽　富戶銀一十兩每兩路費
一分該銀一錢　昌平州銀四兩每兩路費一分該銀
四分於備用銀內扣解　芽茶四十觔一十四兩五錢
六釐原額芽茶一百一十三觔三兩一錢內順治十年
六月會議改徵折色實該前數每觔價銀一錢二分該
銀四兩九錢八釐七毫九絲五忽每兩路費一分該銀
四分九釐八絲七忽零　葉茶七十八觔五兩三錢每
斤價銀四分該銀三兩一錢三分三釐二毫五絲每兩

路費一分該銀三分一釐三毫三絲二忽零　黃蠟一百九十一觔八兩七錢五分五釐原額黃蠟二百五十觔五兩六錢六分內順治十年六月會議改徵折色實該前數每斤價銀三錢四分該銀六十五兩一錢二分六釐四絲三忽零每兩路費一分該銀六錢五分一釐二毫六絲零　原解江南藥價銀四錢五分三釐三毫津貼路費銀九分六毫六絲　南部柴薪皂隸銀八十六兩一錢路費銀八錢六分一釐遇閏加銀七兩路費七分又直堂把門隸兵等銀二十兩六錢每兩路費銀一分該銀二錢六釐　顏料改折價墊損解路費共銀二百四十五兩六錢五分六毫六絲三忽零內順治十年六月會議改徵折色銀硃三十三觔一十一兩二錢八分每觔價銀二兩九錢六分鋪墊一錢二分賦硃一十三兩四分每觔價銀三錢鋪墊一錢一分烏梅四十一七觔六兩八錢八分每觔價銀四分鋪墊一分一釐黑鉛一十七觔一十四兩八錢六分每觔價銀七分鋪墊一分一釐五棓子九觔七兩五錢七分二釐五毫每觔價銀七分鋪墊一分一釐生漆一百八十三觔六兩七

錢五分五釐每觔價銀二錢鋪墊一分一釐嚴漆改派
生漆一百一十三觔六兩八錢五分每觔價銀二錢鋪
墊一分六釐嚴漆一百七十觔二兩六錢七分五釐每
觔價銀二錢四分鋪墊一分六釐黃蠟三十三觔九錢
三分二釐五毫每觔價銀三錢二分鋪墊一分六釐黃
熟銅五觔九錢四分每觔價銀一錢三分三釐鋪墊一
分六釐桐油五十三觔九錢四分每觔價銀六分鋪墊
八釐水牛角五副每副價銀九錢五分鋪墊六分四釐
以上通共正價銀二百二十三兩一錢二分六毫四絲
三忽零原額鋪墊銀一十三兩四錢四分六釐九毫七
絲四忽零原額解損銀九兩八分三釐四絲四忽零今
徵折銀三項俱每兩加路費一分該銀二兩四錢五分
六釐五毫零　鹽鈔二百五十八錠三貫該銀一兩四
錢七分七釐八毫九絲九忽折色銅錢二千五百八十
六文該銀三兩六錢九分四釐二毫八絲五忽零俱每
兩路費一分二釐該銀六分二釐六絲六忽零有閏加
鈔二十一錠一貫七百五十文該銀一錢二分三釐一
毫五絲八忽零折色銅錢二百一十五文五分該銀三

錢七釐八毫五絲七忽零二項共加路費銀五釐一毫
七絲二忽零　九釐銀七千五百九十七兩二錢三分
八毫九絲每兩路費七釐該銀五十
三兩一錢八分六毫一絲六忽零
禮部項下折色銀八十兩三錢七分四釐八毫五絲三忽
路費銀六兩五錢八分九釐二毫四忽零內牲口銀四
十二兩每兩
路費一分該銀四錢二分　藥材折色銀一十一兩八
錢七釐五絲三忽津貼路費銀五兩九錢三釐五毫二
絲六忽零內扣解包裹紅黃紙價銀二錢九分三釐六
絲零　光祿寺果品銀二十兩一錢菉筍銀六兩四錢
六分七釐八毫二項俱每兩路費一分
該銀二錢六分五釐六毫七絲八忽
工部項下折色銀二千五百二十九兩七錢七分一釐三
毫六絲五忽路費銀七兩四錢一分一釐四毫零內白硝麂

皮三張每張價銀六錢該銀一兩八錢奉文留省織造段疋支用　雕塡匠役銀四兩二錢五分九釐六毫每兩路費一分該銀四兩二釐五毫九絲六忽遇閏加銀三錢五分四釐四毫路費銀三釐五毫四絲四忽　桐油四百五十一觔一十三兩七錢六分原額桐油九百三觔一十一兩五錢二分奉文本折中半折色實該前數每觔價銀二分三釐七毫五絲該銀一十兩七錢三分一釐六毫七絲五忽每觔墊費八分該銀三十六兩一錢四分八釐八毫兩共銀四十六兩八錢八分四毫七絲五忽今徵折銀每兩加路費一分該銀四錢六分八釐八毫四忽零　漆木料銀五兩二錢六分八釐八毫　弓改牛角二百三十副原額每副二錢九分順治三年五月內奉文改徵折色又於十二年正月初五日奉文每副增銀二兩七錢一分共該銀六百九十兩每兩路費一分該銀六兩九錢　箭二千九十一枝原額每枝價銀一分八釐順治三年改解折色每枝增銀八分二釐其該銀二百九兩一錢　弦一千一百五十三條原額每條價銀五分四釐順治三年改解折色每條

增銀四分六釐共該銀一百一十五兩三錢　胖襖褲
鞋四十九副三分六釐二毫七絲原額每副價銀一兩
五錢順治三年奉文改徵折色每副增銀一兩二錢共
該銀一百三十三兩二錢七分九釐二毫九絲　四司
工料銀四百五十一兩　歲造段疋銀五百三十兩一
錢八分三釐四毫遇閏加銀二十六兩一錢八分二釐
八毫二絲六忽零二項解司織造段疋支用　軍三軍
器并路費銀一百七兩九錢八分八釐七毫內辦盔甲
腰刀七副六分二釐七毫七絲四忽零盔每頂價銀三
兩五錢甲每副價銀七兩五錢腰刀每口價銀二兩共
該銀九十九兩一錢五分七毫路費銀八兩八錢三分
八釐係原額銀三十一兩二錢五分四釐路費銀八兩
八錢三分八釐　順治三年增銀六十七兩八錢九分六
釐七毫內支辦　軍器民七銀二百二十七兩九錢五
分一釐九毫內辦盔甲腰刀一十七副五分三釐四毫
七絲六忽零盔每頂價銀三兩五錢甲每副價銀七兩
五錢腰刀每口價銀二兩共該價銀二百二十七兩九
錢五分一釐九毫內原額銀七十一兩八錢四分七釐

六毫順治三年增銀一百五十六兩一錢四釐

二毫　軍器路費銀六兩七錢五分九釐二毫

戶部項下本色銀三十八兩八釐二毫四絲七忽零鋪墊

損解路費銀八兩五錢五分六釐八毫五絲九忽零內

料本色銀硃二十二觔八兩原額銀硃五十六觔三兩顏

二錢八分內十年奉　旨徵本色銀硃二十二觔八兩

每觔原價銀四錢六分鋪墊一錢一分　膩硃七觔八

錢原額膩硃七觔一十三兩八錢內十年奉　旨徵本

色膩硃七觔八錢每觔原價銀一錢五分鋪墊一錢一

分　烏梅一十五觔原額烏梅六十二觔六兩八錢八

分內十年奉　旨徵本色烏梅一十五觔每觔原價銀

二分鋪墊一分一釐　黑鉛二十一觔原額黑鉛三十

八觔一十四兩八錢六分內十年奉　旨徵本色黑鉛

二十一觔每觔原價銀三分五釐鋪墊一分一釐　五

梧子二觔一兩五錢八分七釐五毫原額五梧子一十

一觔九兩一錢六分內十年奉　旨徵本色五梧子二

觔一兩五錢八分七釐五毫每觔原價三分五釐鋪墊
一分一釐　生漆一十觔九兩五錢二分五釐原額生
漆一百九十四觔二錢八分內十年奉　旨徵本色生
漆一十觔九兩五錢二分五釐每觔原價一錢鋪墊一
分六釐　嚴漆改派生漆六觔九兩一錢五分原額漆
一百二十觔內十年奉　旨徵本色嚴漆六觔九兩一
錢五分每觔原價一錢鋪墊一分六釐　嚴漆九觔一
十三兩三錢二分五釐原額嚴漆一百八十觔內十年
奉　旨徵本色嚴漆九觔一十三兩三錢二分五釐每
觔原價一錢二分鋪墊一分六釐　黃蠟一十觔二兩
三錢八分七釐五毫原額黃蠟四十三觔三兩三錢二
分內十年奉　旨徵本色黃蠟一十觔二兩三錢八分
七釐五毫每觔原價一錢六分鋪墊一分六釐　黃熟
銅二十二觔八兩原額銅二十七觔八兩九錢四分內
十年奉　旨徵本色熟銅二十二觔八兩每觔原價一
錢一分三釐鋪墊一分六釐　桐油一百三十六觔八
兩原額桐油一百八十九觔八兩九錢四分內十年奉
旨徵本色桐油一百三十六觔八兩每觔原價三分

鋪墊八釐　以上顏料通共正價銀二十三兩六錢七分四釐三忽零鋪墊銀五兩七錢一分五釐九毫七絲八忽零每正價一兩給損解路費銀一錢二分該銀二兩八錢四分八毫八絲零每年於三月間督撫確估時價題明造入易知由單徵銀辦解　黄蠟五十八觔一十二兩九錢五釐原額黄蠟二百五十觔五兩六錢六分十年奉　旨仍徵本色黄蠟五十八觔一十二兩九錢五釐每觔料價銀一錢七分該銀九兩九錢九分七釐一毫一絲五忽零　芽茶七十二觔四兩五錢九分四釐原額芽茶一百一十三觔三兩一錢十年奉　旨仍徵本色芽茶七十二觔四兩五錢九分四釐每觔料價銀六分該銀四兩三錢三分七釐二毫二絲七忽零

二項於每年二月間督撫確估時價題明造入易知由單徵銀辦解

禮部項下本色銀三兩四錢一分九釐九毫七絲七忽路費銀一兩七錢九釐九毫八絲八忽零　藥材料價正銀三兩四錢一分

九釐九毫七絲七忽內辦本色紫石英四錢三分三釐
七毫　黃藥子三觔九兩八錢三分二釐二毫　牡丹
皮三觔三兩一錢七分七釐　南星一十二觔七錢七
分　半夏一十二觔七錢七分　白芍藥三十六觔二
兩三錢二分二釐　茯苓一十八觔一兩一錢六分一
釐　吳茱萸一觔三兩二錢七分七釐　天門冬一觔
三兩二錢七分七釐　猪牙皂角九兩六錢三分八釐
五毫　津貼路費銀一兩七錢九釐九毫八絲八忽零
辦科解
司轉解
工部項下本色銀一十兩七錢三分一釐六毫七絲五忽
墊費銀三十六兩一錢四分八釐八毫　桐油四百五十
一觔一十三兩
七錢六分原額桐油九百三觔一十一兩五錢二分奉
文本折中半本色實該前數每觔價銀二分三釐七毫
五絲該銀一十兩七錢三分一釐六毫七絲五忽每觔
墊費八分該銀三十六兩一錢四分八釐八毫辦料解

司轉解○以上康熙志

舊編存留項內今裁改解部銀一萬九千七百六十五兩四錢二分九釐三毫零路費銀四兩五錢三分一釐八毫六絲俞府志○按府志祗有總數並無分數今據康熙邑志及賦役全書補分數於後　內留充兵餉內南折充餉銀九千一百二十七兩八分五釐一毫軍儲各倉餘存充餉銀六千一百四十九兩八錢八分二釐五毫四絲二忽零　順治九年舊編裁剩解部銀七百六十三兩三錢九釐二毫七忽零路費銀四兩五錢三分一釐八毫六絲本府捕盜應捕銀一十兩四錢　本縣捕盜應捕銀

五十七兩六錢　上司按臨并本縣朔望行香講書紙劄筆墨香燭銀三兩　外省馬價銀四百五十三兩一錢八分六釐　預備倉經費銀二十二兩　常豐一倉經費銀一十二兩八錢　常豐三倉經費銀一十五兩六錢　預備本府雜用銀三十七兩五錢　預備本縣雜用銀七十一兩二錢　黃家堰廟山梁湖壩三巡司弓兵工食銀三十四兩八錢　收零積餘銀四十一兩二錢二分三釐二毫七忽零　馬價路費銀四兩五錢三分一釐八毫六絲　順治九年四月內會議裁扣銀三百五十二兩四錢　知府吏書銀一百一十五兩二錢　本縣知縣修宅家伙銀二十兩　吏書門皁馬快民壯燈夫轎傘扇夫禁卒倉書庫書庫子斗級銀一百九十三兩二錢　縣丞書門皁馬銀八兩四錢　典史書門皁馬銀八兩四錢　黃家堰梁湖壩二巡司書皁銀七兩二錢　順治十二年會議裁扣銀七十四兩　知府修宅家伙桌幃銀六十六兩　知縣迎送上司傘扇銀八兩

順治十三年漕運月糧三分撥還軍儲銀一千二百八
十七兩　順治十四年裁減銀七百五十三兩五錢二
分六釐本府進表委官盤纏銀七錢四分　知府薪銀
桌幃傘扇銀三十三兩四分四釐　本縣知縣
薪銀油燭傘扇銀三十兩四錢九分　縣丞薪銀八兩
三錢二釐　生員廩糧銀一百二十八兩　上司并公
幹官員辦送下程油燭柴炭銀一百三十兩　門神桃
符銀一兩五錢　鄉飲酒禮銀八兩　提學道考試搭
蓋篷廠銀一兩一錢　歲考生員試卷果餅激賞花紅
紙劄筆墨并童生果餅進學花紅銀三十九兩五錢
季考生員試卷果餅激賞花紅紙劄筆墨等項銀三十
兩五錢　黃家堰巡司弓兵已裁銀九兩六錢今裁銀
一十九兩二錢　廟山巡司弓兵已裁銀一十三兩二
錢今裁銀二十六兩四錢　梁湖壩巡司弓兵已裁銀
一十二兩今裁銀二十四兩　各渡渡夫十四名共裁
銀二十八兩四錢內青山渡二名蒿陡渡一名梁湖渡

三名杜浦渡二名俱每名裁銀二兩五錢上浦渡一名百官渡二名俱每名裁銀一兩八錢丁村渡一名沐憩渡一名俱每名裁銀一兩　備用銀內裁按察司進表水手銀七錢五分　孤貧柴布銀三十四兩八錢　孤貧口糧銀二百八兩八錢　順治十四年裁膳夫銀四十兩　順治十四年裁里馬銀九十二兩四錢四分五釐　順治十五年裁優免銀七百三兩六錢五分七毫　康熙元年裁吏書工食銀二百四十兩　知府吏書銀一百四十四兩　本縣知縣吏書銀七十二兩　縣丞書辦銀六兩　典史書辦銀六兩　黃家堰梁湖壩二巡司書辦銀一十二兩　康熙元年裁提學道歲考心紅等銀四十四兩六錢　原編提學道歲考生員試卷果餅激賞花紅紙劄筆墨并童生果餅進學花紅府學銀十四兩縣學銀六十五兩考試搭蓋蓬

廠銀二兩二錢除順治十四年裁半外今裁前數　康熙二年裁倉庫學書工食銀一十九兩二錢本縣倉書銀六兩庫書銀六兩學書銀七兩二錢　康熙三十年裁教職銀五十七兩九錢二分本縣訓導俸銀三十一兩五錢二分喂馬草料銀一十二兩門子銀一十四兩四錢　康熙三年裁齋夫銀三十六兩　康熙七年裁按院節字號座船水手銀五兩　康熙八年裁驛站銀一百二十五兩經過公幹官員心紅紙劄油燭柴炭銀二十五兩門皁銀一百兩○按以上康熙八年止其裁減銀一萬九千八百七十一兩五錢五分四毫九忽零府志作一萬九千七百六十五兩四錢二分九釐三毫零恐誤

工部項下漁課銀三兩六錢三分五毫路費銀三錢六分

三釐五絲康熙志

運司解部充餉完字號座船水手銀一兩三錢俞府志

裁剩解部項下收零積餘米四斗一升八勺零每斗易銀一錢計銀四錢八毫一忽零。俞府志

遇閏起運本折正賦裁扣等銀一百一兩九錢五釐六毫零路費銀一錢八釐九毫六絲零　戶部項下折色銀七兩四錢三分一釐一絲零路費銀七分五釐一毫七絲零　工部項下折色銀二十六兩五錢三分七釐二毫零路費銀三釐五毫四絲四忽　舊編存留項內今裁改解部充餉銀六十七兩五錢二分六釐五毫六絲五忽　漁課銀三錢二釐五毫路費銀三分二毫五絲　運司解部充餉完字號座船水手銀一錢八釐三毫三絲。俞府志

乾隆籍起運銀四萬五千一百四十六兩三分三釐三毫
有奇鋪墊損解滴珠路費銀一百八十九兩四錢六分
七釐七毫有奇　戶部項下顏料蠟茶本折銀一百二十
兩四錢六分四釐九毫有奇　新加銀
四十六兩九錢八分一釐二毫有奇　時價銀一十兩
六錢四分六毫有奇　又戶部折色銀一萬三千五百
六十二兩七錢九分八釐二毫有奇　禮部項下藥材
本折銀五兩一錢二分九釐九毫有奇　時價銀五兩
四錢一分三釐七毫有奇　又禮部折色銀八十六兩
九錢六分四釐有奇　工部項下桐油銀九十四兩二
錢二分九釐七毫有奇　又工部折色銀二千四百八
十九兩八錢三分三釐四毫有奇　田畝帶徵匠班銀
一百二十五兩八錢五分六毫有奇　不入田畝外賦
銀三兩九錢九分三釐五毫有奇　裁改存留解部地
丁銀二萬一千九百九十九兩二錢一釐一毫有奇
零積餘米易銀四錢一分八毫有奇　留充兵餉改起

運銀六千八百八十三兩五錢八分八釐九毫有奇
一應鋪墊損解滴珠路費銀俱在各項總數下○乾隆府志
遇閏起運折色加閏銀三百四十五兩七錢四分二釐五毫乾隆府志
嘉慶籍起運項下解司地丁銀四萬八千二百三兩七錢九分四釐八毫三絲五忽零
禮戸工三部項下本折顏料藥材桐油等銀二百八十三兩一錢八分八釐六絲六忽零嘉慶志
光緒籍起運銀四萬八千三百一十四兩五錢八分一釐

二毫三絲一忽零　鋪墊損解滴珠路費銀一百八十九兩四錢六分七釐七毫六絲八忽零內
戶部本色銀共一百六十八兩六錢六分一釐九毫三忽零　鋪墊損解滴珠路費銀九兩四錢二分五釐七忽零內顏料本色銀一十一兩一錢一分五毫九絲七忽零鋪墊損解滴珠路費銀四兩二錢五釐七毫零　顏料本色加增時價銀七兩九錢六分五釐九毫四絲一忽零　顏料改折銀一十二兩五錢六分三釐四毫六忽零鋪墊損解路費銀四兩三錢五分一釐一毫五絲八忽零　顏料改折加增時價銀三十三兩一錢九分八釐一毫三絲二忽零　蠟茶本色銀一十八兩六錢四分一釐一毫五絲三忽零　蠟茶本色加增時價銀二兩六錢七分四釐七毫六忽零　黃蠟折色銀五十九兩八錢九分六釐四毫一絲八忽零路費銀六錢

四分二釐三絲二忽零　黃蠟加增時價銀一兩二錢
二分一釐二毫四絲八忽零路費銀一分二釐二毫一
絲二忽零　芽茶折色銀五兩八錢三分一釐六毫一
絲路費銀五分八釐三毫一絲六忽零　芽茶加增時
價銀七兩七錢五分四釐三毫八絲四忽零路費銀七
分七釐五毫四絲三忽零　葉茶折色銀三兩一錢三
分三釐二毫五絲路費銀三分一釐三毫三絲二忽零
　葉茶加增時價銀四兩六錢七分一釐五絲三忽零
路費銀四分六
釐七毫一絲零
戶部折色銀一萬六千三百五十五兩六錢二分五釐一
毫一絲二忽零　滴珠路費銀一百二十三兩二錢八
分八釐四毫五絲七忽零　內折色銀一萬七百三十九
兩二錢三釐四毫九絲六忽
零滴珠路費銀一百二十三兩二錢八分八釐四毫五
絲七忽零　康熙六年丈量陞科銀二十八兩四錢七

分四釐六毫九絲六忽零　康熙十六年清出陞科銀四兩四錢二分九釐二毫一絲零　康熙五十年陞科銀一兩九錢六分七釐九毫四絲　雍正六年陞科銀一百八十五兩五錢五分三釐九毫二絲三忽零原陞銀七百五十四兩七錢三釐除抵補坍缺銀五百六十九兩一錢四分九釐七絲六忽零實該前數　雍正七年陞科銀一百三十三兩三錢二釐九毫一絲七忽零　雍正十一年陞科銀六錢八分六釐三毫四絲七忽零　雍正十二年陞科銀一千四百一十九兩九分七釐四毫一絲四忽零又續報陞科銀一百四十二兩九錢五釐六毫一忽零　乾隆二年陞科銀三錢五分八釐二毫四絲五忽零　乾隆四年陞科銀七十七兩八錢五分八釐三毫一絲八忽零　乾隆八年陞科銀四十兩七錢二分五釐八毫四絲七忽零　乾隆十三年陞科銀三百二十三兩六分九釐八毫二絲零　乾隆十四年陞科銀一兩四錢二分二釐　乾隆十五年陞科銀一十六兩一錢七分三毫　乾隆十六年陞科銀一十一兩九錢五釐九毫二絲　乾隆二十五年陞科

銀九十九兩二錢四分三釐九毫六忽零　乾隆三十年陞科銀七十一兩四錢二分五釐四毫四絲六忽零

乾隆四十五年陞科銀一百一十一兩三錢二分六釐七毫二絲一忽零原陞銀一百六十一兩一錢八分四釐四毫二絲一忽零除坍豁銀四十九兩八錢五分七釐六毫九絲九忽零實該前數　乾隆五十年陞科銀七分九釐七毫四絲四忽零　嘉慶五年陞科銀二千九百四十二兩九錢三分一釐六絲四忽零　道光二十年新陞銀三兩四錢八分六釐二毫三絲二忽零

禮部本色銀八兩八錢三分三釐六毫九絲零　津貼路費銀一兩七錢九釐九毫八絲八忽零　內藥材本色銀一兩八分七釐六毫八絲五忽零津貼路費銀五錢四分三釐八毫四絲二忽零　藥材改折銀二兩三錢三分二釐二毫九絲一忽零津貼路費銀一兩一錢六分六釐一毫四絲五忽零　藥材加增時價銀五兩四錢一分三釐七毫

一絲三忽零
禮部折色銀八十兩三錢七分四釐八毫五絲三忽　路費銀六兩五錢八分九釐二毫四忽零
工部本色銀五十七兩六錢一分二釐一毫五絲　鋪墊路費銀三十六兩六錢一分七釐六毫四忽零內桐油本色銀一十兩七錢三分一釐六毫七絲五忽墊費銀三十六兩一錢四分八釐八毫　桐油改折并墊費銀四十六兩八錢八分四毫七絲五忽路費銀四錢六分八釐八毫四忽零
工部折色銀二千六百一十二兩三錢七分二釐一絲九忽零　路費銀七兩三錢五釐六毫四絲六忽內折色銀二千

四百八十二兩八錢九分八毫九絲路費銀六兩九錢
四分二釐五毫九絲六忽　匠班銀一百二十五兩八
錢五分六毫二絲九忽零原編銀一百二十六兩八錢
五釐五毫除築塘銀三分六釐六毫零又除坍荒銀六
錢九分四釐二毫零又除被水沖坍沙石壅漲銀二錢
二分三釐八毫零實該前數　漁課折色銀三兩六錢
三分五毫路費銀三
錢六分三釐五絲

裁改存留解部銀二萬二千一百六十七兩五錢一分二
釐五毫六絲六忽零　路費銀四兩五錢三分一釐八
毫六絲　內軍儲倉餘存充餉銀六千一百四十九兩八
錢八分二釐五毫四絲二忽零　南折充餉銀
九千一百二十七兩八分五釐一毫　順治九年舊編
裁剩解部并米折銀七百六十三兩七錢二分九忽零
馬價路費銀四兩五錢三分一釐八毫六絲　順治九
年裁扣銀三百五十二兩四錢　順治十二年裁桌幃

家伙傘扇銀七十四兩　順治十三年漕糧月糧三分撥還軍儲銀一千二百八十七兩　順治十四年裁扣銀五百九兩九錢二分六釐　順治十四年裁膳夫銀四十兩　順治十四年裁里馬銀九十二兩四錢四分五釐　順治十五年裁優免銀七百三兩六錢五分七毫　康熙元年裁吏書工食銀二百四十兩　康熙元年裁提學道歲考心紅等銀四十兩六錢　康熙二年裁倉庫學書工食銀一十九兩二錢　康熙三年裁教職銀五十七兩九錢二分　康熙三年裁齋夫銀三十六兩　康熙七年裁按院節字號座船水手銀五兩　康熙八年裁驛站銀一百二十五兩　以上均見康熙籍故不列細數　康熙十四年裁扣銀二百二十六兩二錢六分一釐六毫四絲內司備用銀一百一十三兩一分一釐六毫四絲知府心紅紙劄銀五十兩知縣心紅紙劄銀二十兩修理倉監銀二十兩儒學喂馬草料裁半銀六兩本府季考生員試卷果餅花紅紙劄筆墨裁半銀二兩七錢五分本縣季考生員試卷等銀一十二兩五錢修理府縣鄉飲祭祀新官到任齋宿幕次器

皿件物及經過公幹官員轎傘等銀二兩　康熙十四
年裁扣銀一百一十九兩三錢九分六釐五毫六絲內
修城民七銀三十五兩七錢一分三釐修理本縣城垣
銀二十兩裁本府季考生員試卷果餅花紅紙劄筆墨
銀二兩七錢五分本縣季考生員試卷等銀一十二兩
五錢縣備用銀四十八兩四錢三分三釐五毫六絲
康熙十五年裁扣銀一百三十三兩四錢內紳衿優免
丁銀一百一十一兩五錢五分各院觀風考試生員試
卷果餅激賞花紅紙劄筆墨府銀　四兩縣銀一十五兩
本縣新任祭門銀二兩八錢五分　康熙十六年裁扣
銀一十兩五錢內迎春裁半銀二兩儒學喂馬草料裁
半銀六兩本縣陞遷給由應朝起程復任公宴祭門祭
江　銀二兩五錢　康熙二十七年裁歲貢路費銀三十
兩　康熙二十七年裁科舉迎宴等款銀三百一十七
兩七錢五分三釐四毫內科舉禮幣進士舉人牌坊銀
一百八兩三錢八分三釐七毫會試舉人水手銀一百
一十二兩武舉筵宴銀七錢二分五釐貢院雇稅家伙
并募夫銀二兩迎宴新舉人旗帳酒禮府銀五兩六錢

六分七釐縣銀一十一兩起送會試舉人酒席卷資路費府銀八兩三錢八分四釐四毫縣銀一十七兩三錢三分三釐三毫賀新進士旗匾花紅酒禮府銀五兩縣銀五兩起送科舉生員花紅卷資路費酒禮府銀六兩五錢縣銀三十五兩七錢六分　康熙三十一年裁驛站銀一千三百二兩二錢四分二釐六毫二絲零內本府各驛銀一千一百兩二錢四分三釐六毫二絲零代馬兜夫銀一百八十一兩九錢九分九釐僱船銀二十兩　康熙三十九年裁黃家堰巡司經費銀七十二兩三錢二分內俸銀三十一兩五錢二分皁隸銀一十二兩弓兵銀二十八兩八錢　康熙五十六年裁本府拜進表箋綾函紙劄寫表生員工食香燭等銀三兩四分一釐七毫三絲五忽　雍正三年裁憲書紙料銀一十七兩六錢六分八釐一毫　雍正六年裁燈夫工食銀二十四兩　雍正十二年裁扣民壯工食銀一百八兩　乾隆十九年裁本府　諭祭銀六兩六錢六分六釐六毫七絲　嘉慶七年裁臬司衙門編設驛站統歸起運充餉銀一百七十二兩四錢三分二釐四毫九絲

留充兵餉改起運銀七千二百五十兩六錢七分九釐四
毫二絲五忽零除坍荒銀二百九十一兩六錢五分一
釐八毫七絲三忽又除被水沖坍沙石
壅漲銀九十五兩四錢三
分八釐六毫一絲五忽零實銀六千八百六十三兩五
錢八分八釐九毫三絲五忽零內田地山銀三千三百
一兩四錢八分五毫七
絲三忽零原編銀三千四百九十五兩五錢七分一釐
四絲九忽除置買籍田壇基免徵銀六錢一分一釐六
毫四絲四忽零又除築塘免徵銀一十五兩四錢七分
八釐八毫三絲零編入存留項下致祭　文昌帝君銀
二十兩致祭　關聖帝君銀六十兩厲壇米折銀六兩
儒學加俸銀四十八兩四錢八分金山場經費銀四十
三兩五錢二分實該前數又除坍荒銀二百九十一兩
六錢五分一釐八毫零除被水沖坍沙石壅漲銀九十
五兩四錢三分八釐六毫零實該銀二千九百一十四
兩三錢九分八絲三忽零　兵餉銀三千九百四十九

兩一錢九分八釐
八毫五絲二忽
起運折色加閏銀三百三十兩九錢二釐三毫四絲二忽
內戶部折色銀六兩七錢三分五釐一絲五忽零路
零費銀七分五釐一毫七絲二忽零　工部折色銀二
十六兩五錢三分七釐二毫二絲六忽零　路費銀三
釐五毫四絲四忽　工部漁課改折銀三錢二釐五毫
路費銀三分二釐五絲　順治九年舊編裁剩解部巡
司弓兵銀二兩九錢　順治九年裁扣銀二十七兩七
錢內知府吏書銀九兩六錢知縣吏書門皁馬快民壯
燈夫禁卒轎傘扇夫倉庫書庫子斗級共銀一十六兩
一錢縣丞書門皁馬銀七錢典史書門皁馬銀七錢黃
家堰梁湖壩二巡司書皁銀六錢　順治十四年裁扣
銀八兩一錢六分六釐六毫六絲五忽內黃家堰弓兵
銀一兩六錢廟山弓兵銀二兩二錢梁湖壩弓兵銀二
兩各渡渡夫銀二兩三錢六分六釐六毫六絲五忽
順治十四年裁膳夫銀三兩三錢三分三釐三毫　順

治十四年裁里馬銀七兩七錢三釐七毫五絲　順治十六年裁閏月俸銀二十八兩九錢六分六釐一毫內知府俸銀八兩七錢四分九釐九毫知縣俸銀三兩七錢四分九釐九毫縣丞俸銀三兩三錢三分三釐三毫典史俸銀二兩六錢二分六釐六毫教諭俸銀二兩六錢二分六釐六毫訓導俸銀二兩六錢二分六釐六毫黃家堰梁湖壩巡檢二員俸銀共五兩二錢五分二釐二毫　康熙元年裁吏書工食銀二十兩內知府吏書銀一十二兩知縣吏書銀六兩縣丞書辦銀一五錢典史書辦銀五錢黃家堰梁湖壩二巡司書辦銀一兩　康熙二年裁倉庫學書工食銀一兩六錢內本縣倉書銀五錢庫書銀五錢學書銀六錢　康熙三年裁訓導門子銀一兩二錢　康熙三年裁齋夫銀三兩　康熙七年裁按院節字號座船水手銀四錢一分六釐六毫六絲　康熙三十一年裁驛站銀九十五兩六錢八分五釐四絲二忽零內本府各驛新加銀八十二兩四錢七釐二毫六絲四忽零代馬兜夫銀一十三兩二錢七分七釐七毫七絲八忽　康熙三十九年裁黃家堰巡司

經費銀三兩四錢內皁隸銀一兩弓兵銀二兩四錢
雍正三年裁憲書紙料銀二錢五分八釐七毫　雍正
六年裁燈夫工食銀二兩　雍正十三年裁扣民壯工
食銀九兩　嘉慶七年裁臬司衙門驛站統歸起運充
餉銀六兩一錢五分五釐八毫一絲二忽　兵餉銀七
十五兩七錢三分二釐六毫五忽零原編銀九十七兩
三分二釐六毫五忽零編入存留項下金山場經費銀
一兩又孤貧加閏銀二十兩三錢實該前數○以上賦
役全
書

以上起運

康熙籍留充兵餉銀二萬二千七百二十一兩七錢三分
七釐五毫四絲三忽零　內田地山銀三千四百九十五
兩五錢七分一釐四絲九忽
預備秋米折銀一千二百五十三兩　均徭充餉銀三
百九十八兩四錢　民壯充餉銀五百八十六兩三錢

八分遇閏加銀五十七兩　續撥軍儲充餉銀二百三十一兩五分四釐三絲　歷日充餉銀七兩七錢　會裁充役充餉銀一千四百七十二兩六錢六分四釐八毫二絲二忽有閏加銀二十八兩七錢九分六釐七毫四絲六忽　南折充餉銀九千一百二十七兩八分五釐一毫　軍儲各倉餘存充餉銀六千一百四十九兩八錢八分二釐五毫四絲二忽零遇閏加預備米折銀一十一兩二錢三分五釐八毫五絲九忽零○內提出軍儲南折二款彙列充餉外實該兵餉銀七千四百四十四兩七錢六分九釐九毫一忽

存留官役俸廩銀二千三百九十九兩四錢三分六釐內本府拜進　表箋綾函紙劄寫表生員工食委官盤纏銀三兩七錢八分一釐七毫三絲五忽　本縣拜賀習儀香燭銀四錢八分　本府知府俸銀六十二兩四分四釐遇閏加銀八兩七錢四分九釐九毫薪銀七十三兩心紅紙張油燭銀五十兩修宅家伙銀五十兩桌幃扇傘銀二十兩　書辦二十四名每名銀一十兩八錢共

銀二百五十九兩二錢遇閏加銀二十一兩六錢本縣知縣俸銀二十七兩四錢九分遇閏加銀三兩七錢四分九釐九毫薪銀三十六兩心紅紙張油燭銀三十兩修宅家伙銀二十兩迎送上司傘扇銀一十兩吏書十二名每名銀一十兩八錢共銀一百二十九兩六錢遇閏加銀一十兩八錢　門子二名每名銀七兩二錢共銀一十四兩四錢遇閏加銀一兩二錢　皁隸十六名每名銀七兩二錢共銀一百一十五兩二錢遇閏加銀九兩六錢　馬快八名每名一十八兩共銀一百四十四兩遇閏加銀一十二兩　民壯五十名每名銀七兩二錢共銀三百六十兩遇閏加銀三十兩　燈夫四名每名銀七兩二錢共銀二十八兩八錢遇閏加銀二兩四錢　看禁卒八名每名銀七兩二錢共銀五十七兩六錢遇閏加銀四兩八錢　修理倉監銀二十兩

轎傘扇夫七名每名銀七兩二錢共銀五十兩四錢遇閏加銀四兩二錢　庫書一名銀一十二兩遇閏加銀一兩　倉書一名銀一十二兩遇閏加銀一兩　庫子四名每名銀七兩二錢共銀二十八兩八錢遇閏加

銀二兩四錢　斗級四名每名銀七兩二錢共銀二十八兩八錢遇閏加銀二兩四錢　縣丞俸銀二十四兩三錢二釐遇閏加銀三兩三錢三分三釐三毫薪銀二十四兩　書辦一名銀七兩二錢遇閏加銀六錢　門子一名銀七兩二錢遇閏加銀六錢　皁隸四名每名銀七兩二錢共銀二十八兩八錢遇閏加銀二兩四錢

馬夫一名銀七兩二錢遇閏加銀六錢　典史俸銀一十九兩五錢二分遇閏加銀二兩六錢二分六釐六毫薪銀一十二兩　書辦一名銀七兩二錢遇閏加銀六錢　門子一名銀七兩二錢遇閏加銀六錢　皁隸四名每名銀七兩二錢共銀二十八兩八錢遇閏加銀二兩四錢　馬夫一名銀七兩二錢遇閏加銀六錢

本縣儒學教諭俸銀一十九兩五錢二分遇閏加銀二兩六錢二分六釐六毫薪銀一十二兩　訓導俸銀一十九兩五錢二分遇閏加銀二兩六錢二分六釐六毫薪銀一十二兩訓導缺順治十七年奉裁　齋夫六名每名銀一十二兩共銀七十二兩遇閏加銀六兩　膳夫八名每名銀一十兩共銀八十兩遇閏加銀六兩六

錢六分六釐六毫　門子五名內掌教三名分教二名每名銀七兩二錢共銀三十六兩遇閏加銀三兩　學書一名銀七兩二錢遇閏加銀六錢　喂馬草料銀每員一十二兩共銀二十四兩　廩生二十名每名廩糧一十二石每石折銀八錢共銀一百九十二兩　黃家堰梁湖壩巡檢二員俸銀每員一十九兩五錢二分共銀三十九兩四分遇閏加銀五兩二錢五分三釐二毫薪銀每員一十二兩共銀二十四兩　書辦各一名每名銀七兩二錢共銀一十四兩四錢遇閏加銀一兩二錢　皁隸各二名每名銀七兩二錢共銀二十八兩八錢遇閏加銀二兩四錢

祭祀賓興雜支銀二千六百三十一兩八錢二分五釐五毫七絲內扣解昌平州銀四兩歸起運之內實銀二千六百二十七兩八錢二分五釐五毫七絲內

祭祀賓興　內本府諭祭銀六兩六錢六分六釐六毫七絲　本縣祭祀　文廟釋奠二祭共銀六十兩　啟聖祠二祭共銀十二兩　社稷山川壇各二祭共銀三十二兩　邑厲壇三祭共銀二十四兩　鄉賢名宦祠各二祭共銀一十六兩　文廟香燭銀一兩六錢　迎春芒神土牛春酒銀四兩　歷日紙料銀一十七兩六錢六分八釐一毫遇閏加紙料銀二錢五分八釐七毫　門神桃符銀一兩五錢　鄉飲酒禮二次共銀一十六兩　提學道考試搭蓋篷廠工料銀二兩二錢　歲考生員試卷果餅激賞花紅筆墨童生果餅進學花紅府學銀一十四兩縣學銀六十五兩　季考生員每年量計二次合用試卷果餅激賞花紅紙劄筆墨等項府學銀一十一兩縣學銀五十兩　本府歲貢生員路費旗匾花紅酒禮銀七錢五分　各院觀風考試生員合用試卷果餅激賞花紅紙劄筆墨府學銀四兩縣學銀一十五兩

雜支　內本縣新官到任祭門猪羊酒果香燭銀二兩八錢五分　府縣陞遷給由并應朝官員起程復任

公宴酒席祭門祭江猪羊三牲酒果香燭等項銀二兩
五錢　布政司解戶二名每名銀三十兩共銀六十兩
看守布按二分司門子各一名府館門子一名每名
銀三兩六錢共銀一十兩八錢遇閏加銀九錢　本縣
巡鹽應捕八名每名銀七兩二錢共銀五十七兩六錢
遇閏加銀四兩八錢　黃家堰巡檢司弓兵八名每名
銀六兩共銀四十八兩遇閏加銀四兩又鹽課銀五十
兩四錢滴珠銀五錢四釐遇閏加鹽課并滴珠銀四兩
二錢四分二釐　廟山巡檢司弓兵一十一名每名銀
六兩共銀六十六兩遇閏加銀五兩五錢又鹽課銀二
兩六錢四分滴珠銀二分六釐四毫遇閏加鹽課并滴
珠銀二錢二分二釐二毫　梁湖壩巡檢司弓兵一十
名每名銀六兩共銀六十兩遇閏加銀五兩　衙要五
鋪司弓兵二十一名每名銀八兩四錢共銀一百七十
六兩四錢遇閏加銀一十四兩七錢　內蒿陡鋪五名崑
崙鋪蔡山鋪板橋鋪池湖鋪各四名　次衙要六鋪司
兵二十四名每名銀七兩二錢共銀一百七十二兩八
錢遇閏加銀一十四兩四錢內縣前鋪通明鋪查湖鋪

華渡鋪蔡墓鋪新橋鋪各四名　偏僻四鋪司兵一十二名每名銀六兩共銀七十二兩遇閏加銀六兩內瀝海鋪烏盆鋪夏蓋鋪蹈海鋪各三名　各渡渡夫一十四名共銀五十六兩八錢遇閏加銀四兩七錢三分三釐三毫三絲內青山渡二名蒿陡渡一名梁湖渡三名杜浦渡二名俱每名銀五兩上浦渡一名百官渡二名俱每名銀三兩六錢丁村渡沐憩渡各一名俱每名銀二兩　新通明壩壩夫二十名每名銀一十兩八錢共銀二百一十六兩總加纜索銀三十六兩遇閏加役銀一十八兩　梁湖壩壩夫一十四名每名銀九兩共銀一百二十六兩遇閏加銀一十兩五錢　舊通明壩壩夫二名每名銀六兩共銀一十二兩遇閏　加銀一兩

修城民七料銀三十五兩七錢一分三釐　修理本縣城垣銀二十兩　修理府縣鄉飲公宴祭祀新官到任齋宿幕次器皿什物及經過公幹官員轎傘幃褥銀二兩　預備本縣雜用銀一百六十六兩一錢九分五釐二毫內以七分聽上司行文取用三分聽本縣公事支銷俱明立文案造送查核有餘存貯報司以備緩急之

需應支項款開後加增計表箋通數銀昌平州銀四兩各院司道取給舉人貢生路費卷資等銀獎勸激賞孝子節婦善人米布銀按察司進　表水手銀修理院司公館家伙什物銀恤刑按臨合用心紅紙劄油燭柴炭吏書供給銀其有事出不常數難定計俱於內支取年終造冊院司道查核　戰船民六料銀六十三兩四錢四分八釐二毫　淺船料銀四百八十二兩六錢九分四釐四毫　孤貧老民五十八名每名年給花布木柴銀六兩其銀三十四兩八錢　孤貧五十八名每名歲支口糧銀三兩六錢其銀二百八兩八錢　縣獄重囚口糧銀三十六兩

二年一辦銀三百五十兩七錢五分三釐四毫內

二年一辦　內本縣貢生路費旗匾花紅酒禮銀三兩歲貢生員赴京路費銀三十兩

三年一辦　內科舉禮幣進士舉人牌坊銀一百八兩三錢八分三釐七毫　迎宴新舉人合用捷報

旗匾銀花綵緞旗帳酒禮各官酒席府銀五兩六錢六分七釐縣銀一十一兩　起送會試舉人酒席并卷資路費府銀八兩三錢八分四釐四毫縣銀一十七兩三錢三分三釐三毫　會試舉人水手銀一百一十二兩
賀新進士合用旗匾花紅酒禮府銀五兩縣銀五兩
起送科舉生員酒禮花紅卷資路費各官陪席府銀六兩五錢縣銀三十五兩七錢六分　武舉供給筵宴盤纏銀七錢二分五釐　貢院雇稅家伙等銀二兩○以上康熙志

乾隆籍存留銀二千八百七兩三分八釐二毫內司存留銀一百二十三兩四錢四分八釐二毫　府縣存留銀二千六百八十三兩五錢九分
存留米一百一十四石三斗三升一合五勺有奇內康熙六年至乾隆四十五年歷案陞科米共一百一十四石三斗三升一合五勺有奇○乾隆府志

嘉慶籍司存留項下銀一百二十三兩四錢四分八釐二毫

府縣存留項下共銀二千五百二十五兩五錢九分

本縣祭祀銀一百四十四兩內抽解均祭銀二十一兩二錢六分又動支地丁添飾邑厲壇米折銀六兩○案至聖先師及山川社稷邑厲壇三項祭銀卽在祭祀銀一百四十四兩之內文武帝祭銀不在此數嘉慶志混列殊欠分曉

又文昌帝君祭銀二十兩　關聖帝君祭銀六十兩　鄉飲酒禮銀八兩　拜賀習儀銀四錢八分　文廟香燭銀一兩六錢　迎春芒神土牛銀二兩　鋪兵工食銀

二十八兩四錢　壩夫工食并纜索銀三百九十兩

孤貧柴布口糧銀二百四十三兩六錢　四糧銀三十

六兩

存留新陞米二百三十七石九升一勺折徵銀二百八十

四兩五錢八釐一毫九絲六忽以上嘉慶志

光緒籍存留銀二千八百二十七兩三分八釐二毫嘉慶四年

奉文徵收存留銀兩仍留縣支給道光二十三年奉文

存留俸役各款減平支發按照京平九四放給應減平

銀兩專款解司彙解部庫其祭祀廩糧孤

貧四糧等款均不減平仍照額數支給　內

司存留銀一百二十三兩四錢四分八釐二毫內布政司解戶役銀

六十兩　戰船民六料銀六十三兩四錢四分八釐二毫

府縣存留銀二千七百三兩五錢九分驛站經費入內驛站條下

本縣拜賀習儀香燭銀四錢八分

本縣致祭文昌帝君銀六十兩內四十兩新增關聖帝君銀六十兩係動支地丁題銷冊內仍於起運項下造報

本縣致祭厲壇米折銀六兩係動支地丁題銷冊內仍於起運項下造報

本縣祭祀銀一百四十四兩文廟釋奠二祭共銀六十兩崇聖祠二祭共銀一十二兩社稷山川壇各二祭共銀三十二兩邑厲壇三祭共銀二十四兩鄉賢名宦祠各二祭共銀一十六兩其該前數內除派解餘剩銀二十一兩二錢六分每年解收司庫撥補不敷祭祀之用實給銀一百二十二

十二兩七錢四分內　文廟二祭銀五十兩　啟聖祠
二祭銀一十二兩　社稷山川壇各二祭銀二十九兩
七錢四分一釐厲壇三祭銀二十一兩鄉賢名宦祠二
祭銀一十兩其實給前數其餘剩銀兩實給數目分晰
註明仍於地丁　題銷
冊內存留項下造報

文廟香燭銀一兩六錢

迎春芒神土牛春酒銀二兩

本府知府俸銀一百五兩內攤扣荒缺銀一十八兩七
錢五分八釐每年解司充餉
實該銀八十六兩二錢五分其攤荒銀兩實該數目
分晰註明仍於地丁　題銷冊內存留項下造報

本縣知縣經費銀六百一十七兩四錢　知縣俸銀四十
五兩內攤扣荒
缺銀八兩三分九釐每年解司充餉實該銀三十六兩
九錢六分一釐其攤荒銀兩實該數目分晰註明仍於

地丁　題銷冊內存留項下造報　門子二名銀一十二兩　皁隸一十六名銀九十六兩　馬快八名每名工食銀六兩陸路備馬置械水鄉打造巡船以司緝採銀一十兩八錢共銀一百三十四兩四錢此係原編數目內給馬快工食銀四十八兩外批解藩庫銀八十六兩四錢抵給將軍都統各衙門工食等項一切之用實該前數　民壯三十二名銀一百九十三兩　禁卒八名銀四十八兩　轎傘扇夫七名銀四十二兩　庫子四名銀二十四兩　斗級四名銀二十四兩

縣丞經費銀七十六兩　俸銀四十兩　門子一名銀六兩　皁隸四名銀二十四兩　馬夫一名銀六兩

典史經費銀六十七兩五錢二分　俸銀三十一兩五錢二分　門子一名銀六兩　皁隸四名銀二十四兩　馬夫一名銀六兩

儒學經費銀一百九十三兩一錢二分教諭俸銀三十一兩五錢二分
生員廩糧銀六十四兩　齋夫三名銀三十六兩
廩生膳銀四十兩　門子三名銀二十一兩六錢
儒學加俸銀四十八兩四錢八分係動支地丁題銷冊內仍於起運項下
造報

金山場經費銀四十三兩五錢二分俸銀三十一兩五錢二分　皁隸二
名銀一十二兩係動支地丁
題銷冊內仍於起運項下造報

梁湖壩巡檢司經費銀七十九兩五錢二分俸銀三十一兩五錢
二分　皁隸二名銀一十二兩
弓兵一十名銀三十六兩

餘姚縣廟山弓兵工食銀三十九兩六錢弓兵一十一名

鄉飲酒禮二次銀八兩已奉文停支專款解司聽候撥用

歲貢旗匾花紅酒禮銀三兩七錢五分府銀七錢五分縣銀三兩

以上府縣歲貢銀兩每年解司充餉

其應支銀兩在於地丁項下撥給

看守公署門子工食銀一十兩八錢布按二分司二名府館一名每名銀三兩六錢

本縣巡鹽應捕工食銀五十七兩六錢鹽捕八名每名銀七兩二錢

衝要五鋪司兵工食銀一百七十六兩四錢與康熙籍同

次衝要六鋪司兵工食銀一百七十二兩八錢與康熙籍同

偏僻四鋪司兵工食銀七十二兩與康熙籍同

各渡渡夫工食銀二十八兩四錢與康熙籍減半

各壩夫工食并纜索共銀三百九十兩與康熙籍同

孤貧五十八名柴布銀三十四兩八錢每名年給銀六錢

孤貧五十八名口糧銀二百八兩八錢每名歲支銀三兩六錢以上孤貧柴布口糧小建銀兩每年解司充餉

縣重四口糧銀三十六兩

存留米二百三十七石二斗二升二合三勺零內康熙六年丈量陞科米一石二斗二升九勺零原編米一石二斗四升六合七勺零除置買耤田壇基免征米二升五合七勺零實該前數康熙十六年清出陞科銀一斗七升五合六勺零康熙五十年陞科米八升二合九勺零雍

正六年陞科米七石八斗七升一合四勺零原陞米三十一石八斗七升二合除抵補攤鋏米二十四石五勺零實該前數　雍正七年陞科米五石五斗三升一合零　雍正十一年陞科米二升八合九勺零　雍正十二年陞科米十六石五升一合二勺零乾隆二年陞科米一升二合零　乾隆四年陞科米二石九斗五升六合六勺零　乾隆八年陞科米一石六斗八升五合四勺零乾隆十三年陞科米一十二石二斗六升八合四勺零　乾隆十四年陞科米五升四合　乾隆十五年陞科米六斗九升四合九勺零　乾隆十六年陞科米五斗一升一合六勺零　乾隆二十五年陞科米四石二斗五升九合八勺零　乾隆三十年陞科米三石一升二合五勺零　乾隆四十五年陞米四石七斗六升八合零原陞米六石九斗一升八勺零除坍豁米二石一斗四升二合七勺零實該前數　乾隆五十年陞科米三合零　嘉慶五年陞科米一百二十四石八斗九升八合一勺零　道光二十年陞科米一斗三升二合三勺零

共折色銀三百七

十九兩五錢五分六釐向係聽撥兵糧嗣因紹協營兵未經收伍折價解司

存留加閏銀一百六十三兩九分九釐九毫六絲五忽內本縣知縣經費銀四十七兩七錢內門子二名銀一兩皂隸一十六名銀八兩馬快八名每名工食銀五錢其銀四兩民壯三十二名銀一十六兩禁卒八名銀四兩轎傘扇夫七名銀三兩五錢庫子四名銀二兩斗級四名銀二兩實該四十兩五錢其緝探銀七兩二錢批解藩庫抵給將軍都統各衙門工食等項一切之用　縣丞經費銀三兩內門子一名銀五錢皂隸四名銀二兩馬夫一名銀五錢　典史經費銀三兩內門子一名銀五錢皂隸四名銀二兩馬夫一名銀五錢　儒學經費銀八兩一錢三分三釐三毫內齋夫三名銀　三兩廩生膳銀三兩三錢三分三釐三毫門子三名銀一兩八錢　金山場經費銀一兩內皂隸二名每名銀五錢　梁湖壩巡司經費銀四兩內皂隸二名銀一兩弓兵一十名銀三兩　廟山弓兵工食銀三兩三錢　看守公署門

子工食銀九錢內布按二司二名府館一名每名三錢
本縣巡鹽應捕工食銀四兩八錢　衝要五鋪司兵
工食銀一十四兩七錢共二十一名每名銀七錢　次
衝要六鋪司兵工食銀一十四兩四錢共二十四名每
名銀六錢　偏僻四鋪司兵工食銀六兩共十二名每
名銀五錢　各渡夫工食銀二兩三錢六分六釐六毫
六絲五忽內青山蒿陡梁湖杜浦共八名每名銀二錢
八釐三毫三絲三忽零上浦百官共三名每名銀一錢
五分丁村沐憇蔡山共三名每名銀八分三釐三毫三
絲三忽　各壩夫工食銀二十九兩五錢內新通明壩
二十名每名銀九錢梁湖壩一十四名每名銀七錢五
分舊通明壩二名每名銀五錢　孤貧五十八名柴布
閏銀二兩九錢每名銀五分又口糧閏銀一
十七兩四錢每名銀三錢○以上賦役全書

以上存留

康熙籍漕務各項銀四千九百八十四兩一錢八分九釐

九毫二絲七忽零内撥還軍儲充餉銀一千二百八十七兩米二千一十七

石六斗内

貢具銀七十一兩三錢八分九釐九毫二絲七忽零

運官廩工銀六百二十二兩八錢

領運官丁新改月糧本色米二千一十七石八斗月糧

米折銀四千二百九十兩原額廣盈倉折色米一萬九千二十一石九斗七升一合

五勺零順治十二年欽奉　恩詔本折均平改征本色

米二千一十七石六斗餘米一萬七千四石三斗七升

一合五勺零每石原折銀五錢五分今於内支米四千

二百九十石督撫　題明每石折銀一兩該銀四千二

百九十兩内七分給寍波衛運丁月糧米折銀三千三

兩三分撥還軍儲銀一千二百八十七兩解充餉用外

餘米仍照舊每石折銀五錢五分支解貢具軍器等項
支用○康熙志○按俞府志隨漕項下折色銀四千一
百七十九兩八錢八分四釐三毫零則於原額三千六
百九十七兩一錢八分九釐九毫零外加淺船料四百
八十二兩六錢九分四釐四毫
也淺船料康熙志編存留項下

乾隆籍月糧給軍米二千一石八斗七升二合六勺有奇
隨漕折色銀四千一百七十九兩八錢八分四釐三毫
有奇　內淺船料銀四百八十二兩六錢九分四釐四毫
運官廩工銀六百二十二兩八錢　貢具銀七
十一兩三錢八分九釐九毫有奇　月
糧七分給軍銀三千三兩○乾隆府志

嘉慶籍漕運項下銀六千五百八十二兩一錢三分一釐
四毫五絲七忽零　內廩工銀六百二十二兩八錢　月
糧給軍銀三千三兩　月糧米折銀

二千四百二兩二錢四分七釐一毫三絲零　淺船銀四百八十二兩六錢九分四釐四毫　損壩銀七十一兩三錢八分九釐九毫

二絲七忽零○嘉慶志

光緒籍隨漕本色月糧給軍米二千一十六石九斗九升二合三勺零　原編米二千一十七石六斗除築塘米六斗七合六勺零實該前數除坍荒米一十一石三斗七升二合四勺零又除被水沖坍沙石壅漲米三石七斗四升七合三勺零實該米二千一石八斗七升二合六勺零每石改折銀一兩二錢　該銀二千四百二兩二錢四分七釐一毫三絲零

隨漕折色銀四千一百七十九兩八錢八分四釐三毫二絲七忽零　內淺船料四百八十二兩六錢九分四釐四毫原編解船政同知支銷後同知奉裁

仍行解道運官廩工銀六百二十二兩八錢貢具
銀七十一兩三錢八分九釐九毫二絲七忽零原編解
船政同知支銷後同知奉裁仍行解道
月糧七分給軍銀三千三兩〇賦役全書
以上漕運糧儲道專轄
康熙籍黃家堰巡檢司鹽課銀五十兩四錢每兩滴珠一分該銀五錢
四釐遇閏加鹽課并滴珠
銀四兩二錢四分二釐
廟山巡檢司鹽課銀二兩六錢四分每兩滴珠一分該銀二分六釐四毫
遇閏加鹽課并滴珠銀二錢二分二釐
二毫〇以上二條編存留雜支項下
隨糧帶徵鹽課水鄉蕩價銀四十二兩九錢八分八毫
三絲五忽每兩滴珠路費一分七釐該銀七錢三分六毫七絲四忽零

拖船稅銀八兩滴珠路費銀一錢三分六釐不入田畝解運司轉解

鹽院完字號座船水手銀一兩三錢遇閏加銀一錢八釐三毫三絲○按此條編驛站項下○康熙志○乾隆嘉慶光緒籍皆同

按賦役全書抵課銀五十三兩四分卽黃家堰廟山二巡司鹽課及完字座船水手銀一兩三錢解歸藩司充餉其隨糧帶徵鹽課及不入田賦拖船稅解運司轉解

以上鹽課

康熙籍驛站銀二千九百六十三兩四錢四分一釐一毫一絲零內本府驛站銀一千五百九十兩四錢七分六釐一毫一絲零　上司并公幹官員本縣辦送下程油燭柴炭銀一百三十兩　上司經臨及一應公幹過往官員合用心紅紙劄油燭柴炭門廚皁隸米菜銀二十五兩　上司經臨及一應公幹過往官員合用門皁銀一百兩　雇夫銀七百三十五兩六錢三分五釐

遇閏加銀六十一兩三錢二釐八毫七絲　又協濟嵊縣東關人夫銀五十九兩五錢三分遇閏加銀四兩九錢六分八毫　雇馬銀三百二十七兩五錢遇閏加銀二十七兩二錢九分一釐六毫七絲　雇船銀七十兩

按院節字號座船水手銀五兩遇閏加銀四錢一分六釐六毫六絲　鹽院完字號座船水手銀一兩三錢遇閏加銀一錢八釐三毫三絲○康熙志○按俞府志兵部項下銀二千七百三十四兩六錢九分六釐一毫零則除順治十四年裁上司幷公幹官員下程油燭等銀一百三十兩又除康熙七年裁按院座船水手銀五兩又除康熙八年裁驛站銀一百二十五兩也

乾隆籍驛站銀一千三百七兩四錢五分三釐四毫有奇

內本府各驛銀四百九兩二錢三分二釐四毫有奇

養膳應差夫一百名每名工食銀七兩二錢撥差夫頭一名工食銀六兩八錢八分六釐七毫共銀七百二十六兩八錢八分六釐七毫　代馬兜夫二十名每名工

食銀六兩六分六釐七毫有奇共銀一百二十一兩三錢三分四釐三毫　雇船銀五十兩　遇閏加銀九十六兩五錢七分三釐八毫有奇○乾隆府志

嘉慶籍驛站項下共銀一千三百七兩四錢五分三釐四毫九絲內本府驛站銀四百九兩二錢三分二釐九絲應給曹娥驛水夫工食銀二百三十六兩八錢餘銀一百七十二兩四錢三分二釐九絲歸入地丁解司餘與乾隆籍同○嘉慶志○按嘉慶七年裁臬司衙門編設驛站統歸起運充餉銀一百七十二兩四錢三分二釐四毫九絲卽此所謂餘銀歸入地丁解司也然則實銀當作一千一百三十五兩二分一釐矣又按二釐下當脱四毫二字

光緒籍驛站經費銀一千一百一十六兩二錢四分一釐其扣除小建銀兩每年彙入地丁解司充餉

遇閏加驛站經費銀九十一兩一錢一分四釐

以上驛站

康熙籍額外匠班銀一百二十六兩八錢五釐五毫又當稅牙稅雜稅等銀歲無定額至年終以收過數目造報查核俞府志

乾隆籍學租銀四十七兩六錢一分　當鋪一十四名稅銀七十兩　上則牙戶一十六名中則牙戶二十五名下則牙戶四十二名稅銀四十四兩六錢　契稅牛稅歲無定額乾隆府志

嘉慶籍外賦牙稅銀四十四兩六錢牛稅銀二兩八錢三
分當稅銀九十五兩學租銀四十七兩六錢一分契稅
無額奉文儘收儘解嘉慶志
光緒籍學租銀四十七兩六錢一分每年照數征輸解司轉解學院賑給貧生膏火之用
當稅銀六十五兩當鋪一十三名每名征銀五兩
牙稅銀九十三兩七錢五分
契稅每契價銀一兩征稅銀三分
牛稅每兩征稅銀三分以上牛契二稅歲無定額每年儘收儘解造報題銷零款解司充餉

以上外賦軍興以來餉項支絀釐捐於是起焉虞邑百官渡及嵩厦皆有釐局百官之局又分設於梁湖其稅以絲茶花布爲大宗而他物亦各有稅不征於民而征於商不征於市廛而征於行旅董局事者皆由省派委不由地方官經理歲久亦無常數蓋藉以裕餉一時權宜之術也與外賦無涉故不列焉○

新纂

上虞縣志校續卷三十　食貨志一

上虞縣志校續卷三十一

食貨志二

物產

穀之屬

稻　黏者爲稉次黏者爲秔不黏者爲穛穛卽秈也早熟曰早青卽早占城俗名六十日種一名火稻粗葉似蘆曰蘆白卽淮白稈其收晚於早占城者曰紅婢暴俗呼黃皮稻當是紅皮稻之轉音黃巖有大稈細稈二種東陽有大稈細稈紅米三種又有龍游早皆以地名當誌其來處曰大白所謂大白散絲也曰鷺頂白曰蝦弓稻曰早黃稉曰茅草心曰花秋圓粒而殼有花點曰廣秈一作黃秈俗作紅熟秈晚熟曰晚青早青刈後始種或曰翻稻未刈時攙插新秧名爲攙稻又穀子落田自生者謂之二抽稻皆晚青也穀有紅鬚曰紅背秔一作

紅子秔歲暮作餻最佳者爲泥鰍秔泥鰌當作宜秋萬歷志宜秋稍晚是也七月即熟曰七月秔八月秔曰堆秔俗呼白殼晚一名沓子秔八月稉即水鮮稉又名桂花稉曰晚稉曰霜降稉以霜降熟有金壇黃殼兩種釀酒最佳者曰紅殼稉尖粒有芒甚黏者曰紅觜稉别曰香秔稉曰鐵稈稉即將軍稉圓粒芒長者曰黏稉穗如雞爪可陸種者曰旱稻

麥

早熟者曰大麥有烏白紅三種新陳不繼屑以作飯亦可釀酒謂之麥燒晚熟者曰小麥可作麪醬餻餅之屬皮謂之麩水漂爲麪觔曰淮麥曰娜麥亦名米麥其穗如大麥曰火鑚頭曰蜈蚣頭曰白蔀頭秃芒如松房者曰松蔀頭一作松蒲麥七月種九月熟者曰蕎麥俗呼甜蕎以别苦蕎然畏霜秋無霜則大熟春社前後種者曰苦蕎麥亦名槳麥其味苦惡但可備荒

稷

北方謂之高粱通謂之秫一曰蘆穄穄稷也會稽謂之穄粟穄非粟也越中不甚藝山邊人間藝之

粟

二月種至夏熟曰早黃粟五月種至秋熟曰晚粟與晚粟同熟者曰稉粟别有倭黃米粟疑種自倭國來曰望海粟曰烏粟曰毛粟有毛形似狗尾

又名狗尾粟曰蔀粟俗呼棒槌粟曰苞蘆俗名陸穀又名玉蜀黍山鄉瀕海多植以代糧

豆 有大小二名今俗以煮熟糜爛者爲小豆雖熟猶脆者爲大豆曰白豆有六月白七月白八月白諸種八月白一名毛莢豆亦名毛豆別曰黑豆曰青豆曰黃豆曰紅細豆惟綠豆製餻麪用繁屑粉可去垢膩人每用以靧面嘉慶志搗麪釀酒甚佳以蠶月熟曰蠶豆亦名羅漢豆扁而大者俗謂之牛踏扁曰細蠶豆與蠶豆迥別有花白二種豇豆一作江豆有紅黑花三種莢長尺餘者爲長豇豆五月熟俱可連莢蒸食藊豆有青紅白三種一名沿籬豆九月熟者曰虎爪豆豆粒斑而大刀豆形似刀亦名刀鞘豆莢長尺餘豆顆大於棊子醬食之佳馬料豆卽黑小豆農民用其藿糞田黃梅時生者曰梅豆今前海塘外沙地多種之

麻 葛苧之屬曰黃麻其細者曰苧麻可積爲衣麤者曰葛麻可治爲繩多脂油者曰脂麻一名胡麻一名油麻有黑白二種白者油多或以此當九穀之芝麻非是

蔬之屬

蘆菔 有紅白二種又有細長者俗呼象牙蘿蔔西南鄉及梁湖尤多 薑 越中每與瓜同醬呼曰瓜薑又以餹霜漬之名曰餹薑或染以牽牛花日曝經久不變曰紅薑虞城善治之 韭 春初未出土時最勝俗謂之黃芽韭土人貪其利以土壅之雖春暮猶有賣黃芽韭者或於秋栽八九月間已入饌又韭花本在秋初虞俗趕先夏間已有之其花作菹即菁菹也 蔥 即龍爪蔥俗名天蔥無爪者爲地蔥又一細種隨地蔓生爲野蔥嘉泰會稽志會稽園夫藝蔥有兩等其小而美者曰太官蔥 䪥 嘉泰會稽志種法一本率七八支諺曰蔥三䪥四支多者科輒圓大故䪥難拔 蒜 有大小之別遇夏生薹即蒜條亦可爛食嘉泰會稽志近世以灸癰疽率得奇效其法切如崇盦錢厚置患處灼艾丸其上 菘 即白菜冬月尤佳虞俗皆醃藏爲經年常饌

黃芽菜 莖扁心黃雖不及北方來者亦佳蔬也俗呼黃矮菜 小白菜 夏秋登市雖名白菜而非

菘也今虞二月間即有之　蕓薹菜　一名薹菜又名油菜采薹食則分枝必多冬種至春起薹摘之名曰薹心菜俗謂之菜采後留其花結子收之可榨爲菜油　芥　有大葉細葉二種細者俗呼九頭芥即冬芥亦曰雪裏蕻　菠薐　八九月種者可備冬食正二月種者可備春蔬俗呼紅嘴綠鸚哥或云莖中有水銀多不食　菾菜　即甜菜　莧　本草有赤莧白莧人莧馬莧紫莧五色莧六種馬莧即馬齒莧人白二莧謂之胡莧俗謂之野莧豬好食之忌與鼈同食　薺　野生無栽種之法　蒿　案汪曰楨湖雅蒿名十餘種有青蒿白蒿齊頭蒿莪蒿藾蒿芸蒿蔞蒿萩蒿同蒿邪蒿茵陳蒿角蒿黃花蒿馬先蒿諸稱並見本草　馬蘭　一名馬攔頭可生拌味與薺相似　萵苣　四月抽薹高三四尺或謂之苣筍有毒必用薑解之　芋　大者謂之芋頭旁出小者謂之芋嬭有旱芋夏熟產雙溪嶺外又　甘藷　有紅皮白皮二種一名番藷多產南鄉可曬乾磨粉　薯蕷　即山藥本草零餘子即山藥藤上所結子也煮熟去皮食勝於山藥　百合　不植自生

者曰野百合味甘可磨粉縣南四明諸山多有之四月開花如鈴種植者味苦

茄　有紫青白三種北產皆圓而扁越產則圓而長虞有山東茄粱湖茄又有藤茄出縣北落馬橋者佳

辣茄　一名蕃椒鮮乾均可食和醬作菹謂之辣茄醬

蓴　一作蒓嘉泰會稽志蕭山湘湖之蓴特珍柔滑而腴今虞十都孔家湖產蓴無異湘湖宜取嫩葉卷而未舒者作羹其莖雖可食非佳處

芹　有兩種荻芹取根白色赤芹取莖葉竝堪作菹及生噉

茭白　一名菰筍黑點者名烏鬱俗呼灰茭白虞人謂之黑心茭白

蕨　嘉泰會稽志會稽山澤間有二種似蕨而毛紫土人謂之蕨綦亦謂之毛蕨乃不可食但以藏䕸及藉楊梅又云會稽人以蕨配筍爲茹尤珍美萬歷府志土人不知食金衢人來者每採之味似蔞蒿其根爲粉可當麪食今俗名根萁粉

椿芽　椿樹嫩葉俗名香椿可蔬可菹

蕈　江東名爲土菌凡色大紅及黑白色者俱不可食唯淡紅者無毒嘉慶志生栗樹者佳備稿生柏樹栗樹穀樹上皆美

萸　木耳也產本地者不食今茶中所用皆來自他處

地

耳狀如木耳春夏生雨中見日卽不堪用俗名地滑撻

石耳 俗名巖葦剡錄生四明山絕壁最甘滑本草生天台四明諸山久食益色至老不改

石芥 萬歷府志產四明山

仙人菜 四明山志雷雨後生白水山崖石間萬歷府志春夏雷雨驟作立采可得移時亡種

瓜之屬

甜瓜 卽香瓜湖雅以皮肉俱白者爲上皮青肉綠者俗名青皮綠肉甜而酥者曰熟瓜甜而脆者曰梨瓜形長者曰蜜筩瓜虞人以熟瓜爲甜瓜以青皮綠肉及甜而脆者爲金瓜小曰鵞子瓜白者曰美女瓜出後郭者佳皮黃肉白者爲黃金瓜出冉溪者佳

西瓜 五代之先已入浙但無西瓜名虞人呼瓤紅者曰餘姚西瓜嘉慶志西瓜產西北後郭者佳

冬瓜 卽本草白冬瓜或作東瓜非也皮及子並入藥

南瓜 一名番瓜相傳自番中來貧家以之代飯俗名飯瓜子亦可爛作果久食可斷鴉片癮生擣汁可解鴉片毒虞邑以

橫圓豎扁者爲夏南瓜形如蒲而腹大者曰秋南瓜多痱瘰者爲蛤蚆南瓜 越瓜 本草云生越中虞邑白者名菜瓜青者名青瓜亦曰背瓜醬食最佳亦可生食 黃瓜 一名胡瓜青皮有痦瘰老則黃色生熟可食俗以月令王瓜本草壺盧一名匏瓜虞俗以形如越瓜生即此非是 瓠瓜者爲蒲子萬歷府志四月熟至六月不食者是也又以細腰者爲葫蘆亦曰活盧 絲瓜 嫩時去皮可烹可曝老則筋絡纏紐惟可藉鞾履滌釜器絡藤並入藥 北瓜 即金瓜形如番瓜而扁赤黃色盆供耐久不可食

果之屬

梅 嘉泰會稽志四五月間梅欲黃落蒸鬱成雨謂之梅雨故自江以南三月雨謂之迎梅五月雨謂之送梅嘉慶志綠蕚梅一蒂雙子蘭芎山有之 杏 嘉泰志越人謂鴨腳子爲杏而謂杏爲杏梅湖雅杏梅梅所接杏桃桃所接非眞杏其仁不入藥 桃 紅曰大紅桃白而夏熟者曰夏白桃秋熟者曰秋桃嘉慶志有師姑

桃卽油桃備稿有蟠龍桃近年縣南新產異種味勝　李
他桃案又有南京桃圓小微紅出百官龍王塘者佳
嘉泰志五夫有風山李蠟瓜李案今有黃蠟李夫人李
兩種豈黃蠟李卽蠟瓜李夫人李卽風山李歟又一種
紫色如茄者　郁李　實如栗剡錄始寧墅有栗園陶隱居
爲紫茄李　櫻桃　栗　曰栗會稽最豐剡及始寧皮
薄而甜嘉慶志虎爪栗其粒特大珠栗粒圓毛栗粒細
而扁備稿麻栗如栗而圓味苦不堪食案外殼多刺謂
之毛栗蓬初熟時曰桂花栗又一種味苦直幹無枝俗
名飛天栗百樓山有之珠栗樹多作柱用產東南諸山
棗　萬歷府志嵊之嶀山東灣又有一種青　梨　嘉泰志越
者案虞產白蒲棗亦曰白皮棗卽青棗　人目爲梨
頭案虞產者曰青消梨曰箬包梨曰梅梨或作糜梨又
藤生者曰藤梨四月花色黃而香南鄉丹山梅坑山有
之　山樝　大者曰紅果小者曰　木瓜　名瓜實果故不入瓜
山裏果產丹山者大　屬又有木桃木李並
木瓜類其　林檎　俗名花紅大者名沙果北方蘋婆卽此
實較小　種之變長者爲柰圓者爲林檎案海棠

果絕似林檎形較小　柹　俗作柹嘉泰志綠柹會稽謂之椑虞有蠟柹亦椑之別也萬歷志有寒柹牛心柹朱柹綠柹丁香柹之屬案丁香柹如棗產張家嶺大者名野貓柹　榴　嘉泰志越中石榴蒲萄斫枝插土中輒生

不須種萬歷府志越人呼爲金龎蓋避錢鏐諱云　橘　述異記越多橘柚園歲稅謂之棖橘戶名曰橘籍吳

闞澤表云請除臣之橘籍萬歷志有蜜橘出五都最佳佛臍柳條之屬陳墀丹厓集漢章帝元年上虞獻玉色

橘　柚　有大小二種小者如柑橙俗呼蜜筩大者呼爲朱欒有圓及尺餘者呼爲香欒湖雅俗呼柚爲鞄音

如泡虞人亦呼香泡又文蜑之肉白者爲水晶文蜑　柑　形如橘而大有黃者楨者楨謂之壺甘滄浪集云四

明園中此果甚多　橙　本草皮厚而皺八月熟嘉泰志若柚而香乾隆府志浙所謂柑即嶺南之所謂橙

金橘　本草出江浙者皮甘肉酸糖造蜜煎皆佳嵊志金橘如棗曰金棗如豆曰金豆案如棗者俗亦呼金

蜑　香櫞　橘錄香圓木似朱欒近水乃生又云酸不可食摘置几案間其臭如蘭　枸橘　小者似枳

實大者似枳殼備稿人家多種爲藩籬其實不堪食

枇杷 獨核者佳始寧墅多植此謝瞻枇杷賦曰肇寒葩於結霜成炎果乎纖露案亦呼盧橘花葉並入藥

楊梅 爲越中果品第一案嘉泰志及萬歷志盛稱山會餘蕭而不及虞今虞產盛於他邑產不一處首推北鄉楊家溪白色曰白沙楊梅

櫻桃 萬歷府志有大小二種蕭山者勝他邑亦有之宋宦者董清臣每櫻桃宴即遣人往越州買得百顆可知越州櫻桃美矣

銀杏 俗名白果乃核中仁也

榧 有黃白二種產黑龍潭諸山一名三代果初熟時即見後二年所生之果產學山者佳雄榧不結實惟增山下有雄榧結實亦一時異徵焉

梓子 即梓樹之子備稿如珠栗而小微苦

葡萄 嘉泰志會稽有漿水瑪瑙二種今虞邑有紫葡萄水晶葡萄兩種

桑椹 俗名桑果

枳椇子 椇本作枸一名石李葉如柹而薄經霜自脫柔枝拳曲產縣南增山

無花果 枝如枇杷樹五月不花而實狀如木饅頭熟則紫色味甘如柹而無核

落花生 本草藤生花落地結實故名產南鄉

陳畧諸郡有細殼厚殼二種近又有較常花生特大者曰洋花生來自外洋亦間植之味遜於中土

蓮有紅白二種湖州府志紅者蓮甜藕淡白者蓮淡藕甜故鄉人以紅荷蓮白荷藕爲貴

藕嘉泰志越人謂六七月間藕最佳謂之花下藕寶慶志羅文藕今上虞亦有此案藕粉多出阜李湖

菱一名芰嘉泰志越人謂小者曰刺菱大者爲腰菱萬[歷]府志今刺菱之呼猶昔而大者直曰大菱或曰老菱虞邑大菱較少刺菱爲多

芡雞頭也嘉泰志越人云荷華日舒夜斂芡華晝合宵炕此陰陽之異也

葧臍出縣南丁宅街者佳以紅嫩而甘者爲上別有海葧臍一名蒒草子形如山藥子產沙地近海者本草經謂即禹餘糧歲歉可療飢

蔗甘蔗有紫皮青皮兩種青者良近年縣東牛欄山下田中多植此

慈姑其根歲生十二子如慈姑之乳諸子故名

茶之屬越中產茶最盛最著名者曰鑄茶虞邑所產種類亦繁

后山茶 嘉靖通志上虞后山茶備稿今縣北諸山多產茶其在羅嵓山者俗稱雲霧茶味更佳明韓銑有后山茶詩

鳳鳴山茶 嘉慶志以山上瀑布泉烹之色香味俱絕或以縣北姥婆嶺泉烹之亦佳國朝黃宗羲七律詩末云炒青已到更闌後猶試新分瀑布泉

覆巵山茶

鵓鴣巖茶 產巖之上下采取烘乾有細白毛名曰白毛尖味最雋永

隱地茶 近以此茶爲最佳

雪水嶺茶 以上以地得名

明前茶 以清明前采

雨前茶 以穀雨前采亦有以早春遲春名者

夏茶 立夏後采以上以時得名

藥之屬

朮 有蒼白二種出縣南大山丹山不植自生者爲天生朮氣香味甘嘉慶志云出蘭芎山者佳今縣南四明山亦有之

黃精 乾隆府志石鼓山多黃精謝靈運遊名山志天寶固多黃精案今縣南鷄山及大山棋盤

石下間產之俗名野生薑

玉竹 黄白多鬚產丹山黟山

何首烏 本草名夜交藤因何首烏采服得名鄞縣志春生苗葉相對如山芋而不光澤秋冬取根二種赤者雄青者雌

枸杞 廣韻夏名枸杞冬名地骨皮安吉志地骨皮即枸杞根又有實如棗核者名枸杞子案夏駕山頂辰州娘娘廟前有枸杞藤一本年歲最久

天竹 一名闌天竹闌又作南植庭除間能辟火取汁漬米作烏飯食之健筋力又名烏飯草湖雅云子解砒毒

石斛 俗名巖竹莖如釵股而有節產縣南滴水巖蘇巖黟山

麥門冬 一名麥虋冬縣東玉屏山陰多有之

天門冬 一名天虋冬根與百部相似或稱百部爲野天門冬產縣南丹山

菖蒲 一名昌陽又名昌歜湖雅石菖蒲有數種一種葉有劍脊高尺餘一種細葉高四五寸俱生水石間極小者葉僅寸許曰錢蒲別有泥菖蒲水菖蒲葉皆無劍脊並無用

天名精 即豨薟根名杜牛膝夢溪筆談地菘即天名精世不識天名精又妄認地菘爲火薟

桔梗 有甜苦二種甜者即薺苨爾雅義疏薺苨

葉似杏葉根如沙蔘故名杏葉沙蔘又名甜桔梗

連翹 有大小兩種大翹葉狹長如水蘇花黃生下濕地小翹生岡原上花實皆似大翹而小細

苦參 鄞縣志生山谷田野苗高二三尺葉青似槐花黃白結實如小豆子

貝母 本草陶注形似聚貝子故名貝母蘇頌圖經七月開花碧綠色形如鼓子花

葛根 圖經五月五日采根曬乾以入土深者爲佳鄞縣志山引藤紫色葉似楸葉而香七月著花似宛豆不結實

栀 即黃栀七稜者佳亦用以染黃

半夏 禮月令五月半夏生當夏之半也

天南星 本草以根如老人星狀故名今產縣東玉屏山陰及大山

旋覆花 一名滴滴金本草韓注葉似水蘇黃花如菊六月至九月采花

忍冬 即金銀花甯化志初開蕊瓣俱白經二三日則變黃新舊相參名金銀花四月采花陰乾案一名鷺鷥藤見嘉泰志

牽牛 有黑白二種酉陽雜俎盆甑草即牽牛子也鄞縣志三月生苗作藤七月生花微紅帶碧色似鼓子而大案俗名喇叭花

芎藭 一名山鞠窮本草陶注似蛇牀而香

續隨

子俗名半枝蓮治蛇
毒產縣南石門山者尤佳此

上月蒸荷之油或解表之佳藥
夏薄荷俗呼薄荷

薄荷俗呼蜜蜂菜象其花房也
甯化志似白蘇而葉細生山石

蘇有赤白兩種本草有
赤白生五六月本草荏二三月釆須
本草注下種或宿葉下叢

者紫色野蘇生池澤中無紫色者
不香似水蘇蘇荏根釆須

名薄荷香薷化志似蜜蜂菜
象其花房也甯化志似白蘇而葉細生山石

或解表之佳藥此地有赤白兩種本草
飲之又案或用饉餅浸酒以

車前子實如世草亭蘼又名蘦
此草雖名野蒸菜俗名茵陳蒿有縣陳

經冬不死因陳舊苗而生此草雖名陳類青蒿本雅注淡黃
秋後結子如細

粟米類八九月採舊子因陳藏器
觀世草故名蔯因陳爾雅注淡黃至後卽枯草爲本
草綱目

案虞氏分紫花者主血分又云夏華至後卽枯
草卽爲棒槌草亦有夏枯白花

之名士卽虞邑縣南間結實比桑椹短
小劉寄奴

蒼耳而多刺俗呼野茄大山產之
江東人謂

之烏藤菜今出越州蒿類也圖經開碎小黃白花如瓦松根似萵苣案俗呼十月霜

海風藤 無風則搖有風則定產縣南羅城巖

栝樓 開花淺黃色生鹵地者有毒根名白藥其皮即天花粉湖雅今藥肆以此爲瓜蔞而以土瓜根當栝樓誤土瓜即月令王瓜也

馬兜鈴 嘉泰志引本草注越州七八月采

木蠏 即木鼈子藤生葉有五椏狀如山藥杭越皆有之

五加皮 寧化縣志此藥以五葉交加者良故名丹鉛錄作五佳云一枝五葉者佳也

蔓荆子 鄞縣志生水濱

茱萸 爾雅翼其味苦辛置食中能去臭案本草吳茱萸食茱萸一類二種吳茱萸入藥食茱萸即藙以可食用故名虞所產皆食茱萸也

枳實枳殼 本草醫家以皮厚而小者爲枳實寬大者爲枳殼鄞縣志七八月采者爲實九十月采者爲殼

桑寄生 各木俱有寄生唯桑上者良湖雅今取野桑上生者家桑有此即去之恐害桑也

桑白皮 鄞縣志桑根東行者佳去麤皮取白皮湖雅取土中根出土者傷人

茯苓茯神 鄞縣志出大松

下附根生作塊如拳在土底大者數斤似人龜形者佳肉有赤白二種或云多年松脂所成案今藥肆所賣者皆種茯苓其法以松樹截段相接埋土中夾以茯苓片旁開溝利水時以水漑之年餘皆成茯苓矣

青木香　葉類絲瓜取根曬乾味多溫鄞縣志引本草本名蜜香訛爲木香昔人謂之青木香後人因呼馬兜鈴爲青木香呼此爲南木香廣木香今人又呼一種薔薇爲木香皆失眞

艾　郎艾蒿苗莖類蒿而葉皆白苗短者良藥譜宋時以湯陰複道者爲佳近代湯陰者謂之北艾四明謂之海艾

山稜　本草莖端開花成穗其葉莖花實俱有三稜莖中有白穰剖之織物柔勁如藤

甘菊　有黃白花二種鄞縣志紫莖而氣香葉厚柔嫩可食者其花微小味甚甘此爲眞正月采根三月采葉五月采莖九月采花十一月采實皆陰乾

當歸　一名山蘄色白者名白蘄在平地者名芹生山中粗大者名當歸

茴香　蔬譜有大小茴香案一種實大如柏實裂成八瓣者爲八角茴本草馬蘄一名野茴香

椒　郎花椒產縣南石筍山爲多爾雅檓大椒疏云

大椒之别也 一枝香 一莖無分枝花白而小 木賊 無枝
今别有胡椒 根香可解腹痛產丹山 葉淩
冬不凋 地膚子 鄞縣志根形如蒿莖赤葉青大似 楮實
治目疾 荆芥開黃白花八九月采實陰乾
鄞縣志有二種實如彈丸青 牛蒡 一名大力子本草蕉
色至六七月漸紅八九月采 注葉大如芋葉而長
實似葡萄核褐 一枝花 一根一榦一花一葉爲蛇
色秋後子入藥 獨葉 一枝 傷勝藥產縣南龍宫溪烏
泥潭 穀精草 穀田餘氣所生故名能明 本草注治
等處 目退翳案出縣南隱地佳 三七 金瘡折傷
血病甚效案虞俗呼土 細辛 宏治府志諸暨縣隴山 槐
三七產縣東玉屏山 產細辛案虞地亦有之
實 本草久服身輕以十月 厚朴 虞地此木頗少近惟縣
實上巳取子收之好顏色 南粟樹灣一本其大二
園 杜仲 狀如栜皮葉撕之皆有
絲縣南黮山丹山所產

花之屬

梅 萬歷府志古梅八邑皆有之又云紅梅城圃中及他邑皆有案吾虞所產紅白梅及蠟梅爲多蠟梅原名黃梅一作臘梅 桃 有千葉單葉緋桃白桃數種惟碧桃最著名萬歷府志李光云吾里桃花色白而多葉跗萼皆碧世謂之碧桃然非眞者眞碧桃有紅白二種花瓣繁不結實 梨 二月開花白如雪 桂 墨莊漫錄浙人曰木犀以木紋理如犀也萬歷府志木犀有黃白紅三種越中有紅木犀謂之丹桂案多產大齊嶴釣嶠山開盛占歲豐 榴 有紅白千葉四季榴諸種 海棠 平泉草木記木之奇者會稽之海棠陳思海棠譜今江浙間有一種柔枝長蔕顏色淺紅謂之垂絲海棠案又有西府貼梗兩種 秋海棠 一名八月春有二種葉下紅筋者爲常品綠筋者開花更雅花疏秋海棠嬌好宜於幽砌北窗下種之 辛夷 一名木筆羣芳譜辛夷有鮮紅似杜鵑俗稱紅石蕎 玉蘭 花疏玉蘭早於辛夷故宋人名以迎春鄞縣志玉蘭辛夷跗萼俱同惟辛夷花紫玉蘭白有別耳 紫薇 一名怕癢花人以手搔其膚徹頂動搖紫色之外又有紅

白二色羣芳譜紫薇藍焰者一名翠薇案別有怕癢花對節生葉觸癢則葉片盡合枝亦下垂俗名消息花

紫荊　春開紫花細碎數朵一簇案冬初亦能開花元稹詩庭前栽得紅荊樹十月花開不待春

山茶　平泉草木記會稽之山茗西陽褋組葉如茶樹高丈餘華大盈寸色如緋今會稽甚多學圃餘疏潯陽狄陶祠山茶一株幹大盈抱紹興曹娥廟亦有之止如拱把之半土人云千年外物也

合歡　又名夜合花葉至暮即合故名圖經五月開花又別種夜開晝合者俗呼夜嬌嬌似喇叭花而小

梔子　嘉泰志諸花少六出唯梔子花六出陶貞白言梔子翦花六出刻房七道芬香特甚相傳即西域薝蔔也今會稽有山梔水梔二種一生山谷中花瘦長香尤奇一生水涯花肥大而香差減近歲有千葉梔六月初始盛

木芙蓉　平泉草木記會稽之百葉木芙蓉案花有紅白二種白者尤雅湖雅葉爲瘍科要藥一名桃皮樹皮可織布并爲索與生桃樹果之桃木別

木槿　五月始花白者治痢鄉人栽作籬案俗呼槿漆柳亦曰錦柳或用以沐髮

繡毬 一名粉團花有草本木本兩種花五瓣百花成毬有
紅白兩色又名聚八仙者八朵成毬色白俗名洋
繡毬 牡丹 本草以色丹爲上雖結子而根上生苗故謂之
牡丹牡丹歐陽文忠花品序牡丹南出越州嘉泰志
曹娥廟前牡丹二株亦不凡 瑞香 呂大防瑞香圖序花
雖單葉而著花至數百苞 如丁香而有黃紫二
種萬曆府志餘姚 木香 草花譜木香種有三其最紫心
上虞亦有此花 白花香馥清遠其青心白木香
黃木香皆不及湖雅此亦薔薇別種沿籬 凌霄 詩傳苕
緣壁栽之有紅黃白三色與藥品木香異 陵苕也
郎今之紫葳蔓生附喬木 薔薇 羣芳譜有粉紅者名粉
上其花黃赤色亦名淩霄 團他如寶相金鉢盂佛
見笑體態相類案李白憶東山詩不見東山久薔薇幾
度花今東山有薔薇洞湖雅有紅黃白三色紅者爲多
其子名營 玫瑰 類薔薇而香色尤勝俗呼離孃草凡花
實入藥品 木不宜常分獨此花軟條新發移別地
則茂入藥品或 月季 一名月月紅四時 酴醾 本作荼蘼
爲餻餅之餡 不絕亦薔薇類 以酒號酴

醾花色似之遂復從西干瓣大朵色白而香枝根多刺又有蜜色一種案刺醾俗名做絲花殆同類而微別

七姊妹 亦薔薇之屬藝花譜七朵一蓓故名案每枝十朵聚開者曰十姊妹

葵 葵有數種最小者荆葵一名鴨腳葵作蔬甘滑詩亨葵是也大者蜀葵葉粗澀不可食夏種者秋葵亦可作蔬秋種者冬葵子入藥品最大者曰向日葵子可爚爲果

蘐 即忘憂草亦名宜男本草萱草今東人采花跗乾而貨之名爲黃花菜案俗呼金針菜亦有紅紫色者

蘭蕙 黃庭堅曰一榦一花而香有餘者爲蘭一榦五七花而香不足者爲蕙案產縣南翰山最多蘭以素心爲上瓣以潤而圓者爲佳蕙亦然俗呼九頭蘭亦名九節蘭

珠蘭 羣芳譜蓓蕾如珠葉能斷腸案其種來自閩廣

芍藥 一名沒骨花萬歷府志有紅白二種越中所植花大有過尺圍者湖雅赤白根入藥品與古香草芍藥異爾雅翼强合爲一誤

菊 嘉慶志邑人喜栽菊羅列異種重陽相聚謂之菊花會按此大朵五色者但足供玩非藥屬之甘菊比又有苦薏野菊俗名滿天星別有萬壽

菊長春菊西番菊僧鞋菊皆非菊類　國朝謝名標七星菊詩序云族姪志賢栽菊百餘種內有金鎖口一枝中一朵獨具七心名七星菊案此乃偶然變種非別一菊花也

水仙

草花譜單瓣者名水仙千瓣者名玉玲瓏又以單瓣者名金盞銀臺

杜鵑

嘉泰志以二三月杜鵑鳴時開一名映山紅一名紅躑躅又云上虞縣南釣臺山山足二石筍特起五六十尋其巔皆有花春夏照爛望之有若人立而飾其冠冕者萬歷府志釣臺山雙筍石頂杜鵑花上虞志謂神宗末三年不榮高宗末花忽變白孝宗末三年若枯旣而復茂四明山記有五色杜鵑花湖雅今呼映山紅爲山鵑與杜鵑微別黃躑躅一名鬧羊花有毒即棠汗藥案黃躑躅虞邑謂之牛黃花

雞冠

花疏其狀有掌片毬子纓絡其色有紫黃白本草稱坐種則矮立種則與人齊

鳳仙

一名染指甲草物理識云其子名急性萬歷府志有五色

玉簪

寍化縣志一莖數花以次遞開如削玉抽簪又有紫色者名紫釵

罌粟

一名米囊花鄞縣志紅白色俱有深淺數種案道光中禁吸鴉片并禁植

此花其種遂絶今則徧野皆是幾與禾稼相埒可慨也又有以子榨油充麻油聞與茄子同食致死

虞美人 花疏千葉者佳花類罌粟而小五色俱備姿態葱秀

蝴蝶花 即射干以花似蛺蝶故名

石竹 羣芳譜花有五色又有剪絨嬌豔奪目千瓣者名洛陽花

牽牛 彙苑清晨始開日出已瘁案俗名喇叭花詳藥屬

錦帶 王禹偁詩序海仙花者世謂之錦帶益都方物記錦帶花長蔓柔纖花葉間側如藻帶

女蘿 一名蔦蘿湖雅纖蘿深碧花則深紅古以女蘿兎絲爲一物非此花也

蔦蘿 有大小二種嘉慶志俗呼薑紅花和薑片漬之色甚鮮妍案今呼大紅花可染薑片亦呼喇叭花

子午花 即金錢花午開子謝　國朝何震詩句有花有花名子午枝葉蔓生結青玉或言其形如車輪四角璀璨三十幅

荷 嘉慶志距縣署數十武北曰大水田田皆插荷盛夏香聞里許案蓮以有臺者爲貴曰臺蓮一榦開兩花者曰並頭蓮三並頭者曰品字蓮又有四並頭五並頭皆千葉不結實

草之屬

長生草 又名卷柏萬歷府志生四明山雖甚枯槁得水即蔥翠宋謝靈運山居賦卷柏歷萬代而不殞

蘭草 **蕙草** 爾雅翼今之蘭草都梁香也毛詩陸疏廣要香蘭種甚多如竹蘭石蘭伊蘭崇蘭風蘭鳳尾蘭珍珠蘭玉桂蘭吳越皆有之蕙草本草云即令零陵香

茄草 嘉慶志上虞縣北夏駕湖出茄草織席甚細密

茅 叢生荒野間野人刈以覆茅屋茅根茅針並入藥品

蘆荻 羣芳譜蘆荻二物相類而異種蘆大而中空荻小而中實

五爪金龍草 似蜈蚣草而大治瘋症產丹山

芭蕉 學圃餘疏福州美人蕉歷冬不凋常吐朱蓮如簇羣芳譜芭蕉花苞中積水如蜜名甘露侵晨取食止渴延齡

萬年青 結子甚紅凡遷居及喜慶事必與吉祥草同用

吉祥草 松鄉集似蘭而疏秀人云十歲一花余見紫莖纔二寸綴花數十似瑞香而小有香氣湖雅妊婦臨蓐置室中可解產厄菓入產室色瘁必數日乃復

如

意草葉似蘭老少年一名雁來紅羣芳譜紅紫黃綠相
而差濶兼者名錦西風又名十樣錦案黃
色者又名鳳尾草葉狹長一名狗尾草即莠也穗黃形
雁來黃馬鞭可愈痢似狗尾莖治目
痛八九月收葉以荇黃花似蓴嘉泰志會稽謂之荇
蒲爲席亦可作扇荇菜叢生水中莖如釵股隨水深
淺蘋爾雅翼根生水底葉敷水上不若小浮萍之無根
故韓詩云沈者蘋浮者薸嘉泰志似槐葉生道旁
淺水中至秋則紫今會稽謂之馬萍楊花入水所化爾
薸亦呼紫薸案花有黃白二色萍雅翼水上小浮萍
江東謂之薸嘉泰志會稽謂之薸舊藻嘉泰志水草之
說善滋生一夕生九子謂之九子萍藻有文者生水下
而不能出水上說文莙牛藻也段注左傳虞蓼嘉泰志
蘊字即說文莙字案今俗呼藻曰蘊草蓼之生
於水澤者宏治志蓼生水澤曰虞大蓼嘉泰志一名馬
蓼今人用爲麴藥案俗呼辣蓼蓼莖大而赤生
水澤中天蓼本草生天目山四明山樹如梔子冬月不
高丈餘天蓼凋四明山志石窗之水出於棃洲其草多

異有胡桃天蓼　薜荔　鄞縣志與絡石相類喜緣古牆葉色深綠久則純赤開花如雪聞清香絡石花無香此其異也絡石一曰木蓮藤紫花成實今人用以解暑揉凍如石花　三白草　初生葉青至三四月頂三葉變爲白武康志諺云一葉白食小麥二葉白食梅杏三葉白食黍子農人候以蒔田　鴨跖草　一名淡竹葉湖雅與王芻之淡竹葉菜花之鴨腳草並別案俗呼鴨舌草　魚腥草　卽蕺草治喉風　酸津草　卽燈籠草或作酸漿　虎耳草　卽金絲荷葉亦呼天荷葉　石胡荽　卽鵝兒不食草　淡巴菰　卽呂宋煙草產縣南丁宅街湖田鄞縣志閩廣產者佳今各處皆種聞種煙數年易種他物土不甘亦蔬穀之害也　苜蓿　鄞縣志卽今四鄉所種草子也有二種開紫花者一莖數朵開黃花者一莖一朵刈後水浸罨之用以肥田案今俗呼紅者曰紅花草子黃者曰大蔀草子均可作蔬或夏收其子作次年種子　佛耳草　本草雜米粉作粿食甜美荒年當糧最佳案虞俗呼黃花艾亦曰艾青　鹿啣草　叢生赤莖

葉有毛唐本草鹿有疾啣此草卽瘥今縣南隱地多有之 馬鬉草 地蘇木 鼓槌頭 徧地金以上四種並見嘉慶志 瓦松本草集解此古屋上苔衣長數寸者卽爲瓦松亦名屋遊案羣芳譜謂屋遊非松瓦屋苔衣也 苔一名石髮生水中者爲陟釐生陸地者爲烏韭又曰地衣在垣曰昔耶在屋曰屋遊 書帶草叢生似帶産丹山 消息草縣西沿塘有之或云粵匪亂後始有

木之屬

松萬曆府志新松最多無山不植嘉慶志鐵綫羅漢異種格物總論三鍼者栝子松五鍼者崧子松今縣西潘家陡鐵甲山有三管松 柏謝靈運山居賦木則松柏檜欒會稽境多名山水松栝楓柏枝擢幹聳萬曆府志有渾側二種又有一片如手掌者名手掌柏案側柏俗呼扁柏 桐剡錄謝車騎所居梓桐森擢人號桐

亭　梅福四明山記山生梓　似杉而堅大者合抱可
梓　本草似桐而葉小花紫　桱　作梁棟産縣南丹山一
名金　體似櫲質堅可作器用　亦作櫲輿地志越
錢松　夜合　至夜葉葉相合故名　櫲　太平山生櫲木
爾雅檜柏葉松身禹貢鄭注柏葉松身曰栝　四明
檜　籀文從會平泉草木記木之奇者會稽之檜　桑　圖經
有如錦之桑宏治府志今越産多野生謂之烏桑案虞
俗栽桑不多有所謂接桑者以桑接之其樹高大有所
謂壓桑者壓之不令高大纔四五尺也又有桑　萬歷
花者花盛而葉稀接桑購自湖州葉尤茂潤　柘　府志
越中多有之非但葉可飼蠶其木文理縝密　楊　本草
堪爲器具案虞俗桑葉少時亦間以飼蠶　柳　楊柳
異類今人謂柳爲楊柳非也李時珍曰楊　郎蒲柳
枝硬而揚起柳枝弱而垂流蓋一物二種　水楊　古今注
生水邊葉　一名觀音柳爾雅郭注今河旁赤莖小楊
似青楊　檉　陳啟源曰近世呼西河柳醫家用之治小
兒痲疹萬歷府志似柏而香出四明爲　四明山記
多見梅福四明山記恐非河柳之檉　黃楊　山生黃楊

本草其木堅膩作梳剜印最良產縣南蔣山白楊與楓相似木板亦可鏤刻榆爾雅榆白枌注枌榆先生葉卻著莢皮色白正義赤榆未生葉時先著莢白榆則先生葉此爲異爾案越中亦呼榆樹爲油樹每剝其皮屑粉和香末爲降神之香性與蔗糖相犯聞遇荒年民食榆皮或雜沙糖食之皆死樟即豫章十道志越城多生豫章樹乾隆府志今越城內外尚多與梓絕異而嘉泰志萬歷志以爲即梓謬矣案有香樟烏樟二種樟腦入藥品虞邑樟樹最多亦最盛輒有大數圍者華渡橋邊九枝樟相傳爲宋時物楓圖經似白楊高大花白色至霜後葉丹可愛案縣南元寶山有楓特異經冬不凋每新葉生則舊葉始落烏桕本草拾遺葉可染子壓爲油塗頭令白變黑爲燈極明案桕油亦曰白油今澆燭者是杉直幹似松實似松蓬而細可爲棟梁棺椁器用其一種細葉者易大而疏理溫人謂之溫杉有刺者呼刺杉產縣南丹山檀六書故檀本堅忍有黃白二種黃者尤堅案縣南方山有檀大一圍長三丈許土人以發葉遲早占年歲豐歉刺桐

桐譜花側尃如掌體有巨刺一種葉圓而末尖開淡紅花可壓油者名曰油桐來自閩產

楸 即梓之赤者嘉泰志今越人不喜種楸云不利人家僧居則否

榧 平泉草木記木之奇者稽山之榧萬歷府志木理堅細堪爲器用

椿 葉香可啖羣芳譜俗名香椿易長而有壽

樗 卽臭椿根白皮可入藥唐本草椿樗相似樗木踈椿木實

楝 圖經木高數丈葉密如槐而長開花紅紫色實如彈丸案實名金鈴子入藥品有雌雄二種

槐 羣芳譜開黃花採取曝乾煎水染黃甚鮮武康志藥名槐角卽其子也

皁莢 一名皁角莢刺並入藥可浣衣去垢列仙傳劉綱隱四明山觀前皁莢樹相傳爲綱登仙之木乾隆府志謂之昇仙木引萬歷志四明山皁莢樹絕大劉樊於此飛昇

肥皁莢 寍化縣志樹高大開白花結莢如皁莢而短肥厚有黑子十月采莢和麪及諸香搗治作丸善澡身面垢膩案此卽香肥皁虞俗擣爛和滷作丸

栗 互見果屬

椶櫚 通志有兩種一有須可作繩耐水一小而無須葉可爲帚案今多製爲雨衣及牀椅之面

沙樸 俗呼

爲桫欏有大至數圍者可鋸板　冬青　經霜不凋子名杞
用葉可磨治竹木勝於木賊草　女貞子入藥
卽枸杞多生溪河沙　櫟　周處風土記舜耕歷山山多柞
岸子及根皮皆入藥　樹　吳越之間名柞爲櫪故曰歷
山案櫪卽櫟字六書故有　穀　說文以穀爲楮廣雅陸詩
黑心櫟白櫟緜櫟諸名　疏並以楮爲穀後人分爲
兩種酉陽雜俎以有瓣者爲楮無者爲穀六書故以高
大而皮駁者爲桑穀不高大而皮白者爲楮竊謂穀當
分爲兩種不得謂楮非穀也穀皮　卽銀　本
甚韌可擣爲紙子如楊梅入藥品　白果樹　杏　石楠　草
衍義石南二浙甚多萬歷府　山海經注似柞子可食
志二月開冬時葉尤可愛　櫧　作屋柱難腐萬歷府志
越中在在有之　土　有紅黃二種質堅作器比之紅
人多用以作器　楠　木產縣南滴水巖龍弓溪底

竹之屬

箭竹　禹貢注篠箭竹通雅叢生小而疏節或長二尺南
方作矢案謝靈運山居賦其竹則二箭殊葉二箭

者苦箭大葉笄箭細葉也產丹山龍弓溪

貓竹 幹大而厚多產縣南懸巖山四明洞天記叢生澗邊俗曰貓竹其義無取攷竹譜有狗竹貓竹筍曰貓筍又曰筍初出如貓頭

苦竹 山居賦四苦齊味齊民要術竹之醜類有四有青苦者白苦者紫苦者黃苦者萬曆府志幹細而直可爲筆圖經越出筆管是也

桃枝竹 書孔傳篠桃枝竹也竹譜詳錄兩浙謂之桃絲竹廣羣芳譜謂卽欃竹案欃竹紋細桃竹紋粗一類二種

慈竹 萬曆府志慈竹冬月筍生竹外繞其母故又名孝竹又名王祥竹案宏治府志以慈竹爲桃枝竹又爲四季竹非也慈竹四時出筍羣芳譜四季竹節長而圓中管籥巖生者音清亮狀與慈竹相類耳

斑竹 卽湘妃竹亦呼瑇瑁竹羣芳譜其斑如淚痕竹譜詳錄今越人以斑竹作牀椅及它器用

紫竹 竹譜詳錄出江浙兩淮萬曆府志可爲籥管九節者佳案虞南暗巒黜山多產

鳳尾竹 廣羣芳譜高二三尺植盆中可清玩案湖雅據竹譜詳錄以爲如筆竹形如鳳尾得名而以盆中可玩爲細竹則鳳尾竹有大小兩種矣

龍鬚竹萬歷府志長而秀節疏　燕竹有大小二種剡錄燕來時出筍　淡竹萬歷府志可煮爲紙前溪逸志醫者炙其瀝可降痰葉可降火案或以爲草種而竹名非是湖雅甘竹入藥最良今誤以淡竹葉草爲淡竹之葉　筋竹產丹山竹譜長二丈許南土以爲矛其末成竹時堪爲弩弦萬歷府志越中處處有之案別有油竹亦筋竹之類　筍以冬筍燕筍爲佳冬筍俗呼潭筍多產懸巖山三四月出土爲貓筍味減燕筍出縣南張家嶺又大昆湖有湖筍此外淡竹筍亦佳龍鬚味遜箭竹筋竹筍少食鞭筍爲竹之嫩根夏月掘取　筍乾燕筍淡筍嫩梢曰筍尖出大昆湖細而短嫩者俗呼麻鷓鴣爪貓筍嫩小者謂之繡鞋底大曰筍鯗龍鬚筍乾稍遜可醃可糟　竹籜大而潤者多非虞產龍鬚竹箬亦間以裹糉

禽之屬

雞八家常畜道光朝有以羽生爪爲妖者然恆有之不足異　鴨家鴨曰鶩　鵝越俗祀神以鵝而宴客則

以常饌視之不甚珍異　鳧 即野鴨　青鸞 嘉泰會稽志載鳳鳴洞昔有仙女乘鸞來下 國朝李方湛記鳥衣翠羽大如鵲案今洞左右結巢峻壁隱見無常音如簫管悠揚土人目爲仙禽　鵜鶘 爾雅注好羣飛沈水食魚故名洿澤俗呼之爲淘河嘉泰志會稽不常有有之輒大水土人占之頗驗　鸂鶒 本草釋名形大於鴛鴦而色紫好並游故謂之紫鴛鴦　鴛鴦 爾雅翼其大如鶩其質杏黃頭戴白毛垂之至尾尾與翅皆黑今飾以黃赤五彩首有纓者乃鸂鶒耳　鷺 一作鷺鷥詩陸疏白鷺步於淺水好自低昂故曰春鉏　鷗 埤雅鳧好沒鷖好浮故鷖一名漚今字從鳥後人加之　鸕鷀 一名鶿鴨又名摸魚公爾雅注觜頭曲如鉤食魚甯化縣志畜之者以縄約嗉才通小魚大魚不可下時呼而取之　姑惡 范石湖詩集姑惡水禽以其聲得名世傳姑虐其婦婦死所化案姑惡即伯勞嘉慶志謂即貓頭鳥非　稻雞 居隴中似鳩畧小　雉 禽經介鳥埤雅雞類不能遠飛　鶻鵃 古今注出南方常自呼向日而飛異

物志其鳴云但南不北故禽經曰懷南言其志懷南不
北徂也本草鷓鴣鳴云懊惱澤家又云行不得也哥哥
翡翠　卽翠鳥禽經背有采羽注狀如鵁鶄而色正　竹雞
碧尤自惜其羽日濯於水中今爲婦人首飾
好食蟻亦辟壁蝨格物總論比鷓鴣差小羽　四朝聞
褐多斑赤文案好居竹山呼高則暘低則雨　鴿　見錄東
南之俗以養鵓鴿爲業羣數十百　雀　本草綱目一名瓦
望之如錦灰褐色爲下純黑爲貴　雀俗呼老而斑者
爲麻雀小而黃　十姊妹　雲間郡志俗呼相思鳥性狎其
口者爲黃雀　侶飛鳴不散案七姊妹亦好羣
飛　鶺鴒　爾雅疏鶺鴒桃蟲俗呼爲巧婦案或以爲黃脰
雀黃脰善鬬鶺鴒不聞有善鬬之說其說恐非
燕　舊說紫胸輕小者越燕胷斑黑聲大者胡燕胡燕土
人謂之社燕多巢村墟人家門外案燕以春社來秋
社去而北方有　石燕　梅福四明山記南峰之北巖生石
蟄燕不盡歸南　燕案本草石燕有二一石類狀如
燕有文圓大者爲雄長小者爲雌一似蝙蝠食石　刊
乳者能飛乃禽類據全祖望詩此是禽而非石矣　雁　補

引黃義仲十三洲記上虞有雁爲民田春拔野草根杜
秋啄除其穢縣官禁民不得妄害見陶宗儀說郛
鵑嘉泰志夜啼達旦血漬草木凡始鳴皆北嚮啼苦則
倒懸於樹說文所謂蜀王望帝化爲子嶲今謂之子
規是也越人謂之謝豹陸務觀曰吳人謂杜宇爲謝豹布穀即鳲鳩一作郭公其
鳴因時變聲如割麥插禾脫卻布袴之類審其聲可爲農候案虞俗呼爲各家爬碌亦象其聲斑鳩爾雅翼鵓鳩
似斑鳩而臆無文采不能爲巢天將雨而逐其雌霽則呼反之或云
雄呼晴雌呼雨越中呼爲野鵓鴣辨其聲以爲將雨則
云十九都人苦又云渴煞鵓姑將晴則云挂挂紅燈戴勝嘉泰志引釋鳥戴鵀郭
注鵀即頭上勝今呼爲戴勝頭上有毛花成勝也三月飛在
桑間越人云降桑遏金日圭穀賤桑扈一名蠟嘴其
嘴凝黃如蠟俗多畜其雛教作歌舞白頭翁山堂肆攷形如脊令其飛如燕之
頡頏頭上有白毛身蒼色案又有黃頭
公畫眉萬歷府志畫眉越所在有之其眉如畫音宛如人語鴝鵒
而有幘色純即八哥似鴝

黑金眼又名寒皋淮南子寒皋斷舌可使八語

反舌 禮月令注反舌百舌鳥易緯通卦百舌能反覆其口隨百鳥之音昔八以反舌爲蝦蟇誤矣案虞俗謂之呵春鳥

鶯 鶯名最繁有黃鳥黃鶯黃鸝黃栗留黃伯勞黃袍諸稱亦名倉庚金衣公子

啄木 嘉泰志引釋鳥鴷啄木郭注口如錐長數寸常啄木食蟲案此鳥有褐有斑褐者雌斑者雄又有青黑者頭上有紅毛土人呼爲山啄木

烏 說文孝烏也廣雅純黑而反哺者謂之烏小而腹下白不能反哺者謂之鴉

鴉 俗呼老鴉嘉泰志有一種名寒鴉十月自西北來其陣蔽天及春中乃去案亦呼雪鴉

鵲 萬歷府志鵲作巢冬至駕之至春乃成俗傳鵲巢有梁見鵲上梁者貴案俗呼喜鵲雙林志巢高則旱低則潦禽經俯鳴則陰仰鳴則晴

山鵲 爾雅注似鵲有文彩長尾觜腳赤案俗呼山喜鵲

鷹 格物總論鷹鷙鳥金眼鉤觜鐵爪善攫搏案此鳥飛鳴則風坐鳴則雨

鶚 有名鵙名隼名鶻者皆鷹類俗統呼鶚鷹又名鶚俗亦呼鶚鷹剡錄舟過嶀山一禽如雪擒魚健於隼問之漁人曰魚鷹

鶺鴒 嘉泰志引釋鳥鶺鴒雝渠蓋雀之屬飛則鳴行則搖長脚尾腹下白會稽呼爲雪姑其色蒼白似雪鳴則天當大雪嘉慶志謂之白眼青蓋俗稱也 黃頭 郎黃脰雀性善鬬人多取育之 繡眼 郎綠脰子一名竹葉青嘉慶志分爲二鳥誤 提壺 山和尚喜食豬肉人或畜以爲玩 鸛 爾雅翼似鴻而大長頸赤喙白身黑尾粢今縣東查湖多有之入田不害禾稼好食馬蝗 山雞 似雞畧小夜半則啼黮山蟠雲峰有之非舞鏡之山雞也又錦雞有小冠背黃腹赤項綠色達溪高山有之 江雞 似雞無冠尾如鴨掌如鵝出縣西後海 鵂鶹 俗呼貓頭鳥頭似貓鳴作休留聲術士謂燒其肉可以收鬼然不經矣 鬼車 俗稱九頭鳥世傳此鳥昔有十首爲犬噬其一血滴人家爲災故聞者必叱犬滅燈以速其過 潮頭鷖 色白而小不知其名因隨潮而來故名此 阿育鳥 尾赤其鳴似呼阿育粵匪亂後始有

獸之屬

家人家常豢

野豬　宏治志越山中有野豬豬貛狗貛豪豬四種萬歷志野豬大者二三百觔四明山氓及野儈鬻之不以入市案野豬每見丹山力絕大獠牙難捕又好食禾稼爲山鄉之患貛豬小往往穿穴墳隴及海塘非石者豪豬箭豬也豪疏而勁長及尺人逐之則發如矢

羊　有胡羊山羊二種胡羊無角尾大而毛卷山羊有角毛直而尾小

牛　有黃牛水牛兩種黃牛角短而有胡水牛角長而彎農家冬取其乳汁以爲酪

馬　非虞產文武衙署畜之

驢　亦非虞產麪肆畜以轉磨山鄉人或乘之

犬　人家畜以警夜有毛長而卷者曰獅子狗亦呼西洋狗山家畜獵狗高大逾常

竹狗　長尾色黃腹下白毛好食家畜其皮可製爲裘俗稱南狐

田狗　似犬而小謂之野犬又名海狗比常狗高大尾下垂每食家畜間或噬人粵匪亂後有之

貓　毛五色俱有養蠶者畜之正二月產者爲頭蠶貓三四月產者爲二蠶貓有一產五頭者謂之五更貓尤善捕鼠貓睛一紅一碧者爲日月眼品最貴

虎　不多見達溪箬籠山有虎窠嶺相傳爲虎之巢穴

豹

本草集解豹文如錢者曰金錢豹宜爲裘如艾葉者曰艾葉豹次之案此亦不多見相傳虎生三子必有一豹

豺

爾雅翼似狗牙如錐足前矮後高而長尾今人稱豺狗性能噬虎而畏狗

鹿

太平寰宇記蘭苧山有素鹿三腳此鹿若鳴官吏必有殿黜萬歷志云縣南檀燕山下有鹿含花渡溪

麖

剡錄引謝靈運自注山居賦曰麖能跳擲字書麖大鹿也一角似犀王梅谿嵊山賦曰皇書亭畔又看麖滯之蹤

麃

剡錄爾雅曰麃大鹿旄毛狗足案麃小於鹿狗足趫捷捕之必於雪中

羱

爾雅注羱羊似吳羊而大其角楕剡錄出山居賦案羱一作莧郎山羊有大至數百觔者其血爲外科要藥

兔

毛可爲筆湖雅兎毛褐色有白者人家畜以爲玩或云白者碩鼠非兔也

野貓

郎貓貍圓頭大尾善竊雞鴨一名偷雞豹

香貍

正統志毛可爲筆本草釋名文如豹而作麝香氣者

獺

一名水狗埤雅似狐而小青黑色案獺有二種此水獺也其皮可飾領袖其骨療食魚骨鯁別有一種山獺

猨

亦作猿會稽嘉泰志柳子厚云猿好踐稼蔬所過狠籍會

稽山間陸種如豆麥胡麻菽菔蔬果竹萌之類多爲殘毀李白剡中詩謝公宿處今尚在綠水蕩漾青猿啼又鄞縣寶慶志四明有猿謂之鞠侯

猴 俗呼猢猻相傳縣南朱家大山有之

猬 形如鼠觸之團結若栗房其皮治胃逆案俗呼刺栗蔀徧身有毛刺

鼠 其糞名兩頭尖入藥用牡者

田鼠 即稻鼠有大小數種多害田稻

松鼠 腹白食松子大者名松狗尾大者曰栗鼠腹紅食栗子

鼬鼠 即黃鼠狼

伏翼 即蝙蝠似鼠有肉翅晝伏夜飛能食蚊其矢淘之爲夜明砂入藥相傳鼠食鹽化蝙蝠介禽獸之間而爲鼠類故附後

鱗之屬

鯉 嘉泰志今會稽池澤中大者亦十餘觔魚惟鯉最壽有至千歲者又曰越人謂鯉之小者爲鯉花案嘉慶志有赤色鯉注云出邑舜江然攷萬[歷]府志所謂舜江在汪姥橋西是餘姚境內之舜江非虞境之舜江待攷

鱧魚一名烏魚身圓鱗細頭有七星如北斗剡錄出山居賦萬歷志鱧之小者爲鱧臢青魚嘉慶
志作渾青剡錄頭色微青池中所畜不及溪中者向過娥江漁人數連網得此魚可三四尺案俗稱螺螄青借
用鯖字魴即鯿魚細鱗縮項味肥美嘉慶志麥熟時出俗呼麥鯿備稿出指石山下者佳案春三月有小
魴名魴魾大者三寸過清明則瘦非眞魴也備稿以爲即鯿之小者非鰷即白條似白魚而首尾不昂舊
志以狀如柳葉之鰲鰷當之誤矣鰲鰷似鰷而小吾鄉亦曰鰲魚鱮即鰱魚埤雅似魴而弱鱗性亦旅行
故制字從與嘉泰志鰱鱮也弱鱗色白鱅即花鰱其頭獨大俗呼魴頭或呼胖頭鰱之美在腹鱅之美在
頭鯇一名鯶魚有青白二色剡錄引爾雅鱧鯇也陸疏鯇似鱧狹而厚案食草呼爲草魚鱸嘉泰志鏡
湖中小者纔數寸許最珍海鱸絕有大者煑熟則勦淪以沸湯亟取乃脆美可食土附魚或作土步
似黑鯉而短小附土而行或作土鮒土部土哺皆聲之轉案虞邑桊花黃時名桊花土步者佳鱭即鱭魚一

名刀魚爾雅疏鱴刀鱭即黃顙魚亦名鉠𩵦乾隆府志今之鮆魚亦呼爲魛 鰽 謂之𤞤猻案俗謂之鉠刺可發痘瘖即橫鑽魚今魚蕩有此魚則箔斷悉爲 鱖 山海經穿穴嘉泰志引陸璣詩疏以爲白條魚誤 鱖 郭注大口細鱗有斑彩張志和漁父詞桃花流水鱖魚肥萬 鮒 歷府志云亦桃花時肥案虞邑向無此魚近始有之 鮒 即鯽魚本作鰿借用烏鰂字別有背黑者名鯉鯽 鰂 銀 與鯉交所生味劣嘉慶志產阜李孔家二湖者佳 魚本草一名王餘出蘇松浙江嘉泰志浙河以北所產魚大如指此州所有僅如箸末然軟美過之太湖備攷以大者爲鱠殘魚小者爲銀魚案山會人呼爲糊魚虞人呼爲梅魚惟梅雨時有故名與小春魚之梅魚別出通明江永濟 鯿 一作鯾嘉泰志色黑如緇衣故曰鯿本閘下者佳 鯿 草生江海淺水中今會稽瀕海處皆有之萬歷府志其頭微小而扁杭人謂之蛇頭魚最美 比 然易餒即鹽者不能致遠案虞邑縣西後海產之 比目魚 湖雅分鰈魪兩種名鰈爲爾雅鰈之板魚浙謂之鞋底魚亦謂箬葉魚狀如牛脾魪則吳都賦所云

雙則比目片則王餘也兩魚合成梭形無鱗肌理白膩
今虞邑所產則狀如牛脾之箬葉魚也嘉慶志一名箬
獺　鮎　江東通呼爲鮧本草圖經　石首魚　一名黃魚雅俗
鮧背青而口小者名鮎　稽言能鳴網師
以長竹筒插水聽之聞鳴下網每獲至千餘小者名梅
魚頭大於身亦呼爲梅頭出四明梅山洋嘉慶志來自
定海邑後海亦間得之案春初至者虞人謂之報春別
曰春魚嘉泰志似石首而小歲以仲春至鹽浥而乾之
曰含肚見大業拾遺記越人饁耕以含肚鮝爲上饌曰
梅魚嘉泰志小於春魚而頭大最先至一曰當名䲞魚
以善爛得名萬歷志梅花　鰣　似勒魚而肥膩多骨萬歷
時有之案俗呼梅公頭　府志產餘姚梅嶼溪案虞
邑後海亦有之以立夏前捕　鱓　即黃鱔有青黃二色生
得爲貴惟水鹹與他處差別　泥窟中甯化縣志南人
鬻鱓以缸貯水夜以燈燭之其蛇化者必項下有白點
通身浮水上當棄之案虞邑多產田中穴土而居夏日
食之易　鰻　一作鰻鱺埤雅白腹似鱔而大青色焚其煙
致霍亂　氣辟蠹宏治府志越人每於秋中風潮起時

取之謂之風鰻案小者曰鰻綫

鮢魚 細鱗狹腹脊微黑肉白如玉大者長尺餘產縣南釣臺山石筍山下又增山下亦有之今禁捕

蝦 嘉泰志海中大蝦長二丈海蝦擣潑生食以案酒殊俊快河蝦可烹食越人謂杜鵑曰社社豹社豹時取小蝦名社豹蝦又小如穅覈曰穅蝦案蝦出溪河者色青黑出江海者色白蘆蝦色青相傳蘆葦所變泥蝦產田中是稻花所變均細小蝦子在淺灘又易變蝗

鰌 即泥鰌似鱓而短無鱗以涎自染

介之屬

龜 俗呼小者爲金錢龜即爾雅攝龜也龜能害菱菱寶經鼉即黑腐業菱蕩者忌之

鼈 即團魚

黿 爾雅翼似鼈而大至一二丈介蟲之元也嘉慶志邑後海間有之案出前海大者一二百斤齒迅利非網罟可致近得神仙釣法亦多有獲者

蟹 呂亢蟹圖記有十二種虞邑所產者曰螃蟹出縣西經仲溝者佳曰黃甲

蟹亦曰橫甲蟹產海邊大於螃蟹其螯無毛曰蟛蜞蟹蟹之小者嘉慶志多出後海曰玉堂蟹似蟛蜞稍大二螯有紅色產舜江曹江冬日取其子曰蟹子味亦佳

蟶 山堂肆攻蟶生海塗中穴居似馬刀而殼薄性寒能消渴通雅浙東之蟶皆女兒蟶也而荔支則女兒中之佳者案蟶有大小二種皆鹹淡水結成其小者尤佳宏治府志曰甲蟲之珍味

蚌 一名含漿甯化縣志與蛤同類而異形圓曰蛤長曰蚌殼堪為粉案蚌蛤之大者越巾呼為上湖春亦曰雞冠腹中往往有珠

蛤 大曰白蛤乾隆府志引會稽三賦注蛤有文謂之文蛤案梅雨時最肥有冬蟶夏蛤之諺

蚶 萬歷府志亦名瓦稜子田種者佳案今俗稱麻蛤近有一種大者曰洋麻蛤味遜

蜆 形似蛤蜊而略小有黑黃二種黃曰黃蜆黑曰黑蜆黑者劣

螺螄 多生水岸邊清明前肥美飼青魚以此故有螺螄青之名又有狹長而細者為海螄

田螺 大於螺螄生水田中稻熟時尤肥冬則伏泥中

吐鐵 萬歷府志狀類蝸而殼薄吐舌含沙沙黑如鐵至桃花時鐵沙吐盡案桃花吐鐵味最佳

據姚燮詞所謂桃花吐鐵乃定海桃花山所產者耳

蟲之屬

蠶 嘉泰志蠶陽物也惡水春蠶多四眠餘蠶皆三眠越人謂蠶眠曰幼死則謂之眠熟故諱之案虞俗勤儉頗擅蠶桑之利止頭蠶二蠶不養再出之原蠶嘉泰志謂民間一歲至有三蠶者今無是殭蠶蠶砂皆入藥

蜜蜂 能造蜜者爲蜜蜂採花挾於腿腰獨採蘭則負於背蓋蘭心大如豆粒勢不能挾非重蘭也其他蜂類甚多色黃者居九黑斑者十一別名黃蜂黑蜂

蠮螉 皆螫人採瓜果者咬舌尖往蜂輒讓避亦一術也即蜾蠃生子如粟米大捕取草上青蜘蛛以擬其子大爲糧

鼅鼄 本草蜘蛛有十餘種爾雅載七八種格物論能於空中作懸網狀如魚罾者名蛛蝥案別有緣壁而大者能嚙人影成瘡腫今俗稱八腳湖雅曰此非蜘蛛乃蠼螋也

蠨蛸 爾雅疏小蜘蛛長腳者一名長踦俗呼爲喜子

壁蠨 一名壁蟢事物原始

能捕蠅作窠門壁上其圓大如錢山堂肆攷壁錢蟲似蜘蛛而身扁　蠅虎　古今注蠅狐也似蜘蛛而色灰白善捕蠅山堂肆攷謂之蠅豹　螳蜋　捕蟬而食有臂若斧案其子名螵蛸本草別錄桑螵蛸桑枝上螳蜋子也　蜨　亦作蝶[霝]波志士人呼黑而有彩者曰梁山伯純黃色者曰祝英臺　蜻蜓　埤雅蜻蜓六足四翼過雨即多好集水上　蠛蠓　即醯雞列子謂之蠓蚋又稻稈及花草上有小蟲俗名蠓蟲又名蠒蟲有翼無翼皆蠛蠓之類蟲多則苗悴以菜油灑苗上可除今俗呼油蟲　飛蝗　害稻尤甚久旱則有之其捕法詳陳芳生捕蝗攷蝗子曰蝻　蚱蜢　即阜螽似蝗細小而頭尖善跳小者謂之土螽即泥蚱蜢色黑　蚊蚋　夏小正疏白鳥蚊蚋也後人分大曰蚊小曰蚋案花腳者爲豹腳爾雅翼蚊生草中者吻尤利而足有花文有爲水蟲所化者爾雅翼惡水中孑孓所化又有爲鳥所吐者爾雅鷂蚊母　蠅　俗呼蒼蠅有麻蒼蠅青蒼蠅金蒼蠅諸名青蒼蠅一名飯蒼蠅蠅生子爲蛆　蝛蜋　治疔毒臌脹小兒疳積人家竈上最多生舟中者不

臭不入藥本草綱目拾遺謂即蜚廉非是蜚名蜚廉

蜣蜋 爾雅疏蛣蜣噉糞土喜取糞作丸而轉之案能化蟬

竈馬 一名竈雞無翼而褐色酉陽襍俎竈馬狀如促織稍大腳長好穴於竈側俗言竈有馬足食之兆案鳴聲亦曰織織

飛蛾 俗呼撲燈蛾凡能飛之蛾皆喜撲燈形色不一有小如蠛蠓青色亦喜撲燈俗稱青蟲亦喜投水游行入油則死

絡緯 即紡綫孃似蚱蜢而身肥大食絲瓜花及瓜瓤又一種名叫哥哥小者曰蛩兒形近絡緯而鳴聲不同

螘 一作蟻爾雅疏其大者別名蚍蜉大而赤色斑駁者名蠪案亦呼螻蟻俗稱馬蟻齧木者白螘即飛螘亦有黑色其白而不飛者齧更甚

蛇 蛇類甚多其毒有甚有不甚惟菜花蛇無毒人家常有之

蜥易 俗呼四腳蛇似守宮而大博物志有蜥易求雨法

守宮 即蠍虎漢書東方朔傳分蜥易守宮爲二物守宮尾細而易斷後節節皆活一名蝘蜓蜥易尾粗與身連說文在壁曰蝘蜓在草曰蜥易

鯪鯉 即穿山甲入藥品

蜈蚣 五襍俎長一尺以上者能飛常爲雷所擊案雜

喜食蜈蚣有爲蜈蚣齧者急以雄雞涎塗之即愈否則雞鳴時痛亦解又有馬蚿其形似蜈蚣一名百足蟲亦呼百脚

蜩 蟬也爾雅蜋蜩螗蜩乃七蜩中之二俗統名蛀蟟亦呼知了古人入藥用今用蟬蛻

蜉蝣 朝生暮死其生水上者名白露蟲

螻蛄 爾雅轂天螻注螻蛄也廣志小學編會稽謂之蟉蛄邵氏爾雅正義穴地而生立夏後鳴聲如蚯蚓

蚓 即地龍其老且大者白頸入藥用俗名曲蟮

螢 一名丹鳥本草綱目有三種能飛有光乃茅根所化月令腐草爲螢是也長如蠶尾後有光無翼乃竹根所化明堂月令腐草爲蠲是也一種水螢居水中

蟫 爾雅疏衣書中蟲一名白魚本草謂之衣魚食木蟲曰蠹本草亦名蛀蟲

土鼈 即灰鼈形扁如鼈雄者以刀斷之自能連屬能制白蜡又有伊威一名鼠婦同類

蟋蟀 一名促織五襍組促織惟蟀者能鳴健鬬湖雅鬬蟋蟀者爭賭財物有以此傾家者案此風虞邑尚鮮有小如豆粒者曰金鈴子鳴聲甚微又一種大者俗呼牛郎令郎令象其鳴聲牛者言其大也

蟾蜍 俗呼癩鼂又曰

癩蛤蚆身多痱癗目中白汁曰蟾酥入藥品背有黑點身小善跳者曰蝦蟆能鳴作呷呷聲亦呼蛤蚆

鼃

俗呼田雞生稻田者尤肥以能食害稻之蟲爲官府所禁食在水田鳴聲甚繁者曰螻蟈雙林志農家云三月三日多不鳴鳴則歲必稔案此語越中亦有之鳴聲如曰孤格孤格俗亦呼爲蛙或以此爲鳴蛙蛙爲青蛙以別之蛙生皆四爪縣南黑龍潭獨生五爪紅頷俗呼龍子求雨取之

蝸牛

說文蚹蠃背負殼者曰蝸牛案俗名蜒蚰蠃無殼者曰蜒蚰

強

釋蟲強蚚卽米中小黑甲蟲案虞俗呼強子亦曰強蟲別名米蟲頭黑似蛹生米廩中宜置蟹背殼解之

金石之屬

鐵

雜溪沙中淘而出之南鄉多鐵廠棚民之寄居者業此

鍾乳

梅福四明山記南一峰石壁數穴生石乳

石燕

四明山記南峰之北巖生石燕案全祖望詩則似禽然以鍾乳推之恐是石乾隆府志石燕厠

鍾乳紫石英間則亦爲石今禽類石類兩存之

紫石英產縣南琵琶山光明似玉

甑瓦嘉慶志出不一處惟皁李湖尤堅實

飲食之屬

鹽詳見鹽法

酒紹興酒名甲天下虞邑所釀亦不亞山會名冬報酒者尤佳

醋用米釀者佳曰米醋別有壞酒變酸者曰酒醋味淡事物原始用米如造酒法上者色紅名珠兒滴醋

糟未蒸燒酒者曰香糟可糟雞鴨既蒸燒酒則爲糟粕取以飼豬

燒酒糟中精液蒸而出之故名亦有用大麥者曰麥燒浸以鮮楊梅曰楊梅燒夏飲消暑經久不壞

甜酒俗呼蜜林檎

醬屑豆麥爲餅和鹽米煮或日曬之成紅色爲紅醬黑者爲生麪醬可醬瓜蔬之屬又霜降時釀者曰霜降醬其汁液曰醬油

菜油蕓薹菜子所造可炷燈亦可食

麻油胡麻子所造首推十九都

豆油雖可食而味遜多用以炷燈

蜜蜜蜂所釀

冬月取之其渣滓爲黃蠟

餳 以米爲之蓋稼穡作甘不必蔗漿始甜也別有樂戸製者曰小鑊餹以玫瑰桂花薑汁爲餡者佳

豆腐 虞城爲佳別製豆腐乾豆腐皮油豆腐千張之屬腐乳有白腐乳小青方糟腐乳諸稱虞製白腐乳浸以酒汁經年不變味

豆豉 豆和醬製成又蠶豆去殼油煎曰玉蘭豆不去殼四劈之未絕者曰蘭花豆

藕粉 野藕粉尤佳市中往往以山粉襍之備槁出縣西阜李湖者佳

醃菜 菘芥俱有其白芥鹽漬風乾曰乾菜又名茴菜用壜築實曰倒築菜虞邑最著名

魚乾 青魚最佳

蝦乾 海蝦溪蝦俱有

年餻 不和餹鹽色淨白歲暮家家擣晚米爲之虞產最爲上品遠方爭市或摶餻團襍成獸形曰餻老虎出南鄉蒲塘童郭諸處尤佳其土性宜於秔也

角黍 青箬裹秔米爲之俗呼糉子度歲及端陽皆用

湯圓 秔粉爲九度歲祀竈用之又有大者曰燈圓元宵用之

蠶繭果 作細腰形養蠶者以祀馬頭孃秔粉和餹爲之

月餅 中秋用以祀月兼饋親友

餛飩 有湯蒸油煤三種冬至或

用以薦祖百官著名活石頭餛飩以其臨河有活石也 餃 有饋餃肉餃水餃油酥諸名用蕎麥粉曰蕎麥餃以佛耳草擣和晚秔粉曰艾青餃別有艾青麥裹清明時用以薦祖 麪 即湯餅夏至或祭祖諺曰冬至餛飩夏至麪又以秔粉爲麪條成餅曰榨麪乾出章家埠 燒餅 備稿出梁湖者佳 方餻 秔粉爲之餡豐於饋惟夏間賣之差小曰茯苓餻 饅頭 饋餡備各色出北鄉小越者佳又製有荷花餻色微黃形似荷花麥粉亦推小越 茶食 餅餌之屬不勝枚舉統以茶食推崧廈小越爲長

布帛之屬

絲

絲緜 一曰緜兜取破繭及繭外散絲絲裝衣裏奇溫 緜綫 置緜銅叉上左手擊之以右手旋轉成綫繞蘆管謂之打緜搭綫類嘉湖之打緜綫 絲綢 繅絲織成不作花紋 緜綢 即緜綫所織

棉花 有草木二種虞產草本多植塘外沙地西北下七鄉 棉緜 亦曰棉紗綫紡棉成絲比戶婦女謂

之紡花可織布亦可縫紉

冬布　卽棉絲所織亦名土布

苧綫　夏間婦女漚麻績之至秋紡成又和石灰煮之漂水中月餘潔白如雪縣西西華窰人多業漂綫者

夏布　卽麻布有粗細二種

紗

篩紗　備稿出縣西黎壆國朝王煦竹枝詞有不傳女子傳新婦閨縣從無第二家之句

四緊紗　宋陳文僖上虞帖云上虞素出四緊紗見岳珂寶晉齋法帖贊

日用之屬

紙　嘉慶志出縣南鄉案今十五十九兩都以嫩貓竹爲之純肉爲太元穰皮爲中元又烏金紙嘉慶志出縣西北蔡林今惟九都趙姓能製聞亦傳媳不傳女備稿引格古要論上虞縣有大箋紙一種至厚一種稍薄

貍毛筆　正統志香貍之毛可爲筆萬歷志擇狸束筆

蠟燭　萬歷府志多以桕油作之

桕油　桕子所榨又呼白油澆燭甚堅色青者曰靑油用以炷燈

花油　棉花子所榨祗可炷燈

桐油　塗澤

器皿及檐柱之屬亞於漆別取青柹擣爛和水釀成曰柹漆可漆雨傘
雨傘堅靭耐久出城中
香柴出黜山采製爲香
薪斫松樹爲段曰大柴樵枝帶葉曰箬柴
炭有白炭條炭桴炭窰炭諸名
鹹灰鹽竈敗蓮上灰可以糞田
栲皮出黜山
靛青藍草汁以染藍色又有染皁色之棓子染綠色之槐花染黑色之枇樹果

上虞縣志校續卷三十一　食貨志二

上虞縣志校續卷三十二

食貨志三

積儲

常平倉正統志云在縣治儀門東南元至正丙戌尹于嗣宗簿列沾沙勉諸里正就以僱人助役錢捌建廢久萬歷志云在縣儀門東南今廢嘉慶志云在縣治儀門外西側及聽事内外兩旁宋紹興間知縣趙不摇建　國朝嘉慶三年知縣方維翰將聽事外兩旁改爲六房辦公之所改建是倉於典史署前今亦久廢

便民倉二　在西門外嘉靖間知縣李邦彥移置等慈寺東其西門舊倉基通計八畝外堂三間曰龍光駐節廳曰望湖堂後曰報功祠以奉邑令鄭公朱公楊公香火門左右店房前後共二十間其中空地俱栽桑作圃歲收花利可贍公費一　在驛亭堰萬歷志　萬歷三十二年知縣徐待聘將遺址改爲義塚康熙志

預備倉附便民倉內萬歷志　舊在縣西門外明嘉靖四十三年知縣李愉齊從耆民霍世恩請改建等慈寺旁未落成李補諫議去知縣楊文明續成之嘉慶志○邑令楊文明記曰上虞預

備倉舊在縣西門外頹圮日久耆老霍世恩等呈欲修葺且稱舊倉有大不便者二一曰地坐城外巡邏弗嚴守之者寡窺之者衆是倉適以啟盜也一曰縣孔道倭寇數經萬一匪聚而城之攻其據倉取食必矣是倉適以資寇也故莫若徙之便虞令喻齊李公韙其議上之監司暨部使者僉報曰可爰相城中得等慈寺旁隙地一所周圍凡五十七丈集公鳩材敏於經始頃之李公以遷諫議去余適承乏重茲偉圖懋終厥緒刱爲倉廒二十二間繚之以垣固之以門慎密而免爲侵耗爽塏而免於溼爛通邑之人驩然以爲得所惟是通邑樂於徙故費亦取諸通邑是役也肇庚申九月二十五日訖癸亥三月二十日嘉靖四十四年乙丑孟秋撰

國朝雍正五年添建倉廒九間每間貯穀五百石七年添建九間八年添建十一間浙江通志後廢僅存基址道光間署令楊瀏澥改建爲經正書院備稿

米倉在縣門內北燬兵正統志

米倉在縣門內今廢萬歷志

際留倉在縣治西廡右今廢正統志

社倉分設在各都祠廟中積穀備荒道光五年知縣周鏞奉部議建立

周鏞勸捐社倉引救荒無奇策然而不可無策策之於未然積貯而已矣常平倉貯於官者也謹其蓋藏時其出入而民已受賜社義各倉貯之民者也藏民間自備之粟供民間不時之需經理得宜利較常平爲更溥然小民可與觀成難與慮始是在倡之得人勸之有法而已歲之初夏奉大憲檄籌所以備荒者諄諄以義倉爲善其時雖豐稔有象而場穀咸登思所以藉手報命而不能邀天之庇邑大有秋際此盈寍之告成益思天災之代有爰舉大憲之剴切曉諭者一一爲吾民共示之使咸悉乎法良意美纖悉不遺之至意吾虞風俗湻厚必有樂善好施之懷競相勸勉爲鄉里表率以共成此舉者嗟乎邑有令守此土者

也任守土之責使蚩蚩赤子偶逢偏災飢寒流離而無術爲之補救其咎謂之曠職邑之諸君子籍此土者也生長於斯聚族於斯偶有偏災其饑寒流離者非祖宗之遺支卽閭里之姻婭而無術爲之彌縫其咎謂之不仁不仁之咎與長吏之曠職等夫以一家之有餘補數家之不足以平時之有餘補臨時之不足以豐歲之有餘補歉年之不足其事至重而其力易行是在諸君子之共竭其力耳破慳解囊成裘集腋亡羊補牢不言晚口乾舌敝不言勞自免厥咎而長吏之咎亦藉以嗣後幸免矣福田廣益之說非可溷仁人長者之聽也

日久漸廢二十年署縣事龍澤澔查復計一百六十處藏捐穀萬七千八百餘石錢八百餘緡社田三百畝詳定條規由該地紳士董理春放秋收今或存或廢備稿至咸同間匪亂盡燬光緒四年知縣唐煦春奉憲札照江

西章程辦理積穀派捐一萬六千石已勸捐足額或仍舊倉基址或寄祠廟其未及建倉者暫存各紳富家十五年秋霪雨成災散賑積穀九千九百七十石六斗四升六合尚存六千二十九石三斗五升四合其散去之穀俟豐年勸捐補足

見存各倉

一都社倉一在梁皇廟 一在智果寺

三都社倉一在孔長官廟 一在祝聖廟

八都社倉設嵩鎮市 東暎水菴

十都社倉設百官大舜廟右廊卽道光間舊倉

十八都社倉一在一里丁宅街聖官廟卽道光間舊倉基址　一在三里澄照寺

二十三都社倉一設大陡坂　一設朱苍龍王廟　一設湖頭

鎮都社倉設五夫鎮

鹽法

疆域

曹娥場在會稽縣曹娥鎮東至曹娥江百官渡一里至石堰場界五十里南至三界四十里北至三江場界八十里西至縣八十里兩浙鹽法志

金山場在上虞縣十都百官鎮地方距運司二百五十里所轄場地東至石堰場界西至西匯嘴界南至曹娥場界北至海延袤四十五里重修兩浙鹽法志

金山場在縣十都百官鎮地方東至石堰場界四十九里西至曹娥鎮三里南至三界四十里北至三江場七十五里乾隆府志

鹽官越絕書朱餘者越鹽官也越人謂鹽曰餘

金山場鹽課大使一員住百官

乾隆五年七月吏部爲遵 旨議奏事據浙江巡撫兼

管鹽政盧焯疏內稱曹娥舊場原署東扇在上虞縣地
方聚有百官瀝步東南等團共竈二十四條歸新設場
員管理衙署卽於東扇百官鎮擇地建造其地有金雞
山卽名金山場請照新名給以印記其員缺請以部發
人員胡宏智補授所有員下俸銀應請於本縣正項內
編設每年支給照例報銷至駐劄衙署請照佐貳等官
建署之例撥給銀一百六十兩飭令糾造應設攢典門
皁馬夫等役照各場之例額設募充所需役食銀兩亦
於本縣編設支給等語均如所請臣部行文禮部照例

鑄給印記仍令該撫將分征課稅數目及建造衙署動用銀兩款項當即造具清冊咨報戶部查核可也奉

旨依議欽此

金山場大使俸銀三十一兩五錢二分（本縣支給）加俸銀八兩四錢八分（藩庫支給）皁隸二名工食銀一十二兩（本縣支給）增設皁隸二名工食銀一十二兩（藩庫支給）增設門子一名工食銀六兩（藩庫支給）增設馬夫一名工食銀六兩（藩庫支給○重修兩浙鹽法志）

場地

曹娥場辦課灘蕩一萬八千九百七十八弓
本場上中下各則稅蕩二萬八千五百五十二畝二分七
釐七毫四絲六忽內原額稅蕩二萬四千二百三十六畝八分六釐八毫五絲　報陞稅蕩三千九百一十二畝二分二釐七毫九絲六忽　備荒稅蕩四百三畝一分八釐一毫　又征正項車兩木稜拖船稅　又備荒車兩木稜稅○兩浙鹽法志按此乃東西扇合併數也
金山場額分辦課灘場八千七百二十七弓九尺七寸二
分
本場額分上中下各則稅蕩一萬六千二百三十一畝四
分七釐有奇

本場續陞塗蕩六千七百九畝八分有奇

本場係曹娥場分設所有劃給東扇灘場蕩田塗地及乾隆九年十六年續陞塗蕩六千七百九畝八分零詳載出單今照現征開列重修兩浙鹽法志

竈丁萬歷府志曹娥場十四團二千九百二十三丁

曹娥場竈丁四千一百七十七丁口兩浙鹽法志

金山場竈丁一千二百九十一丁口重修兩浙鹽法志

本場竈丁二千二百五十二丁口嘉慶志

食鹽戶口

上虞縣戶口人丁三萬七千九百七十七丁口兩浙鹽法志

課額

上虞縣額征功績等銀一百九十六兩八錢七分四毫

上虞縣額徵水鄉銀四十二兩九錢八分八毫三絲五忽

滴珠銀四錢二分九釐八毫八忽以上兩浙鹽法志

金山場額徵銀七百八十四兩七錢五分三釐滴珠銀七兩八錢四分八釐共正珠銀七百九十二兩六錢一釐

是場乾隆五年分設應徵上虞縣屬曹娥場額課銀七百一十五兩三錢三分三釐乾隆九年至十六年止共實陞銀六十九兩四錢二分統徵前數

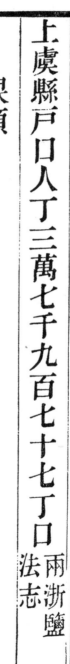

上虞縣額徵牙稅銀二兩五錢滴珠銀二分五釐

上虞縣額徵備荒銀八兩滴珠銀八分

金山場分徵上虞縣屬曹娥場額征備荒銀五十一兩滴珠銀五錢一分以上重修兩浙鹽法志

金山場額徵正課滴珠銀八百六兩八錢四分六釐兩浙鹽法

續纂備考

鹽課已入地丁者歸縣徵解未入地丁者隸縣隸場隨時定制有竈丁竈蕩竈糧各課有正課新陞車珠等額凡沿海沙塗田地東坍西漲此盈彼縮雍正七年奉文

查丈至今陞豁糧數俱有定額乾隆府志

場竈宋史食貨志紹定元年以侍御史李知孝言罷上虞餘姚海塗地創立鹽竈

金山場舊團額　梁湖團　百官團　後郭團　前江團

雁埠團　東上團　東下團　南上團　南下團

新聚團額　雁埠團竈十一　東團竈十四　塘灣團竈五　百官團竈一　共四團煎竈三十一座鍋盤三十一副俱筏盤乾隆府志

現煎團額　雁埠團　東團　塘灣團　百官團煎竈向有三十一座現煎者不過十餘竈因銷路阻滯啟閉靡常不能確指爲某團幾竈也○金山場冊報

金山場所產鹽斤配銷上虞嵊縣肩票二引外餘配季鹽竈戶均領商本煎燒定例每竈按旬交鹽一萬斤兩浙鹽法志

煎辦

煎法用刀刮土以牛挽之貧則人力挑積堆垜傍築小槽如坑廣四尺長八尺封塗於底覆以剖竹鋪以淨茅實土二十四擔於槽上灌沃清水滲及週時泥融水溢滷方流出池內隨土之鹹淡而爲滷之多寡此係舊志原文於煎辦之法尚未明悉詳考於左

謹案西溪叢語及海鹽圖經所載煎鹽有刮土捎灰刺漏澳滷攤曬試蓮諸法其法於傍海近潮之處開闢坦地削去草根光平如鏡名曰攤場又謂之灰場分上中下三節近海爲下場以潮水時浸不易乘日曬也其中爲中場以潮至卽退恒受日易成鹽也遠於海爲上場潮小不至必擔水灌灑方可曬土也凡潮汛上半月以十三日爲起水至十八日止下半月以二十七日爲起水初三日止潮各以此六日大滿故當潮大三場皆没自初三十八以後潮勢日減先曬上場次曬中場最後

曬下場故上中每月得曬二場下場或僅得其一也灰場者言其土細如灰也盛夏二日或三日秋冬四日曬力方足嚴冬則西北風尤勝日曬也所刮之土三月者俗謂之桃花土六月者謂之伏土九月者謂之菊花土伏土最鹹桃土菊土次之試蓮之法採廣東石蓮用兩竹管約長六七寸並縛於細竹竿頭分置十蓮於管內管口用竹絲隔定探入滷井滷沃蓮浮浮三四蓮味重五蓮俱浮尤重浮取其直若橫直相半則味薄蓮沉於底則其味薄滷不成鹽重修兩浙鹽法志

鹽斤

每滷四擔成鹽一石兩浙鹽法志

每滷一擔成鹽二十五斤乾隆府志

色味

其色白其味鹹兩浙鹽法志

倉厫

永金永利兩倉兩浙鹽法志

引目

嘉泰會稽志上虞每歲住買八千七百斤萬歷府志曹娥場十四團二千九百二十三丁濱海本色鹽二千六百七十四引五十四斤二兩有奇折色鹽二千五百七引九十七斤二兩有奇水鄉折色

鹽二百十四引一百八十斤
十三兩有奇於上虞縣帶徵
鄞縣慈谿象山餘姚上虞五縣派行引目一萬一千五百
六十六引商肩並銷重修兩浙鹽法志
上虞縣年銷票引一千五百四十引又計丁加引七百五
十引共銷二千二百九十七引兩浙鹽法志
上虞縣年銷票引六百五十引又計丁加引一千四十一
引共銷一千六百九十一引重修兩浙鹽法志

肩鹽

各縣票引原有派定配銷場分法禁奸販越買以侵引地

亦藉以歲稽各場竈戸煎鹽數目以杜售私但許小販肩挑不得違例船載致滋影射夾帶轉販之弊其各縣肩引止於本縣城鄉市鎮貨買越境者治罪至商人給引肩販限滿卽准繳引不得刁蹬攙擱以苦窮民重修兩浙鹽法志

肩販定例由商給保領引挑銷額引一道赴挑八日對竈支鹽每日一百斤由場稱驗蓋戳按照定界挑銷各於要路設有巡役盤查前經乾隆四十三年兩江總督高晉會奏浙江老少鹽斤案內奏明各縣肩販人數多

寡不等嗣後間有增添亦仿貧籌之式設立販籌載明姓名年貌居址由司申詳鹽政烙給不許籌引相離以嚴稽察重修兩浙鹽法志

本縣肩販十六名每年額銷一百二十引

雍正八年奉前宮保李彙核題定該縣地方毘連場竈接壤肩住引地額設住引商鹽於城鎮開張店銷之外設立肩鹽捍衛住地年銷肩引一百二十引肩販十六名例定在於小穴崧廈瀝海梁湖蒿壩五鎮挑銷其間村市繁多自三都至十一都共計九都皆銷肩引上連

住地十二都上浦爲界下連住地二十一都華渡橋爲界各分界限久定章程并於該處立石爲限以示遵守

嘉慶志

鹽釐總局議定章程向章紹屬肩販鹽斤出於東江錢清曹娥金山石堰五場行銷山陰會稽蕭山餘姚上虞五縣以八百斤爲一引每日定銷百斤限以八日挑銷逾限即以私論向給籌牌爲憑自遭賊擾以後人多遷徙死亡籌牌遺失不全現已飭場招募舊時籌牌一概勿用仍由場造具肩販花名冊呈送總局由局另換葫蘆

式樣腰牌填明年貌籍貫蓋用烙印爲記發場轉給以別眞僞並傳齊向燒肩鹽各竈戶令其每出鹽一斤繳捐錢四文查竈戶煎鹽一日計四千斤應令繳捐錢十六千文一面飭知各場員將竈戶煎鹽盤數按旬申報捐款仍由竈戶自解總局庶得有總匯免致散漫無稽

兩浙鹽法

續纂備考

肩鹽年額現銷三百二十引

原額六十道每道四引計二百四十引兵燹後加認二十道共計八十道現在年額三百二十引以八百斤成

引原定課則每引計銀一錢九分四釐四毫兵燹後改爲每斤繳錢四文按月由商繳場由場繳局經巡商呈報冊

住鹽

各縣商銷票引又名住引其於正引之地距場竈尙近而於肩引之地場竈較爲窵遠准令商人設店住買以便民食當商鹽捆運仍齎單引入場以符定例重修兩浙鹽法志

鹽釐總局議定章程向章住鹽出紹屬之金山一場運銷新昌嵊縣上虞三邑但向由曹娥蒿壩就近行走故歷來均在曹娥地方過稱現雖改票應仍舊辦理在於該

處設局委員監掣仍以四百斤爲一引但金山場竈距新嵊上地頭不遠易於私販釐課似宜少減約計每鹽一斤酌收錢八文責令於赴局領票時全數完納清楚以免周折

紹所住鹽僅銷新嵊上虞等縣在曹娥地方過掣情形與季鹽本不相同倘有認商承認祇須釐課有著應請責成認商以免周折其原定每斤釐課錢八文不給滷耗現擬責成認商將釐課完納原定耗錢即予免抽肩鹽數目零星應按照每年額數責成竈戶收捐以免遺

漏以上兩浙鹽法續纂備考

經巡商包課住買鹽店在本縣城中玉堂橋側

住鹽正額六百五十引又計丁加引一千四十一引其

餘引例無定額向由商人儘銷儘完不拘正餘每引完

銀一錢九分四釐四毫無論多寡隨時由商赴司完納

兵燹後改章每引完錢一千九百二十文每斤計錢四

文八毫額數則改爲每年一千引嗣於減課勻引案內

加認五百引復於乙亥綱起由嵊縣住引內撥來五百

引先後合計上虞住額每年定二千引以四百斤成引

除肩銷五鎮九都外皆行銷住引地界經巡商呈報册

季鹽

本場季鹽赴紹所掣驗融銷徽廣金衢嚴等處歲無定額

貧籌

上虞縣貧籌五十名

各縣貧難鹽斤向例老小年六十歲以上十五歲以下及少壯之有殘疾婦女孤寡無依者方准赴竈買鹽挑賣亦止許於附近場分地方肩挑背負易米度日鹽不得過四十斤人不得過五六名地不得過十里之外奸

鋪不得窩頓違者以私鹽論罪嗣因承平日久生齒漸
繁乾隆元年經大學士浙江總督兼管鹽政嵇曾筠奏
准照場分之大小銷地之廣狹設給木籌加有定額每
逢出退頂補由縣查驗取具保鄰各結退繳舊籌刋刻
新籌載明住址年貌由司申詳鹽政烙給所支鹽斤按
照定界零售乾隆四十三年奏請案內又將各地額數
聲明在案歷久遵行額定上虞縣五十名重修兩浙鹽法志

支買

上虞縣商肩票引於曹娥金山兩場支買

嵊縣商銷票引於金山場買補
貧難鹽斤赴金山場支鹽以上重修兩浙鹽法志
現定商銷住引在金山場東下團阮通祐並王恩王榮三
竈內支鹽配銷
肩販在百官團陳兆賢竈內支鹽
老小販二十六名在百官團陳兆賢竈內支鹽又老小販
二十四名在雁埠團阮敬德竈內支鹽每日於寅卯二
時憑籌赴竈支取以上經巡商呈報冊
例限

單引入場金山場五日

各按季掣引目先期編定鹽運司印給單引單內填註某年某季某所商人某上納某場若干引各商賫領下場買補單帖入場違限問罪違限一箇月者引目沒官

各場稽賫文簿登塡申報扶捏者重究重修兩浙鹽法志

出場到所金山場限九日

各商在場買補既足運鹽聽掣並以號票實塡出場之日爲始如到所違限三日以裏免究十日以裏問罪十五日以裏引鹽三分沒官二十五日以外引鹽全沒仍

究轉販情弊若該所塡報不實通同作弊者坐贓重究

重修兩浙鹽法志

票引銷賣上虞縣限四日

票引一項卽明之大中小票也其銷賣限期舊鹾志開載每大票十票至十五票限二箇月二十日六十票至一百票限四箇月中票折半扣限至小票如仁和錢塘山陰上虞慈谿會稽鄞縣等縣定限四日蕭山餘姚奉化象山海鹽平湖等縣定限五日而餘縣不列焉又開載萬歷十一年鹽院孫旬案行凡小民願領小票者量

加寬限准於六日內銷繳　本朝改票行引因肩銷票引原以拋近場竈私鹽熾盛不得已而行票使無業窮民領引納課收羅私販而悉歸於官故各販赴場支鹽許挑賣八日自某日赴場起至每日止引上搭用本印立限如期繳銷毋許過違該場驗明日期不得混支兩浙鹽法志

肩老各販烙籌例定五年更換一次由肩引商人選舉結保稟縣加結詳充經巡商呈報冊

運鹽程途

金山場引鹽赴掣由曹娥江經錢清達新開河抵所凡二百五十里重修兩浙鹽法志

巡鹽關隘

金山場從石堰路經由上虞縣過壩出口最爲要隘團竈場員督役巡緝協同營汛稽查重修兩浙鹽法志

緝私

乾隆元年正月二十日奉 上諭緝私之禁所以除蠹課害民之弊大夥私梟每爲強盜逋藪務宜嚴加緝究然恐其輾轉株連故律載私鹽事發止理人鹽並獲其餘

獲人不獲鹽獲鹽不獲人者概勿追坐至失業窮黎肩
挑背負易米度日不上四十斤者本不在查禁之内蓋
國家於裕商足課之中而卽以寓除姦愛民之道德意
如是其周也乃近見地方官辦理私鹽案件每不問人
鹽曾否並獲亦不問販鹽斤數多寡一經捕役汛兵指
拏輒根追嚴究以致挾怨誣攀畏刑逼認干累多人至
於官捕業已繁多而商人又添私雇之鹽捕水路又添
巡鹽之船隻州縣毗連之界四路密布此種無賴之徒
藐法生事何所不爲凡遇奸商夾帶大梟私販公然受

賄縱放而窮民擔負無幾輒行拘執或鄉民市買食鹽一二十斤者並以售私拏獲有司即具文通詳照擬杖徒又因此互相攀染牽連貽害此弊直省皆然而江浙尤甚朕深爲憫惻著浙江督撫嚴飭各府州縣文武官弁督率差捕實拏姦商大梟勿令疏縱其有愚民販私四十斤以上被獲者照例速結不得拖累平人至貧窮老少男婦挑負四十斤以下者概不許禁捕所有商人私雇鹽捕及巡鹽船隻幫捕汛兵俱嚴查停止毋得滋擾地方俾良善窮民得以安堵欽此重修兩浙鹽法志

乾隆元年六月戶部提覆大學士浙江總督兼理鹽政嵇

曾筠案內題稱商人自雇之商捕雖係私設奸良難辨

原應停止但此輩係壯健有力之人熟悉梟販往來蹤

跡每月工食幾及守兵兩分名糧一旦革除數千人頓

然失業情極無聊勢將轉成梟販誠有如督臣李衛所

云者臣參酌情事有官始有役商人固無設役之理而

縣役有限不能四處查緝商捕亦有難裁之勢查商捕

工食俱係商輸請嗣後將商輸銀兩按季交與該地方

官照數按名給發不許剋扣絲毫此項商捕改爲官役

卽令該地方官造入卯簿同鹽捕一體派差并不時約束稽查如妄拏平人縱放鹽梟按律治罪等語應如所請飭令各商將一切商捕報明地方官造入卯簿以便約束至所稱嗣後商輸銀兩按季交與該地方按名給發之處查此項銀兩向係各商自行給發今若責令交官轉給未免紛擾且恐不無扣尅情弊應仍照舊例聽各商自行交收又此項商捕係商人專爲緝私而設亦未便同鹽捕一體派差致滋分身倘有妄拏平人縱放私梟等弊一經察實卽行按律究治又稱水路之有巡

船猶陸路之有馬匹若無巡船則私梟揚帆飛渡兵役
在岸徬徨莫能追趕況兩浙引地濱沙帶河巨梟積販
多係用船裝載尤藉兵役駕舟巡緝但向日巡船或係
商人承造或將所獲私鹽船隻撥給或係兵役自備均
未畫一易滋紛擾請將緊要水陸隘口必須巡船地方
令有司會同營汛逐一確查責商修整編列字號造冊
通報存案以備巡緝之用所獲私鹽船隻俱變價解抵
功績亦不必令兵役自備致啟藉詞需索之漸至巨商
領運官鹽每有飛渡灌包夾帶情弊鹽引相離即屬行

私應令巡船兵役一體查拏交與地方官據實訊究按律定擬其人鹽並獲者亦交有司速審完結不得株連平人等語應如所請又稱巡查私鹽惟賴兵役若賞罰不當則兵役志氣易隳不克盡力巡查臣查閱舊案細加斟酌應以功過之大小定賞罰之次第請嗣後巡鹽兵役能拏大號海船人鹽並獲者將鹽船入官私鹽變價卽於變價銀內賞給十分之四船鹽已經拏獲人被脫逃或未全獲者減賞一半鹽雖獲而鹽數無多者將鹽變價亦於變價銀內賞給十分之二獲鹽不獲人者

將鹽變價賞給十分之一如係兵丁拏獲全數賞兵捕役拏獲全數賞役兵役同拏各半均分倘兵役圖賞混拏官鹽誣指平人者照誣告例治罪見有私梟並不上前追獲者兵役各責四十板革糧革役受賄賣販者照枉法贓計贓科斷兵役自行夾帶私販及通同他人運販者照私鹽法再加一等治罪等語亦應如所請分別賞罰如有混拏誣指等弊應令報明刑部按律分別究治奉　旨依議欽此重修兩浙鹽法志

上虞縣緝私巡丁向無定額兵燹後私梟充斥商人自備

巡費雇募巡丁或三十名四十名不等並由紹郡鹽釐總局派砲船二隻駐紮東鄉謝家橋幇同協緝近年私梟歛迹現雇巡丁十六名由司頒發腰牌年更年換並留砲船一隻駐紮原處經巡商呈報冊

光緒十五年十二月十八日紹興府正堂霍暨鹽茶總局憲示爲出示嚴禁事照得鹽課錢糧攸關　國家正供民間貪賤食私本干例禁歷經通飭拏辦在案茲查上虞引地毘連餘姚曬私充斥稟奉各大憲派撥砲船置備洋鎗飭令巡商葉復盛僱勇會同營汛嚴密梭緝原

所以衛引地而杜私侵惟不得藉端入室搜查致滋擾
累合亟嚴行曉禁爲此示仰闔邑軍民人等一體知悉
自示之後爾等務各買食官鹽不得貪賤食私有違禁
令該巡商當於進私要口認眞稽查亦不准擅行入室
致招物議倘或根踪捕獲及有眼綫指報情跡可疑之
處仍應稟明地方官密拏究辦毋得疏懈誤課致干革
賠本府局一秉大公商固宜蘇民情亦不得不曲諒也其
各懍遵毋違特示新增

謹案緝私之設本以裕課足商而商捕不法滋生事

端亦往往爲民閒之害恭讀乾隆元年
詔旨仰見
純皇帝明見萬里而藐法生事之弊無不在
聖明洞鑒之中蓋此輩皆市井無賴何所不爲上有商人
爲之庇護動以裕課爲辭雖官府亦有時不能過問
如虞邑巡丁之弊誠有不堪殫述者虞地逼近餘私
巡緝固不可不力然苟於沿江一帶偵察嚴密何能
入虞境一步故向例巡江而不巡村蓋巡江嚴則無
由入村也乃巡丁舍此不問專以搜家爲事見鄉愚

之殷實者輒藉口搜私入室徧行翻檢雖內室不避
雖深夜不顧偶見食鹽一二觔則指爲私鹽即一無
所得而若輩身邊原帶有私鹽帶私搜私理無不獲
鄉民之畏禍者輒重賂求息或至破家蕩產誣服而
後已甚者且搜索婦女身畔以資調謔此固虞民所
疾首痛心而苦無可訴者也今必欲因噎廢食弛緝
捕之力勢固有所不可然誠守巡江不巡村之說止
於江上嚴緝不入村以滋擾則私販既無從入之路
而良民亦得安堵豈非計之兩得耶夫私之入村正

由巡江不力所致至於私巳入村若輩正有應得之
咎倘欲肆其咆哮乎查律載妄拏平人者加三等治
罪科條具在若輩亦宜知畏所願巡丁奉公守法而
商人亦嚴加約束專事巡江則庶乎可以兩全今當
修志成時附著其說爲虞民請命或疑言之過甚而
不知捜村之弊種種擾害其情形正有言之未盡者
尙何過甚之有覽斯志者有以整頓而除其弊斯眞
造福無窮矣

上虞縣志校續卷三十三

建置志一

城池 衙署附

上虞縣城 舊治在百官江水東逕縣南水經注唐長慶中徙今地按太平寰宇記云唐長慶初廢併其地入餘姚縣後復移置此地是今縣確係長慶中徙舊志長慶作永慶誤縣舊無城府舊志所稱一里九十步者嘉泰會稽志云城周一里九十步高一丈七尺厚一丈蓋縣治之衙城也元至正二十四年方國珍據有浙東始建議築城東南平衍西北因山為隍西南則跨長者山周迴十有三里高二丈有奇厚

一丈五尺置樓堞作五門東通明南朝陽西晝錦北豐寍西南金罍其水門在通明晝錦金罍三門之側汪文景記略至正二十四年太尉方公與賓佐僚屬議曰上虞東連句章西阻娥江南踰剡川北枕鉅海邊圉未寍實爲要害之地城池不設何以奠民居而固士志卽與弟知行樞密院事國琛率賓僚等來咨故實相地宜以令役於近地之州縣餘姚奉國鄞慈谿象山定海並上虞爲八邑其役之贏縮視田賦所入爲差惟上虞當六之一凡爲城十三里其址厚二丈有五尺五分其厚之四以爲城身之高十分其高之九以爲城面之廣其上則每二十步架樓櫓以宿巡警之卒其下則於四隅列營房以屯駐扎之士累甓爲陴樹木爲柵塹以深濠懸以飛梁守禦之具無一不備爲旱門者五爲水門者三門皆環石爲洞下闢重扉上屹層閣錮以金鐵絇以丹雘嚴嚴翼翼既固既飭而山川形勝爲之一新矣經始於是年之十月踰年而告成

至明信國公湯

和徙上虞城石往築臨山衛城縣城惟存土基嘉靖十八年知縣鄭芸因故址興役築城高厚視故稍增周圍共□□□百丈有奇內外俱甃以石仍置樓堞通五門改東曰啟文西曰來慶南曰百雲北曰叢桂西南曰通澤三水門如舊南城增置便水門二以通百雲東西溪之水入城城下留馬路六尺內亦如之邑人朱衮復石城記略惟嘉靖十有八年己亥春正月我邑侯莆田鄭士馨芸下令復石城故有址就其復於隍者起之侵者歸夷者崇再旬而土功訖至於秋孟迺外障以石堞其巔總高若干丈延袤十里許為城門五為水門三上咸覆以屋穴水洞二引離坤二溪之流而隍則外繞如故為馬道外內惟周越明年三月告績始戊戌之秋鄭侯更劇自松陽覽

山川嘻曰壯哉邑乎吾其何以乃詢獻於三峯山人山湯

人曰惟令主利其次莫若安何嘗以乃水利議聞諸郡守冬

侯矣鄭侯顧色喜哉鄭侯曰釋城而安得乎山人復曰特陌

不備其奚鄭侯可退兵奮募畫林可裁材山可顧其體大璧匠氏可圖

惟慎哉金奚鄭侯可蓋嘗案志而著論焉顧安得乎山人復曰特陌

工惟金奚里起可民周歲畚募鍤以丁程神詮機運惟城屹然敬征

吾目以中亟屬分局請諸當道得與報僚幕曰巡督之鳩眾獷起土

鄭侯屬官矣具請董率躬與諸殷戶九十九名罰名論之敬起土

曰機基力就其惟以道躬與諸報僚遂曰誡神詮可通惟城屹然

日故題撅宜任子趨永迤改責諸式否則罰已名更論之敬起土

西來觀望南舉欣欣曰北叢桂西南通澤吾屬弗其困無昔者是旁近也

輠移之舉公而敛弗加勞分諸里而力弗其困無昔者是旁近也

費敛計以裕慮不為浮議所奪而績以底險設弗失

之佐而計以裕慮不為浮議所奪而績以底險設弗失

其故而勢以盜非虛夷定命鯤鯤焉致勤於民曷觀厥成哉○以上萬歷志　嘉靖乙卯丙辰間知縣張書紳復增修　謝讜記略我皇祖混一區宇外服羣夷罔不讋若惟日本阻海爲險命湯襄武城沿海以備之澄謐歲久迺嘉靖壬子俶擾吳越間殲我官吒掠我貨貝刳孕翦嬰有不忍言者是年陷黃巖明年陷霩衢昌國爵溪又明年陷崇德繼而陷慈谿陷仙居其村聚成礫鄉鎮爲莽者又莫之紀常熟雨山張侯以名進士令上虞適值其變雖德教以爲藩威武以爲屏而有形之險亦靡敢弛上虞故有城襄武徙以城臨山嘉靖己亥之歲虛亭鄭侯築如故侯閔而卑之且崩剝彌望守禦維艱遂與大夫士謀欲益卑以崇易圮以完謀既協請諸當道僉報可迺諏日起工始乙卯冬迄丙辰夏凡八閱月而功告集城高二丈一尺延迴一千五百三十丈有奇爲門五爲水門三亭樓輝峙雉堞皓飾凡我邑衆胥恃以無恐侯之功厥惟碩是時倭寇臨城者三卒獲安堵　據萬歷志參沈奎補稿　自崇哉

禎甲申三月聞變後江干阻兵橫弁肆掠民無寍歲
國朝順治三年夏入版圖時故明餘氛未靖王完勳結
寨大嵐山紛擾四出五年春三月破縣城視篆司李劉
方至死焉次年再入焚縣廨及兵營城市爲墟雉堞盡
毁十五年部院李率泰檄行增雉堞高六尺凡一丈爲
一堞開大隙可發矢銃又計遠近設有礮臺康熙志參乾隆府志
康熙八年十一月知縣鄭僑重修浙江通志乾隆三十一年
知縣冉士道詳請增修嘉慶志道光二十年英夷寇寍波
上虞戒嚴知縣龍澤滮捐民貲詳請增修改西門爲鎮武北門爲靖

海
咸豐三年署知縣林鈞復修備稿同治元年粵匪竄擾城多坍壞署知縣祕雲書稟請擇要補修除罰款公款外自籌墊二百四十餘緡八年知縣王嘉銓增修光緒二年知縣唐煦春稟請各憲大修籌貲一千餘緡十一年署知縣王承煦捐廉興修邑紳王濟清出己貲四百二十緡有奇續修十四年知縣唐煦春籌貲修葺并修五門城樓營房十五年北城樓燬煦春又籌貲重修據縣冊新纂

黃家堰巡檢司城　在縣西北七十里纂風鎮接會稽界

舊在黃家堰明洪武丁卯徙瀝海所西爲海潮所齧宏治間徙今所故址尚存萬歷府志 國朝康熙間巡檢司裁城廢備稿

瀝海所城 在縣西北七十里接會稽界爲方三里三十步高二丈二尺厚一丈八尺城門城樓角樓敵樓月城各四池深一丈五尺廣五丈五尺兵馬司廳四窩鋪十六女牆六百十一墩臺四萬歷府志○案城爲洪武二十年湯和建會上分轄會稽管轄西北二門上虞管轄東南二門 國朝雍正八年檄署會稽知縣楊沛重修浙江通志

廟山巡檢司城　舊在餘姚之廟山明洪武丁卯徙上虞五都之中堰東南去餘姚治六十里方一百四十丈高二丈五尺厚二丈二尺城門一城樓一月城二窩鋪四女牆一百一十萬歷府志今圮乾隆餘姚志

公署

縣署　秦至隋皆在百官唐長慶中移今治所宋建炎已酉火於金人紹興中知縣趙不搖重建廳事正統志云正廳東有東廳額曰公生明兩廡爲吏舍常平貨帛庫在焉嗣後知縣陳炳建左軒曰懷古北曰賸笑其南有圃北有蓮花

池慶元間知縣趙希𢟪於圃中建瑞豐堂池上建信芳堂前有讀書林正統志嘉定間知縣袁君儒於東南垝垣上建亭曰千巖勝概又移閒居於北圃額曰月庭正統志作月亭甲申舊志作已酉今更正知縣樓杓闢縣廳西北爲圜扉西廳曰種德東偏爲恕齋又於縣治南通衢作南門牓曰上虞縣棲更鼓其上謂之衙樓癸未大風圮壞淳祐丁未知縣魏琨重建其西臨河建觀風亭景定辛酉知縣廖由建思政堂舊志廖令建堂在陳令建軒上時代錯亂今正咸淳乙丑署知縣王珓建對峙二亭左曰詔令右曰教條德祐丙子舊志作元

至元張世傑掞潰卒奔玉山故婺寇自剡來剽掠縱火邑居燬典籍碑志無存縣官僦民居視事元至元甲申達魯花赤烏馬兒尹展熙重作廳事額曰公明堂刱門廡又以出入路紆折因縣南新衙展而甃之行者便焉戊子達魯花赤火你赤尹李文道建道愛堂於公明堂後

邑人陳自立記略至元甲申忠翊校尉監邑火你赤溢邑之四年政成人和作堂於廳署之後明年夏訖事取言游述孔子語額曰道愛余謂吏之近民邑爲最其道固易行其爲愛亦易溥然道本大公愛非小惠能以道溥愛庶幾哉武城之政矣縣自有虞氏支庶誕封厥繇姓著帝風渾灝式克至今治事在蘿巖之陽抗山負海宋紹興始斥而大之丙子春燬於兵榛棘蔽翳故老畫然前任烏馬兒肇新溢事之所廡翼矣門閎矣將退食

燕息則地闢弗稱忠翊下車撫茲蕞殘以煦以濯保障繭絲弗亟弗弛而人戴之不啻父母道化之效有不期至而至者忠翊猶不違曰民吾知也不吾釋也何以慰他日桐鄉之思乎乃諗於尹李文道相與經工掄材考極相方夷址之窪爲屋十有四楹位置面勢悉還其初而開爽閎煥顯敞靚深視昔倍蓰凡匠石瓴甓板幹之費捐俸不足義助於邑士毫不强取於民使客迎勞授館如歸議政獻酬班坐有序宴乎其在此堂也夫而後優游道化由斯堂以出者其起四境之絃歌又可想矣故爲之記

辛卯主簿余自明移譙樓於儀門前余自明譙樓詩笑倣危樓對廣庭碧欄四繞映朱甍前瞻秀嶂千屏列俯瞰清池一鏡平已喜漏壺無斷續何愁更鼓不分明蒙頭正少黃綢被肯使萍鄉擅美名達魯花赤贍思丁始制刻漏其上元楊彝有壺漏銘載金石作東廳曰博愛堂郎幕廳繼額曰自考後額曰贊政尋圮後至元中尹智紹先視譙樓傾頹更

新之而刻漏無存尋繕拜墀甬道門廡賓館倉庫郵傳戒石亭綽楔臺門即正統志所云綽楔門庖湢豣獄中霤之祠凡宜有者略備明初重刱正衙於道變堂後即協茶堂門臺前廳後寢翼以兩廂搆四知軒於東荷香亭於西後崇土墩以地脈所來也洪武癸丑知縣張易於譙樓南濬放生池橋其上皆甃以石東西創旌善申明二亭旌善亭書孝子順孫義夫節婦凡爲善者於上以示勸申明亭書有過犯惡逆重罪者於上以示懲宣德庚戌縣廳圮知縣吳倖重建立儀門兩廡作六房置吏舍於西廡西左庫曰耳房在廳事東收貯官銀右庫曰架閣在

廳事西後皆因之邑人張居傑記畧宣德戊申富陽令吳侯俸調宰上虞顧聽政之堂傾圮
歲久謀諸僚佐各捐俸屬醫學訓科貝宗瑾掌其出納
鳩工興役即故址上畚以沙礫繚以垣墉營搆正堂前
後爲軒左右翼以兩廂閎偉壯麗規制合度計役若干
自是聽政有堂燕息有室禮賓有館視昔殊備經始於
宣德庚戌九月落成於辛亥三月邑士民請余識其成
事余邑人也奚容辭故爲之記侯字以廉雲間人
化甲午復圮辛丑知縣邢昊重修新昌俞欽記畧邑治歷年六百餘興廢不
知幾矣自宣德辛亥吳侯經營改作規制畧備至成化
甲午復圮視事者就燕處之地等威莫辨歲戊戌邢侯
吳慨然修葺首捐俸爲倡發公帑羨餘勸民協助鳩工
市材經始於成化辛丑冬十月明年秋七月告訖時僚
佐皆缺侯獨任之鞭扑不加而功底完美可無記乎侯字仲高雲間人丙子鄉貢進士正德中知
縣陳言職官表作陳賢額廳事曰牧愛繼額曰忠愛曰節愛今

面南改曰實心實政前軒曰青天白日曰天鑒在茲廳事前甬道中仍立戒石亭刻宋仁宗命黄魯直書孟昶語曰爾俸爾祿民膏民脂下民易虐上天難欺舊譙樓構以木知縣伍希儒始伐石壘基作洞門丙子知縣劉近光復建重樓於上會稽董玘重修譙樓記略上虞故有譙樓實維縣外門久而圮前令伍君汝眞疊石爲基營構未畢而召爲御史以去今令劉君汝敬繼之爲樓五楹周以闌檻高廣與基稱材取諸羨力取諸隙無廢前功無侈後觀經始於正德丙子春至明年丁丑秋而落成夫事有似緩而實急觀人之政有於其細而徵其大者過其境而田萊辟入其邑而牆屋固宿其郵而更鼓明此昔人之所以觀政而齊之李崇宋之張希賢皆以善政載在國史所謂於其細而徵其大者然則茲樓之作可以徵君之政矣縣有百樓山層巒複嶂若樓然者在其南與樓相值居高明遠眺望亦爲政之助故

附書之君名近光與伍君皆起江右進士伍君名希儒汝眞汝敬皆其字嘉靖乙酉知縣楊紹芳因縣衙衙口舊坊基建承流宣化坊又置仁育義正坊於東西乙未六月火知縣張光祖移坊於放生池前易以石額曰宣化辛酉知縣李邦義重建土地祠於儀門外左禮賓館於儀門外右額曰親賢堂堂前爲軒獄對獄爲總鋪設重門於譙樓之東縣治前直南爲接官亭額曰臨洋駐節在運河邊郎宋觀風亭元以其故址爲曹娥站水館至明洪武初改今名亭後設照牆對縣治衙後有巡更路一帶設更鋪巡警者遞換止宿萬歷戊子知縣蔡儆遠以縣治敝壞選耆民十六

人發贖鍰修治凡正廳儀門譙樓左右兩廊悉爲重新閱十月工竣邑人鍾穀撰記後兩廊燬於火壬辰知縣楊爲棟重修縣治復建兩廊邑人顏洪範記略夫廊堂之翼也所以崇上飭下嚴制而集事也虞治故有廊歲久傾圮又不戢於火綦江楊公來令意無先是役者而公曰令以親民吾民內不飽半粟而外迫於前後公賦之不辦何廊之爲日孜孜圖治若弗及且公以覲行矣明年壬辰公以受計還虞適有旱魃憂乃觸烈日徒步行七十里雩龍於䴴山龍爲見旋雨霑足遂爲有年公始欣然曰廊事可稍稍起矣費罔公絀力罔私賴其人相偶其序相繩不再閱月而廊成諸僚屬相勞苦楊公喟然歎曰夫孰有先是役者而吾爲因循至今不忍以翼如之廊重困吾民也然終不可以無廊故余所仰屋而思持籌而計者若而胥卽庀有材鳩有工矣而又破耗怠惕之是虞所左目案牘而右月攝作前語折獄而後語度工者若而旰而今始有成廊也且

是役也固他旁邑所咄嗟而就者而余獨拮据甚焉夫亦爲虞難乎余重有感於楊公之所爲特爲記其始末且俾後有嗣公而至者倘亦不藐茲翼如之廓而曰固他邑所咄嗟而就者庶不負我楊公拮据之思乎而於吾虞亦有賴哉楊公字伯隆萬曆己丑進士丙申遷水部郎去士民思之立碑儀門之左詞曰溫溫其度確確其守賦簡刑清民肥吏瘦士安於校農狎於畝善類揚眉黠魁斂手召杜齊名循良稱首　丙申秋知縣胡思伸繼之涖任八年旋壞旋葺末年新捌照墻於放生池前以重屏蔽甲辰知縣徐待聘以土地祠湫隘譙樓傲壞各更新之又移耳房於協恭堂左建收糧房於儀門內以上俱萬曆志歲久材木朽蠹　國朝順治三年知縣朱應鯤鳩工更新甫成五年三月山寇入城燔燒一

空廳事譙樓僅存廢址康熙九年知縣鄭僑捐俸勸助
修復並搆二堂爲退思之所建兩廊俾胥吏承事康熙志
道光十九年署知縣龍澤澔重修譙樓額曰聽春備稿咸
豐十一年粵匪之亂全署被燬同治四年谷南林捐建
儀門三間七年知縣王嘉銓籌捐建復大堂三間東西
廡列曹吏科凡二十六間又西爲自新所三間前爲儀
門左右待質公所合七間又前東爲土穀祠二進各三
間西爲蕭公祠三間又前爲譙樓五間棲更鼓其上並
置洪鐘大堂後爲宅門門內二堂三間前列耳房東西

各四間又東爲土地祠三間又東爲庖湢所四間後又爲三堂三間東西列耳房五間堂之西爲廂房一間又西爲花廳三間廳前濬蓮池廳後建書室三間堂左爲上房右爲帳房堂後爲内宅五間前列耳房東西各二間凡建造計費一萬六百餘緡邑紳連仲愚董理之據縣册新纂

儒學教諭訓導署詳見學校

縣丞署　舊在縣署西南其廳事正統志云丞廳在縣治縣門内曰見山堂堂後有自公軒後有池池上有簡靖軒宋[淳]熙間丞

范承嘉建（職官表作范承家）西軒曰日哦丞張曷建（職官表作張偘）西南有池池上有野航亭丞周大受建元至元壬午裁丞明初復置署在縣署東稍北尋廢僅存數楹（萬歷志）國朝康熙十年丞王衡才捐俸重建（康熙志○浙江通志作鄭僑重建）咸豐二年丞趙景銘重修（備稿）十一年燬同治七年知縣王嘉銓籌捐建復計費二千八百餘緡（據縣冊新纂）

主簿署　在縣署西（正統志云簿廳在縣治内米倉西）其東序曰容齋（萬歷志）旁有凝虚館（正統志）後改爲典史署（嘉慶志）

典史署　初在縣署西南（正統志云在縣治容齋西南）即宋元尉司（詳見

古蹟尉司條下明初在丞衙內萬歷志尋移居簿署歲久頹廢

國朝康熙七年典史張鳳麒捐俸重修康熙志咸豐十一年燬同治七年知縣王嘉銓籌捐建復計費三千餘緡據縣冊新纂

監獄　舊在署東道光間邑人王之楨稟縣出己貲移建於西咸豐十一年燬同治三年知縣翁以巽建復新纂

○案舊有獄廳在縣治西南見正統志

城守營署　在縣治東南乾隆府志舊向北道光二十四年駐防俞國耀改建南向備稿咸豐十一年燬同治五年知縣

王嘉銓捐集民資十一年知縣李世基建復新纂

曹娥汛署　在曹江西今圮新纂

布政分司署　在啟文門外即南司嘉靖間燬於倭寇隆慶間知縣熊汝器重建並於署東建振武亭萬歷志久廢康熙志

按察分司署　在縣治東北即北司元季方國珍行府明初知縣趙允文改爲司萬歷志今圮康熙志

金山場鹽課大使署　在十都百官市　國朝乾隆五年設嘉慶志

梁湖巡檢司署　舊在梁湖壩無廨舍官假民居明洪武戊寅移置百官萬歷志

黄家堰巡檢司署　在七都會稽延德鄉舊在八都黄家堰萬歷志　國朝康熙二十九年裁嘉慶志

廟山巡檢司署　在五都近夏蓋山萬歷志

娥江分署　在曹娥驛西明萬歷甲申知縣朱維藩建乙巳知縣徐待聘修萬歷志　國朝康熙間廢新纂

衙東公館　在縣治東城隍廟東側久廢明萬歷間知縣徐待聘即其地刱建文昌閣萬歷志　國朝康熙間壞康熙

志今廢新纂

衙西公館　在縣治西南　國朝咸豐十一年縣署燬同治五年知縣王嘉銓籌款購民房爲辦事公所七年縣署建改爲公館光緒十七年改爲積善堂新纂○詳見義產積善堂條下

鷄山公館　在蒿壩南已廢遺址尚存萬歷志

通明會館　在縣東門外三里爲送迎駐節之所明萬歷甲申知縣朱維藩即故址重建辛丑知縣胡思伸重修門臺東西有撫院劉及胡思伸捨學田二碑萬歷志後館

廢碑尚存康熙志

上虞會館　在京師正陽門外韓家潭　國朝道光間編修袁希祖部郎田士昀籌建頭門廳堂正房左右廂房書室照屋計一十九楹爲赴禮部試者住息所光緒六年後編修陳夢麟歷次籌款修葺山東巡撫張曜前後屢捐銀助修案明舊有上虞會館在京都絨線坊久廢○新纂

梁湖接官廳　在十都外梁湖咸豐十一年燬光緒十二年知縣唐煦春建復新纂

停艇亭　在縣署南運河北岸即明接官亭故址光緒丙

子知縣唐煦春重建額曰停艇爲往來泊舟之所新纂

稅課局　在縣治南明洪武初建宏治間圮嘉靖壬辰裁課附本縣其址改建陰陽學萬歷志

三界稅課局　舊在嵊縣都界後改建於上浦嘉靖間裁今其址爲張神廟萬歷志參嘉慶志

五夫稅課局　在鎮都即宋戸部五夫坊實馬渚酒庫元改爲稅務明改稅課局後裁課附本縣正統志

河泊所　明洪武間設河泊所二一在通明門外隨設隨廢其址爲南司一在百官市嘉靖間裁魚鈔歸縣萬歷志

演武場　在縣治東舊北司右萬歷志

陰陽學　在縣治南即稅課局故址明嘉靖乙未知縣張光祖拓侵地改建尋廢僅存基地萬歷志

僧會司　在等慈寺萬歷志

道會司　在明德觀萬歷志

上虞縣志校續卷三十四

建置志二

祠祀

社稷壇　在縣西門外一里　案嘉泰會稽志云舊在縣南五十步　基廣二畝環墻植柳中爲壇埋石爲主旁設四門庖廚圊湢館舍悉備正統志以祀后土后稷之神令圮萬歷志僅存遺址案備稿社稷爲土穀之神明洪武七年始定壇制　國朝因之東西南北各二丈五尺高三尺四出陛各三級繚以周垣自北門入石主長二尺五寸方一尺埋於壇南正中只露圓尖五寸仍用木牌二朱地青書一書縣社之神一書縣稷之神歲以春秋二仲月戊日致祭

先農壇　在縣東郊外　國朝雍正五年知縣許畫臣奉文建立并置藉田四畝九分浙江通志道光十九年署知縣龍澤澔改建爲祠備稿咸豐間被粵匪燬案備稿雍正五年奉特旨頒行藉田壇位立壇於東郊正中祠五間左右翼七間後立寢室內供先農炎帝神農氏之神先農厲山氏之神先農后稷之神又引會典壇高二尺五寸寬二丈五寸神牌高二尺四寸寬六寸座高五寸寬九寸五分紅牌金字每歲仲春亥日致祭祭畢各官衣蟒服補服照九卿耕藉例行九推之禮正印官秉耒佐貳執靑箱播種

神祇壇　在縣西南門外二里長者山前基廣二畝餘正統志祀風雲雷雨山川城隍之神尋圮萬歷志○案備稿風雲雷雨山川之祭舊名山川壇嘉慶十六年奉部文更今名每歲春秋二仲月上戊日設三神位中曰風雲雷雨之神左曰本

境山川之神右曰
本境城隍之神
邑厲壇　在縣北門外一里案正統志作在縣東二里基廣二畝環牆爲壇舊有宰牲房尋圮每歲清明節七月望十月朔以祭無祀之鬼神奉城隍主之萬歷志
里社壇鄉厲壇　明洪武乙卯令各鄉每里置一里社壇以春秋祈報祀五土五穀神置一鄉厲壇祭無祀鬼神正統志明知府南大吉有記嘉慶志今廢新增
關帝廟　在縣治西正統志稱關王廟元至元間邑人邵鎮建於應氏所捨地至正辛巳陳懋管元禮等募捐重修舊廟南有

圖曰義勇圖廟東有明嘉靖隆慶間二次燬於火居民
菴曰崇寧今並廢
重建正殿兩廊廟門照牆後又拓地爲觀音閣萬歷志參嘉慶志
國朝祀帝於前殿春秋二祀五月十三日加祀大清會典雍正三年奉文并
追祀帝先代曾祖光昭公祖裕昌公父成忠公於後殿
嘉慶二十二年祠下紳耆捐資修葺知縣李宗傳記略虞治西關帝祠歷
代相沿疊經修增至國朝禮崇專祀廟貌聿隆歲月
久長漸就朽頽祠下紳耆議捐巳資易故爲新爰是鳩
工庀材重建前後二殿並建文昌祠於廟左春秋專
祀歸一處東西兩廟偉然改觀矣○以上據採訪冊
正殿祭品　帛一白色爵三牛一羊一豕一登一鉶一籩
豆各十簠簋各二五月十三日用果品不用籩豆果實

五盤用核桃荔枝龍眼紅棗栗後殿係公爵不用牛案虞邑關帝廟無慮數十惟城中爲邑令奉文祭祀所故詳記之餘不備載

文昌廟　舊爲文昌閣在縣治東明知縣徐待聘記略嘗考天官書張翼之間斗魁戴匡六星爲文昌宮曰上將曰次將曰貴相曰司命曰司中曰司祿司命司中國有祀典而士子所繇以賤貴則司命司祿其要也虞古文獻地山川盤礴蔚爲人文士後先入仕從王策勳者不減他邑先是守土朱公維藩曾於水口建文昌祠士子瞻禮跋涉請謀剏於城庶幾香火輻輳會有隙地在治東隅厥基孔艮方位協吉隨捐俸如干諸大夫士亦各醵金少助鳩工庀材爲棨閣三楹憑虛縱目非特爲境內偉觀亦以挹秀迎祥爲此邦祈淇庥也閣中綏帝君像朔望課士於下閣前有儀門門外構廳事一以備讌集門房三東西爲閽者息以司啟閉經始於乙巳之七月落成於丙午之六月諸士復問記於余余曰所謂文非摛精掞華摧鋒倒巘

之爲雄也忠孝文武修身繕性焉耳已懷柔兆庶戡亂除患焉耳已有司所祿司命所重誠有在此不在彼者諸士藝文於斯入閣思體出閣思用樹德思勤廣業思永飭行禔躬無慙衾影則司命在於己爵祿畀於天旋乾轉坤胡所不能將文運昌而國運泰余剏閣之心亦不徒矣請以是勸之珉○萬歷志

國朝嘉慶二十二年移建關帝廟右知縣李宗傳記略嘉慶六年奉　上諭各直省州縣建立文昌祠專祀　文昌帝君并建後殿追祀三代敬設龕座倣照　武帝廟制前邑令因舊閣湫隘於承澤書院潔淨處設位供祭會有祠下紳耆樂捐已資恢拓舊址遵例詳明各憲重建文昌祠前後兩殿兼設魁星閣暨承祭官公所文東武西兩廟煥然一處致祭是廟也經始於嘉慶丁丑仲春不終歲而告成因書數語以誌顛末○案廟東南隅舊有文星亭道光元年陳灃捐資建被粵匪燬○會典奉文春秋二祀二月初三日加祀　後殿祀帝先代同日致祭祭品同關帝廟一在縣治

南街嘉慶十九年耆民張杜建據備稿暨採訪冊○案南城文昌廟知縣劉大暄撰記自稱西蜀劉侯於體不合疑有錯誤不錄

一曰文昌祠在二十二都奎文塔前明邑人錢明德建萬歷志尋圮國朝乾隆二十三年錢必美重建捐田九畝零作歲修費自爲記嘉慶志○記略虞城三面環山獨缺其東隅建文昌祠於奎文塔左所以捍地脈之旁削障漕水之直趨也志載萬歷初賢令朱公維藩創始之厥後風氣攸隆人文丕茂科第較盛古人培封域命名取義思深哉閱明季文塔傾圮祠亦鞠爲茂草余生也晚心竊愴之會邑中士大夫羣議更新不果余思公務非一人事也有倡斯和首以文昌祠任自余始請命邑主黃公諱福公許可爰卜吉鳩工選材維良繚垣維固一切規爲無大增減照舊志也旋慮祠無產莫爲之守捐膏田九畝奇爲住持佐薪水而香火歲修之資亦賴是是役也始於乾隆二十三年

春落成於次歲夏　又曰文昌閣在十都梁湖普濟菴前四月吉是爲記

國朝乾隆間邑人王全珍建嘉慶志　道光四年王望霖暨叔允中重修　知縣周鏞記略去縣治而西有地曰梁湖往來要津邑巨鎮也乾隆癸卯歲王君望霖之曾祖全珍命其尊人允升建閣於石梁以祀文昌之神蓋取形家言爲風水厭勝術於是人文日盛王氏羣從供京職列庠校者亦踵相接歲久將圮王君復與其叔允中葺而新之木石甓甃之費以緡計者千四百餘工既竣屬記於余余謂陰陽之說儒者疑其妄然事有可憑則理不容誣王君能承先志不忍其傾廢安知是鄉後起之秀不更盛於今日乎余既嘉王君之善繼其祖父尤願繼王君之後者亦如王君之承其祖父也於是乎記○以上據備稿　同治間復圮王耀紱等捐資重修一在三都石家村一在八都淩湖村一在十六都牛埠一在

二十三都永濟閘北岸今燬僅存遺址一在後陳林隱菴之北今廢已上據採訪冊一在鎮都長孏東迴龍墩上里人潘思漢記略閣之建凡四易初由里人嚴大本於明萬歷間建客山之上爲聖母專祠面南向龍風屢仆次由周於磐因山殿風偃鄖於康熙二十四年移置大河之濱改平殿三楹北向漸爲惡少毀三由磐曾孫炎文及沈羅氏棄大河舊址於乾隆十二年復造山頂不數年燬於火至二十年有術者云五夫山南崒嵂而北岩嶤蒼翠之色秀絕一方惟東水直下未免洩氣宜移建中流作爲砥柱乃設文武二帝二座面西向以鎮龍脈旁仍祀斗母是則所謂四易也余喜墩可永定後必無有易其所者故於功竣以告繼起者○以上據五夫志同治九年里人杜儀重修並建奎星閣據採訪冊又曰文瀾閣

在二十二都還珠里東道光二十年署知縣龍澤溎創

置轉壩並建閘於上以塞水口龍澤湝記略縣治悉高原而瞰曠野地勢東傾河自梁湖埭袤三十里入書錦門昔人又引百樓象坤諸山澗並巽湖之水南注城渠經絡闤闠縈洄於玉帶溪以匯之今湖廢渠淤河益淺澁經城東則流湍減汩直輸姚江精華之氣瀰洩易盡夫風氣之繫河渠猶血脈之周榮衛苟血液勿滲則瘘痺而不仁計惟東關外開築轉壩以障百川使直者隈之迅者徐之俾水曲而氣活庶地脈靈而文氣不振余惟周禮有司險之掌凡以審曲而勢順地而奠民生有司之所有事也因相度其宜以謀於虞人士王君維仁俞君江許君黛參俞君元進劉君敕等各捐錢二百千文置買愛字民田十二畝有奇貳尹趙君諏日工程向南畚揭緣觀音塘以北透迤轉而東河深丈五廣十倍之清流紆迴環曲一里舊河直瀉者實土而築爲廣壩建文瀾閘以鎮之其隙地每年徵租以爲歲祀城內諸渠並加疏濬計費四千數百緡閱四月工竣識諸貞珉以告將來○以上據備稿

咸同間燬於賊光緒八年

里人改建正殿三楹以供文帝又建平房俾住持居焉採訪冊

城隍廟　在縣治東建自後漢備稿云上虞縣治係唐時移置今城隍廟云刱自後漢疑誤其址祝史壽總所捨宋寶祐中莊演等斂銀再刱元陳椿應順等改爲觀音堂後鍾愷王福相繼修治壽總後裔得仁益地重建陳文鼎葉鈞葉文奎萬歷志作文珪以次典舉已上正統志明萬歷甲申知縣朱維藩重修丁酉知縣胡思仲首捐俸命僧法印募施修葺胡思仲記略虞城隍廟刱於漢廢於唐復於宋遞廢遞興未詳所自今廟在邑之東與治署鄰若曰邑主者既以嚮明而治神則尸其柄於冥

漢中儼然而通肸蠁焉是以災沴而恤戎燹而捍疢病
而護佑善罰淫不爽銖寸威靈稱有赫矣先是嘉靖甲
寅間島夷爲釁三犯我郛而無能加一矢保障之功偉
哉歲久患圮又湫隘不稱瞻仰余自萬歷丙申初涖治
誓神退而心計曰惟神之宮謁無虛晷弗廓弗增弗嚴
以籧卽享祀豐潔神其據我乎乃命筦人捐五斗以刱
始且進二三耆民相度機宜而邑之縉紳士民罔不競
助蚨縉更相率作拓地聚材葺而新之穹然莊嚴矣且
也歲比用穰士騈以薦市售乃積里無暴呼伊誰之賜
乎惟是驅癘福民實藉神力匪靈安妥曷以臻焉廟視
故址加廣周隅通一百丈闢公館衍地九尺斥置民地
三丈前爲正堂者五間爲楹者九間後爲寢宮九間旁
爲廊者各五間門有井幹衢有綽楔欄楯外施庖湢內
列旁廡又具冥道變相丹雘猛甚肅民入而籲焉廓然
耳目爲之改觀而肅焉加額以頫于除若有踞堂而臨
之泚顙栗膚而燭照其生素惴惴乎無所匿情者歲戊
戌旱魃爲災徧請弗應余率民譽乞靈於神隨禱隨澍
歲乃大獲辛丑屬大會圖籍余欲釐宿弊懲而矢之事

竟有濟卽兩造間有未白者令詛於神往往望門而止卽吐實不敢譁王寅夏余臥榻弗戢於火詰朝見二草團成灰旁雖狼藉了無延灼若神之隱遏之也且署內羣聚棲息處倐而棟摧牀物盡成虀粉而家人偶出卽雞犬亦盡又若預驅之而獲全也豈神俯鑒予衷而密以呵護之乎迪則吉逆則凶感應之機捷如桴鼓余與若等益圖仰答神明滌心昭事宜無斁矣○萬歷志　國朝道光間邑人章鉞募捐重修備稿咸豐間被粵匪燬僅存儀門同治二年唐姓獨建頭門四年邑人曁住持淩炎募建大殿至光緒二年知縣唐煦春城守徐濟川捐俸并集闔邑士民貲建復邑人王濟清獨建暖殿唐煦春記略余奉檄抵虞受篆後例入廟告虔士人曰此禱雨祈晴處也自是凡遭淫雨亢旱余必效古人責六事詣神前行伏拜禮昕夕維勤爲斯民禱者屢或齋之

三日或戒之七日靡不應所求閱十餘年恆不爽噫神之庇我民者大矣禮有曰能禦大災則祀之能捍大患則祀之余之外盡禮內盡誠而不敢跛倚臨者非媚神邀福也爲斯民生計耳先是廟僅大殿數椽極力籌款興土木兼得住持僧淩炎徐城守濟川擘畫多方相助爲理始將大殿裝飾既固且完繼而建後殿及前門並前後劇樓與兩旁僧住客廳各棟宇先後八九年間規模大備美哉輪奐藉以壯神威而答神庥者舉在是○據採訪冊

火神廟　在城隍廟東嘉慶志　祀水火二神今稱既濟殿新增

案祭火神儀節吳榮光吾學錄云直省及府州縣用少牢行禮與祭神祇壇同

倉帝廟　在縣治西南文昌廟東道光二十三年邑人徐兆九建備稿○會稽沈元泰記略自倉頡氏作觀鳥獸之跡體類象形而制爲字淮南子頌其功德謂

能辨治百官領理萬事愚者得以不忘知者得以志遠洵不誣也此其神靈宜俎豆萬世而神祀之在天下者絕鮮吾越古稱文學藪郡城臥龍岡西舊有倉帝祠自有明逮國朝圮而復興者再今猶巍然存焉而他邑皆無之古虞徐君兆九承祖父之志建帝廟於邑治文武祠東以輔文翼教之思爲繼志述事之舉於古聖爲報本當務於士大夫爲崇文先導於乃祖乃父爲克肖象賢可以風矣○據採訪冊

昭烈王廟　在縣治西關王廟側今廢萬歷志○案嘉泰會稽志作正順忠佑靈濟昭烈王廟在縣西一里

三皇廟　在縣治東廳之南圃元泰定乙丑尹孫文煥命醫祝捐建明洪武初裁革正統志

五顯靈官廟　在縣治東照位坊右今廢遺址屬等慈寺

正統志

文武廟　在一都東望橋前同治間重建一在十八都湖溪村今存廢址一在二十都童郭村一在下管採訪冊

梁皇廟　在一都新堰上採訪冊去縣七里嘉泰會稽志作梁王廟世傳祀梁武帝萬歷志

駱將軍廟　在一都方家屋側萬歷志去縣東十三里將軍諱文牙字旗門臨安人時陳文帝避地臨安將軍知爲非常人賓待甚厚後佐帝討周迪有功勑爲越州刺史民懷其德祀之○採訪冊

桑王廟　在蘿巖山上祀桑氏兄弟案舊志稱桑太保廟查桑氏兄弟諱通保

漢保定保國保鎮保全保志保義保憲保凡九人或一稱侯王或稱郡王無稱太保者因改稱爲桑王廟

在一都蘿巖山陽舊名後墩廟因禱雨有應改稱雨山廟據正統志參萬歷志同治十年重建一在二十二都後山咸豐間被粵匪燬光緒二年重建案正統志載雨山廟在蘿巖山陽圮久後遷於此卽今後山之雨山廟但正統時一圮一建今則兩處並建矣一在二十二都東黃蒲橋右一在十五都覆卮山之麓亦曰明目廟遇旱魃蝗蝻爲災祈求輒應俱祀桑大侯王一在一都新通明堰西梁王廟側專祀桑二侯王一在二都蘭阜山之陽法界寺東任姓獨建邑人趙大勳重建趙大勳記略神桑姓諱定保行三姚邑梅

川人廟祀蘿巖山北惠及桑梓時降靈異鄉之人水旱疾疫有求必應乾隆五十二年勳患惡瘡衆醫罔效自忖無生理勳兄英齋戒祈禱瘡遂愈神於勳有再生之恩爰爲記而勒之石尋圮光緒十二年宋棠捐貲重修專祀桑三侯王一在二都眠狗山萬歷志云在楊家溪誤朱呂馮李四姓建祀桑五侯王一在二都湖項名石窟廟應徐項三姓建祀桑八侯王一在十都百官鎮專祀桑九郡王國朝俞際化記略神桑姓諱憲保字仲才姚江梅川人愛吾虞蘿巖之勝卜居焉仕唐憲宗朝與胡令公奉使海昌沒於王事爲神追封悟空國師宋思陵南避海濱無舟可渡金人追逼神與令公顯靈艤舟迎濟比即位封王爵配食海昌長河廟建炎中宋師禦金士馬疲乏神以筐筥洒水濟之力戰退虜張魏公聞於朝遂命建廟於蘿巖山賜額靈濟元至正時神以塞河功加錫前封明景泰

時又以塞河功廟祀張秋嘉靖乙卯島夷寇杭神現空中旗幟懼而遁遂致殄滅統兵官請建廟於西湖寶石山下封護國天下都督黎陽郡王宏仁普福眞君九月二日爲神誕辰十月里人賽會甚盛　同治八年里人王槑等以神顯靈禦賊救災保塘稟詳咨部奉

勑封桑王一在一都管唐埭河東名瀏進廟相傳王有三夫人極靈驗遠近產婦祈求必應一在一都甑底山亦名土山廟一在小灣埭旁俱專祀桑九王以上據刊補及備稿并採訪冊

武安王廟　在一都新通明壩東望橋北明知縣朱維藩記略上虞去縣治十里有壩曰新通明其水下趨東奔姚江居民欲回風氣請於官築基於水口建祠肖像借重關公以鎮之羣來請記余惟關公生則威震華夏歿則名震寰宇況茲土乃姚虞之界明越往來之要津其基永固其宇常

新砥柱迴瀾之功所藉於神者不察可知矣然世道江河人心猶水不有正氣以防之則正直者或趨於譎忠厚者或趨於澆謙謹者或趨於誕人心日下而欲邀福於神以回風氣得乎余夙敬關公故於社民周元相等之請樂爲書之○萬歷志

國朝改額文武廟備稿又一在十都舊曹娥驛旁名武安王祠萬歷志

横塘廟　在二都蘭阜山之西採訪冊○案正統志萬歷志俱云爲利濟侯支廟查横塘廟額勅封定安公廟利濟侯並不封爲定安且廟在蘭阜山西舊志云在蘭阜北今正

包孝婦廟孝婦事詳列女傳　在二都孝聞嶺萬歷志歲久廟圮基址被人佔據　國朝乾隆間知縣莊綸渭斷歸重修立石嘉慶志光緒間羅寶堃募捐重修有司春秋致祭採訪冊

半山廟　在二都賈家村祀宋張浚子栻祔祀於左採訪冊

於斡廟　在二都富峯山之麓神王姓諱熹北宋孟津人程邑令有善政殉靖康難鄉人立廟祀之一在二都茅家溪一在大嶴採訪冊

朱太尉廟　在三都後鄭村祀漢朱雋南有學堂橋洗硯池西有塚正統志○案舊志俱作朱侍中廟考漢書朱雋傳並不爲侍中今從備稿作朱太尉廟一在驛亭象山下一在驛亭裏村採訪冊

張都衙廟　在三都小穴市北神諱偉字宏猷東平州人元至正間以總管鎮守永豐上虞等鄉有功祀於里社明洪武四年予謚平正國朝光緒十五年袁崙募捐重修採訪冊

孔長官廟　在三都永豐鄉六巷橋南祀元長官孔紳　明羅
澄有記○
採訪冊

白大郎廟　在三都趙濟堰西　明趙思敬記略白大郎不
知何許人廟享於茲亦不
知所自鄉人遇水旱疾疫必禱輒應故奉之維虔第其
靈在一方未獲請於朝膺封號人以此惜之雖然彼迓
田祖者炎帝祀先蠶者姜嫄以帝后之尊得編民之報
賽爲美談今神之陟降於茲禦災捍患吾祖吾父蒙其
休美犧牲粢盛之告廟者綿千百年威靈赫赫方篤侯
王之貴亦可以安於安侑不煩人爵之榮矣○採訪冊

戴大郎廟　在三都小穴嘉福寺左　國朝陳應霖記略
神之所自古老傳聞
咸云東晉中衰孫恩造亂陷我會稽毒流屬邑麗侯抗
節於郡治袁公振義於嵩城所在豪雋奮臂而起各衞
其鄉神年僅終軍而勇邁錢鏐遂率其昆季暨其鄉人
殫力捍禦寇不敢犯一境安寍鄉人謀尸而祝之建祠

於嘉福寺之側歷晉唐宋元明神之鏡影如新第其址鄰山麓不無平陂燥濕之虞每遇春秋艱於羅拜陳艮梓陳正法等夙有修治之願乃彙眾醵金鳩工砌石不數旬而厥功告成是用勒之貞珉以垂永久○刊補

夏蓋夫人廟　在縣北五十里嘉泰志　五都夏蓋山相傳祀塗山氏背山面海為一方大觀居民歲時供奉甚盛萬歷志○明謝讜重修碑記夫水陰也凡水神必稱妃稱夫人宰之以陰耳夏蓋廟濱海所祀以夫人稱有以也或者因山以禹名乃謂夏禹治水時厥妃從也晏駕於此山故土人祀之然亦不可知矣歷殷周漢唐恢宣徽靈境賴以永奠宋時虜寇南侵見夫人揚旗空中矛戟森列寇遂不前帥以聞勅加忠順大聖封號元仍之國初毀淫祠虞之廟存者無幾獨夫人以禹配且有護國安民功詔崇祀如故每歲上元節祠下人析為五管遞供祀事燦貝奇珍必殫所有或假諸貴門富室以暴虐婦人無子者於廟禱輒有子以是寒燠殊候而祝史無虛

日至於瘠畝成穰疢體同豫雨暘弗愆候恆以祈得之廟西畔有井其泉極甘畜金魚十餘頭夫或竊烹之卽疾作亟償乃免其顯威多類此右庭有柏根微幹鉅而枝葉鬱茂時有神物出沒其間識者以爲五代時所植或然歟嘉靖壬子倭奴寇烏盆祠下獨免鋒鏑癸丑復寇居民奔竄殆盡險不可支乃夫人之靈益烈遙見海堤上兵旅彌望宵炬燭天延數里寇且疑且駭掛帆遠徙夫能捍大患禦大災案祭法祀之宜第廟貌弗稱兆人寖恭余故集耆賢數輩督衆傚工俾圮者飭隘者閎黝黟者有耀訖事舉祀謳牲釃醪吹笙奏鼓闐門觀聽歡聲四徹咸懼茲績之湮於後也請碑焉余乃爲迎送神詞三章俾祀者歌以侑神其迎神詞曰九閶闔兮宵熒熒濤瀾汗兮風泠泠紛虬幢兮來下悵鸞馭兮未停杳翩翩兮奈何齊獻揖兮肅跪檀爐氤氳兮蘭釭輝鏗有聞兮瓊珮降神詞曰吹參差兮坎擊鼓柏枝偃兮雙龍循廡靈洋洋兮上在陽侯待兮河伯俯椒醑湛兮瑤觴蕙肴馨兮鏤俎樂繁奏兮廣娛罄懽忻兮屢舞送神詞曰赭之陽兮龕之左絳雲圍兮山砐硪靈儵歸兮莫

留福穰穰兮遺我鬱南疇兮歲有秋海波晏兮妖
氛收恩蕩被兮終古薦芳馨兮無時休○備稿　國
朝康熙五十年郡守俞卿重修復以謝陳氏陳金氏兩
烈婦事蹟詳列女傳
配享
俞卿記略攷夏蓋山一峯嵂高出天半狀如蓋又云大禹東巡駐蓋其
地因名山北麓有夫人廟規模卑陋相傳祀塗山氏者
又云帝相后緡避羿害居此歷數千年民奉甚謹陳謝
二烈婦者被倭虜不辱原有祠廢後潮汐頻加謂非苦
節幽靈鬱結所致歟他如山頂之辰元君廟百官之帝
舜廟前江之陳侯廟余始事時各禱以餚祀以牲醴而
塘工一一如願謂非有鬼神以憑之不可烏能敬報其
萬一哉夫人廟改建高廠二烈婦主祔於旁楹面以翻
軒圍以走廊前樓三楹位十潮神護以照牆刪其冗祀
時其管鑰可謂煥然改觀矣○以上據嘉慶志○　國
朝王煦詩海上神山禹蓋停山中兀爾坐娉婷夫人若
是塗山女應配君王享廟廷畚山萬國輯車書未識魚
軒扈從無只記重瞳南狩日曾偕帝子下蒼梧○陳均

題夏蓋廟雙烈婦詩夏王駐蹕舊湖山山光湖影相迴環靈淑鬱紆爲包絡端人貞女出其間謝家有婦貞且賢婉婉結褵自潁川夫君遊學死京邸飲冰茹蘖度芳年上奉舅姑下哺雛永夜篝燈淚潸然儵逢海寇破門入擁向海舟星火急此時衷腸已寸斷惟有濤聲相共泣自分身命不兩全踊身入海海水立一片貞魂化鶴歸羣賊相顧皆悒悒同時罹難陳楷妻聘於金氏年及笄夫耕婦織如賓友海氛一起萬戶迷此婦叱賊如叱羊舌鋒鍔鍔抵劍鋩白刃交加訶益厲頭斷血軀立不僵一時見者皆驚愕海雲黯慘日色黃哀哉二婦遭不祿巫咸上訴天帝哭急令司命招其魂雪骨冰肌羽衣服遊戲十洲三島間寓以泉宮駐海屋馮蠵奔駛不可知土塘嚙盡如嚙麋謀以一線砥狂瀾鐵嶺太守常憂之忽夢二媛雲中來具陳前事神色哀繼言塘工非倉猝某月某日潮可迴太守尙在疑信中詢之土人與夢同如策施工工卽竣臨期閃爍助靈風從此珥筆紀貞蹟從此肖像酬神功余謂當年事佮傳何不奏告於
闕廷編入形史垂千齡何不專祠於海垣長教颶母遊

二靈　一在朱姓村一在王姓村俗呼新夫人廟一在九都

唐家橋稱張湖廟一在西張稱新張湖廟採訪冊

辰州娘娘廟　在五都夏蓋山頂採訪冊　國朝康熙間郡守俞卿築海塘禱廟祀以牲醴塘工訖重建據俞卿碑記○刊補引朱芹羣書札記辰州娘娘相傳夏時神女治水有功後人立廟以祀郎葛洪枕中書所云九華眞妃治夏蓋山者復據李進士祥麟泰岱分靈題額係乾隆間立謝晉勳曰夏蓋山頂前明備倭寇時有武弁駐札後因承平撤去土人以其地構廟迎姚邑鳳停山高廟辰元君供奉姚人俱知爲迎自泰山此余所諗聞於鄉先輩者其爲碧霞元君無疑也　一在五夫迴龍墩上採訪冊

雙楓廟　在六都寺前舊名了虬廟建在瀕海沙地明季被衝坍移今處廟前有雙楓故名

廟左爲朱小二相公殿案朱小二爲桑九郡王義弟今稱通濟侯廟　國朝俞際化桑王廟記略神以醫有奇效封都巡檢防禦使合而爲十八焉○採訪冊

遊仙廟萬歷志作槎浦廟在六都槎浦一爲東遊仙廟一爲西遊仙廟祀漢博望侯張騫採訪冊○備稿案杜詩云乘槎消息近無處問張騫荆楚歲時記及集林等書載織女贈支機石教問嚴君平事君平漢明帝時人張騫乃武帝時人相去將及百年未足信近世袁簡齋隨筆中亦詆其誣此廟創始相傳每歲八月槎必至浦上里人異其事取槎肖騫像祀之○案萬歷志載至正間風潮壞民田盧府檄王永修築海塘一三年弗就禱於神遂夢指其方法遵行之工始成

在二十三都白雲莊採訪冊

思湖廟　一在六都分金橋之北爲前思湖廟郎義遜一院舊址

在分金橋之南爲後思湖廟俱祀齊鮑叔牙採訪冊

瀝海所城隍廟　在七都瀝海所東城明萬曆四十年建此廟大殿道光九年楊光南重建同治六年楊國棟等重修

天盤石名影月石相傳能鎮火故城內遭火祇災一家不至延燒一名鎮火石○採訪冊

纂風公士廟　在縣西北六十里七都纂風寺前嘉泰會稽志參萬曆志

楊相公廟　在七都後桑村國朝康熙初村父老夢一古衣冠人曰我當爲此地主及旦有木料數百株浮海而至上置楊相公神牌一座里人異之取木建祠以祀○採訪冊

長泉廟　在七都許家村　國初建祀漢耿恭雍正間許

贊有記採訪冊

問事司廟　在八都塘灣明初建祀漢陳文範初廟在潘蔣村後被洪水衝塌移今所一曰德星廟在埠頭爲問事司分建採訪冊

嵩城廟　在縣西北六十里嘉泰志九都嵩厦嘉泰會稽志作嵩城大王廟乾隆府志分嵩城大王與袁公爲二廟今正　祀晉袁山松明倪元璐嵩城廟事詳古蹟嵩城○碑記虞邑七十餘里有古廟曰嵩城蓋爲晉吳國內史左將軍袁公建嵩城者何因公諱崧也諱崧而曷云嵩城也居民不敢斥言避之也夷考其先公世居陳郡陽夏魏郎中令袁渙曾孫曰袁瓌爲丹陽令歷治書御史平蘇峻之難封長合鄉侯徙大司農除國子祭酒上疏崇儒載興禮樂國學之隆自瓌始也一傳而喬拜著作

即遷建武將軍江夏相與桓溫破蜀進號龍驤將軍封湘西伯公之先允文允武倘所謂晉世臣者非耶公幼有才名博學善文著後漢書百篇好音樂作行路難曲每因酣醉歌之聞者莫不流涕而答桓南郡嘯歌之辨更自膾炙人口也歷位吳郡内史安帝隆安三年海賊孫恩叛攻陷會稽勑公與劉牢之禦之時牢之東屯上虞公則爲左將軍築滬瀆壘緣海備恩明年復入浹口轉滬瀆城破公與義將八人奮臂長驅飈飛電擊卒身死難蓋雖骨碎於干刃萬槍叢中而公且曰爾是人間海賊臭我爲天上列星香也嗚呼斯眞赫赫哉迄於今不知果死於何地葬於何人八將屬何名矣蘇志曰海鹽李祥突白刃收骨歸葬又有侍史孫復主簿陳遺僉云皆八將中人或曰上海縣新江鄉公之墓志在焉因名里曰崧澤里又曰墓在長人鄉沙岡有築耶城遺址又有築耶廟蓋即滬瀆之舊軼又曰墓在橫泖上之山所傳聞異詞總之孫恩之亂三吳八郡倉皇流離公禦之不一其地城之不一其鄉崇報之民祠祀者徧江淮此嵩城其一耳且夫嵩城雖毀其跡固巋然尚存考之

邑志郎𣸧瀆壘也祠北曰嵩廈市東南有亂將橋西南有孫家洞居民之說是也獨思國家多難郎劉牢之諸人皆事列朝冊而我公主將授首之事史不備載何歟幸各志記之頗詳千載而下猶堪憑弔雖然如公者生多捍衛死有令名文章節義負絕今古既已存亡生死矣而駿奔在廟青燐碧血凜若霜晨神明之烈何以加茲惜乎世遠人遥傳習多誤史云公本諱崧而別傳并分爲山松矣流訛散失一至於此并載之碑俟後君子參覽云

國朝乾隆二十八年里人呈請制撫學憲題准有司春秋致祭乾隆府志　光緒十年里人俞琨等籌款重修二十二年欽頒威宣保障匾額採訪冊

櫟林廟　在九都趙村南祀舜弟象刊補

內史廟　在九都陸家村明嘉靖間建萬歷志

舜帝廟　在縣西三十五里實四十里十都百官市嘉泰會稽志參正統志鄉民歲時崇奉元宵燈火甚盛萬歷志　國朝道光二十三年燬於火里人捐貲重建備稿○宋陸游舜廟懷古詩雲斷蒼梧竟不歸

江邊古廟鎖朱扉山川不爲興亡改風月應憐感慨非

孤枕有時鶯喚夢斜風無賴客添衣千年回首消磨盡

輸與漁舟送落暉　又梁湖鎮有虞舜行宮萬歷志在總管廟內又補

舜廟宋林景熙詩老斷薰絃萬壑幽三千年事水空流

袞衣剝落星辰古野廟淒涼麋豕游孝友風微惟舊井

神明胄冷尚荒邱九疑回首

孤雲遠老眼班班盼楚舟

總管廟　在十都梁湖鎮祀宋陳賢凡涖虞任者入境必宰牲致祭萬歷志○案備稿引嵊志曰神字希文先世閩中人諱堯叟耆宋端拱己丑狀元至四世

孫銓大觀己丑授山陰令致政遂居剡之清化鄉子昱字世嘉紹興丁丑進士官兵部侍郎是爲侯父但查府志選舉表未曾載入姑存備考○王振綱梁湖總管廟記略總管神者姓陳諱賢號愷山嵊縣人生於乾道戊子歿於紹定庚寅由進士官太醫院院使生有異瑞紅光繞室天樂鳴空稍長遇仙人授神術以醫藥濟人有奇驗更異者生能爲神不問晝夜遇寢輒神遊江海間拯護舟楫每祭潮神皆與享焉嘉定庚辰潮怒嚙堤朝廷命有司起徒卒畚築勢不可遏召侯問計侯植竹於沙塗呼江神喻以關係利病潮即折而東行未幾植竹之處擁沙成阜而堤工就緒其生時靈蹟類如此侯既歿捍災禦患所在響應宋端平甲午以水戰助王師敗金兵於蔡州封靈濟侯淳祐壬子逆風退浪不壞民居加善應侯景定庚申又借潮浙江航貴人舉婁加協惠侯其著功於宋時又如此我虞與侯之故鄉爲鄰邑侯生時足迹曾至與否年湮不可考相傳前明邑中大疫侯現形駕舟運藥賜救士民感之具告太守詳請立廟於梁湖正德間七鄉患水築堤不成侯化老人插蘆爲

標堤工始就嘉靖癸丑兵部陳洙備奏神功奉旨勅封今爵則總管之隆號所由稱也　國朝乾隆間燬於火里人重建廟貌巍煥更增於舊每歲正月元夕張燈演劇六月十月鼓樂儀衛導從巡遊三月十六日爲侯誕辰四方奉牲禱祝者肩摩踵接幾與曹娥廟香火相埒爰述大略而爲之記　國朝同治元年時　王師克復上虞梁湖里人王淦等稟請題封居民見有神兵禦賊之異

勅封護國王有司春秋致祭光緒二十年前後殿燬里人王耀紱募捐重建一在前江一在蔡山北岸一在十一都橫山一在九都章家村一在裴屠一在西華一在二十二都舊通明壩採訪冊

曹娥廟　在十都曹娥江西岸舊在江東後以風潮齧壞

移至今處屬會稽志萬歷志漢元嘉元年邑長度尚立石名

貞孝屬其弟子邯鄲淯作文誄之邯鄲淯曹娥碑孝女曹娥者上虞曹盱之

女也其先與周同祖末胄荒落爰茲適居盱能撫節按

歌婆娑樂神漢安二年五月時迎伍君逆濤而上爲水

所掩不得其屍娥時年十四號慕思盱哀吟澤畔旬有

七日遂投江死經五日反抱父屍出鄉人驚異收其屍

瘞之江邊自漢安迄元嘉元年青龍在辛卯莫之有表

度尚設祭誄之辭曰伊惟孝女曄曄之姿偏其反而令

色孔儀窈窕淑女巧笑倩兮宜其家人在洽之陽大禮

未施嗟喪慈父彼蒼伊何無父孰怙訴神告哀赴江永

號視死如歸是以眇然輕絕投入沙泥翩翩孝女載沈

載浮或泊洲嶼或在中流或趨湍瀨或逐波濤千夫失

聲悼痛萬餘觀者填道雲集路衢流淚掩涕驚動國都

是以哀姜哭市杞崩城隅或有刻面引鏡劓耳用刀坐

臺待水抱柱而燒嗚呼孝女德茂此儔何者大國防禮

自修豈況庶賤露屋草茅不扶自立不蹶自雕越梁過

宋比之有殊哀此貞厲千載不渝嗚呼哀哉銘曰名勒
金石質之乾坤歲數歷祀立廟起墳光於后土顯昭天
人生賤死貴利之義門何悵華落飄零早分葩豔窈窕
永世配神若堯二女爲湘夫人時效髣髴以昭後昆漢
文成何以視魏郎大歎服蔡邕聞之來觀適夜以手摸
其文讀之題曰黄絹幼婦外孫虀臼又曰三百年後碑
當墮欲墮不墮逢王匡後楊修解之曰黄絹色絲也幼
婦少女也外孫女之子虀臼受辛也蓋曰絶妙好辭○
以上據會稽典録古文苑又名勝志云晉將軍王羲之
以小楷書碑文新安吳茂先刻石於廟中後當爲好事
者攜去又孝女廟志云廟宋
側大碑卽漶文宋蔡卞書宋熙寧十年會稽令董楷史
作詳列廟
皆以宋娥配享列位其側女傳元祐八年建造正殿旁
有娥墓其上雙檜甚古前有亭後毀於風嘉定中太守
王綱建復於舊址額曰雙檜亭侍郎張卽之書又廟前
疊石爲堤　大觀四年封靈孝夫人政和五年高麗人來
七十丈

貢借潮而應加封昭順湻祐六年舊志作五年復加純懿且封其父和應侯母慶善夫人後祠浸燬元至元二年廉訪某捐俸以倡紹興路總管散朝公親至其處相址計工亦捐俸以助令會稽尹呂誠董修之元韓性記略自廟之立借潮濟江不可勝數是以行旅之渡江者莫不拜廟下以祈神祐孝娥推愛父之仁惠及後世功烈在民何其盛哉國家設司府勾章以統東浙使命相屬於道舟楫往還無風濤之虞實神職其相非惟功烈及於民亦有功於國矣廟食茲土享民之祭宜其綿歷歲年而不替也顧其祠廟歲久荒頓元統二年郡太守秃堅董公下車按圖志祠廟之最古者惟禹廟及娥祠欲新之首興禹祠之役至元二年廉訪副使某公按事過祠下作而言曰國家以孝理天下曹娥之孝著於千古而靈顯又赫赫若是新其棟宇崇典禮敦教化風憲任也捐俸以倡其從

事某亦捐俸以助時禹廟工畢太守得專力娥祠親往相度撤舊新之大合樂用牲於祠事訖俾性記其成性既著其事於麗牲之石復作迎送之歌其詞曰承荃橈兮桂舟弭靈旗兮中流望四山兮何所挾朝陽兮上游玉笄兮璚珮敭青虬兮雲之外采杜若兮江皐芳霏霏兮未沫潭不極兮海門餞夕景兮江濆吹參差兮屢舞馳玉駝兮繽紛雷塡塡兮拊鼓檜陰陰兮靈雨波渺渺兮安流樂神康兮終古　廟成後至五年

加封慧感夫人明洪武八年命官奉勅祭奠誠意伯劉基撰誄詞詳見曹孝女廟志　嘉靖四年知府南大吉復以合郡烈女從祀兩廡萬曆十三年知縣朱維藩重修朱維藩記略余以萬曆壬午春補上虞過孝女祠拜謁見其祠宇傾圮垣墉弗繕惻然傷之是秋祇役赫闉冬入覲未果癸未夏復涖任再謁因內生媿有司之職謂何遂以孝女忌辰齋沐告虔鳩衆舉事得耆民項德熙等爰託之大加

修葺越歲甲申厥功甫就垣宇完好丹青炳燿墓故在荒棘中亟芟除之前易以石後高其墉若拱若護仍於吉辰具牲醴申奠侑焉士民婦女過瞻祠下罔不拭目改觀余復爲之惻然曰茲何足爲孝女重哉女痛父沈號呼靡及彼其視洶流如地投洪波如赴身不遑恤奚他顧念迨夫抱屍而出是父是女天實翼之江神河伯若爲效靈女之心志於斯畢矣樹節一時流芳千古廟貌之崇非專爲孝女計也世教人心胥此焉賴漢邯鄲公文莊嚴宏麗古今稱絶彼讀之者謂爲詞之妙好而已何足與言耶余每謁祠下輒摩挲其碑讀其文不置惜其碑非漢舊令人有遐思爾　四十五年送諸娥山陰人入祠配享後復圮　國朝順治五年總漕會稽沈文奎重建沈未過時太夫人守節孤苦訴神示之靈異　康熙十一年部郎沈範重修六十一年郡守俞卿重修雍正十年郡守顧濟美建華表於墓道嘉

慶十三年一勑封福應夫人同治四年朱潮沈樹棠等
詳請　加封靈感夫人並賜福被曹江匾額以上據萬歷志康熙
志嘉慶志及孝女廟志。明倪元璐詩淚影日夜翻一
翻一酸楚憑舟認碑氣神童而貌古屓汧洗籀文蝕口
箋痛譜健哉十四姝脛走天吳府載沈復載浮潮汐共
吞吐神人相媚時波心五月五旴有技絕倫媚神以妙
舞神何以報之媚旴以死女不由旴有女那知娥有父
一淚使旴腐再淚使娥俎誰云死娥處不是生娥所茫
茫忠孝魂入水即水主近從西江頭割來濤一縷一衣
帶水耳翻出奇如許徐題詩荒祠寂寂掩殘碑千載爭
傳絕妙詞石爛不磨貞孝字天長猶起後人思大江夢
斷波濤險孤塚魂歸草木悲客路逢春歸吊古薦香聊
爲折梅枝張鉞詩雨後澄江一鏡磨夕陽影裏掛魚蓑
溪家多少閨門女仁孝千秋屬幼娥　國朝袁枚詩八
說曹娥廟今才打槳尋滔天江上水抱父女兒心黃絹
題碑在青苔古墓深燒香來此處絕勝拜觀音陳燧詩

祠外長江白墓前寒日黃樓臺越山水碑碣漢文章月落烏啼急潮平楓葉涼從知神女恨何必在三湘郝蓮詩暗潮嗚咽過祠門疑是當年孝女魂客至殘碑無讀處亂山衰草月黃昏趙棨詩蛟龍成孝行祠宇壓江皋遺恨千年在潮頭不敢高錢維岳詩曹娥廟貌樹豐碑千古行人痛色絲苦恨當年題八字不旌賢孝只旌詞閨秀宋彩華詩斷碣殘碑何處尋茫茫遺跡久銷沈千秋純孝難磨滅只有神娥一點心案舊志多載咏曹娥詩茲擇孝女廟志所未入者錄之餘刪

張泗君廟　在十都梁湖蘭芎山下嘉慶志祀宋張達事詳列傳明萬歷辛丑建　國朝道光二十一年重修一在洪山畈康熙九年里人王維厚捐貲建乾隆二十九年王全珍等籌貲增建咸豐間山門戲臺被燬王耀紱等重建

一曰洪山廟採訪冊

張神廟　在十都龍山祀宋張夏大清會典張夏宋景祐中護隄捍江殁封寍江侯立祠　國朝雍正明嘉靖間建　國朝康熙三十三年　勅封靜安公

五年里人高履謙等籌捐重修王必達記略龍山首蟠百官尾繞梁湖山麓幽深人煙閴寂當雨夕風宵往往有魚龍悲嘯豹虎咆哮重以野火鬼燐碧光閃爍過其地者莫不股栗膽寒心驚目悸昔明嘉靖間又有山魈作祟白晝潛形黃昏肆害陰險嚇人幾至行旅斷絕乃謀立廟於金雞石左奉張靜安公以鎮之自是諸怪遯形魑魅屏跡而勞得以息暮得以止雨雪雷霆得以避廟成後殿宇復被松偃歷謀復其舊因勸湖西諸君之往來此地者各出囊金以襄其役斯舉也成之者履謙高公君懷余公家大人君錫公叔文寶公也。又道光十九年霉雨連旬山水與海潮並湧田廬遭沒鄉民禱於廟潮漲不溢民得安居咸豐十一年西匪踞會稽欲渡江對岸忽起颶風賊溺死無算同治間船被沙塞商衆禱於廟得水漲沙通同治十一年邑紳稟憲請　旨勅封綏佑靜安公有司春秋致祭一在七都馬頭路亦名江頭廟　國朝嘉慶間建一在八都孫家渡嘉慶間水怪爲害覆沒舟楫船戸沈元法禱神保佑怪遂息道光三年邀里人譚元純等建殿咸豐間被粵匪燬光緒十八年邵培福募捐重建連芳連蘅捐助錢五百緡一在八都賀家埠一在十一都蒿壩一在十四都章鎮咸豐四年里人高成江創議重建知縣張致高有記○以上據採訪冊一在二十都塔嶺上今廢乾隆府志

亭山廟　在十都古里村神姓孔名佚宋朝人所居沿山一帶田皆磽壞患旱神劃已田

瀦爲湖後號爲孔家湖又西近大江潮汛汎濫尤易遭
没復築堤捍之並建閘以時啟閉名倒轉水閘至如井
石湖西湖及楊樹涇仙家涇木勺涇皆神所捨
以資灌溉鄉人感其德立廟祀焉○採訪冊

錢虞廟　在十都葉家埭祀楚屈原採訪冊

獨墩廟　在十都夏蓋湖南祀殷微子因墩獨高故名國
朝雍正四年　詔民間荒土耕種里民猶豫未決夜夢
神語遂奮力耕作時督憲李衞撫憲朱軾藩憲顧濟美
飭郡守葉士寬縣令許鼎勘丈編時和年豐民安物阜
字號用如干畝民感神惠置夜字九百十三號地三十
六畝以供祀事督憲暨令五人
亦各設牌奉祀焉○嘉慶志

杜君廟　在十都阜李湖塘下自元以來祀唐杜亘與一
在潘家陡　國朝雍正三年宋我客等建同治十一年

宋棠捐資重修一在蔡壆元莫嗛甫皁湖八詠杜墩夜雨題下注云墩在湖南近中者杜叟興昆季家焉故名唐貞觀初割田成湖時徙居未遂一夕雨沉漉屍不存或云仙化鄉人立廟祀焉其詩曰湖南杜家墩伊昔居杜君割田瀰湖後欲徙西山根滂沱一夜雨人屋俱沉淪父老表其事立祠在湖濱張翥詩杜墩遺址在湖中廟食湖南保歲豐春水每盈墩每露世傳此地有神功明葉砥詩二杜神祠何處尋湖南松柏晝陰森家居已被波濤沒廟食於茲歲月深社鼓鼕鼕民報祀鬱香馥馥酒重斟古墩夜雨成遺事父老相傳說到今劉鵬詩夜雨空遺湖上墩杜君香火幾千春能教田祖驅螟螣傳有陰功福四民 國朝宋璇詩剛逢天色靄結伴泛湖中長者指予告愀然悲故宮至今墩尚在憑吊夕陽空況又前宵雨那能不泣公○據湖經採訪册

王相公廟 在十都蔡壆祀明王昌二事見仙釋光緒十九年

里紳陳夢麟捐貲建一在達溪舊宅採訪冊

畢君廟　在十都漁門祀晉畢卓今前江總管廟亦祀畢君像採訪冊

梁王廟　在十一都漳汀龍會山龍潭下祀梁行儉神梁姓諱行儉有異質多神術宋乾道二年以外家蕭氏姓中進士官翰林明萬歷間夢感羅文懿公題封五湖四海都龍王　國朝康熙十年夏旱鄭令僑禱神有驗鄉人捐有翔字號田十七畝山一百一十餘畝以供祀事○嘉慶志

握登舜母廟　在縣西南四十里握登山巔舊傳舜母握登生舜處立廟以祀舜母嘉泰志參正統志　有祥虹閣可以眺

山水之勝刊補

霸王廟　在十二都霸王山上祀項羽羽起事在會稽遺跡於本邑亦不經見今載初鄉之西曰項里世傳霸王會寓此故名○萬歷志○元林景熙詩計疎白璧孤臣去淚落烏江後騎追遺廟荒村人酹酒至今春草舞虞姬　一在花壑採訪冊

織女廟　在十二都崑崙山下萬歷志取崑崙近星宿海之義祀女星採訪冊

馬王廟　在十二都馮家浦祀宋馬沐一曰新馬王廟在縣西南駱家嶺採訪冊

石山廟　在十四都石山巔祀梁武帝或云齊高帝案萬歷志

云在沐憩渡西岸一在十六都廟山一在南堡趙宅二
臨江左有官廳
村外名梁武蕭帝廟採訪冊

章家廟　在十四都章埠祀章猛衛將軍萬歷志○神姓章宋建炎時金兵渡江創義團禦之弗敵殉焉朝廷嘉其忠賜謚猛衛屢著靈異○採訪冊

石塘廟　在十五都寨嶺內採訪冊○萬歷志載廟前有古松里人奉爲香火禱多靈驗　同治元年燬光緒十三年里人張拱辰等重建採訪冊

龍潭廟　在十五都白龍潭祀龍神又一在十九都黮山下名清潭廟宋熙寧九年建明天順間知縣吉惠詳請褒封黑龍聖王廟前有　國朝邑令陶爾穟免徭碑記○以上據萬歷志暨採訪冊纂

笁九相公廟　在十六都牛步祀笁均事詳列傳○明徐景麟有記見刊補

國朝封護國侯王一在二十都溪南一在二十二都

斗門嶺名騍子廟乾隆三十九年邑人朱兆楨遊此遇老人攜杖與語謂此地係笁某祠基泥臺即其靈座也語訖不見乃捐錢立廟並立碑記又舊志云公爲潮神誤相傳其子沒於錢塘江爲潮神○採訪冊

前山聖官廟　在十八都下湖溪萬曆志祀越張祐明神姓張諱祐明昔爲越將今作稷　神勅賜聖官位號倭寇之亂顯威保障屢著靈驗至我　朝援勦兵駐廟中戰馬夜嘶示知孽寇偷營本境猛虎爲患一朝擒伏廟前威神最稱赫濯焉○乾隆府志

通澤廣利侯廟　在縣南五十里嘉泰志十九都釣臺山東

萬歷志五代晉漢間建神曰方后舊志誤作石聖官宋乾德間吳越王封通澤將軍熙寧八年封廣利侯寶慶續志◦宋建炎間金虜入境見神張旗幟兵甲虜懼而遁自是靈驗愈著◦正統志◦宋趙抃記略越州上虞之釣臺山有神本號方后聖官自乾德中縣令盧檡以旱禱於廟雨即時降其後旱乾水溢與夫祈福禳禍有禱必應宋熙寧七年冬天子有事於南郊徧告天下山川林谷之神有功烈於民而爵號未稱者皆以名聞於是明年夏遂封爲廣利侯廟興於晉漢間逺宋已千歲之久始有顯號以褒大之可謂盛矣◦刊補◦盧檡職官表作盧釋◦廟前石笋雙立高數百尺上有異花鄉人神之◦嘉泰會稽志

國朝同治元年粵匪踞虞南鄉起義局設廟中一日出戰被困忽起大霧鳴雷降雨得救而回採訪冊其行宮在古城隍廟中萬歷志又一

名祿澤廟在十都曹家堡舊在小板嶺麓明時移建又一名西橫塘廟在裏巖又一名前楓廟在上舍嶺南採訪冊

陳宮廟在十九都糜家山祀漢陳宮宋景定元年建採訪冊

大官廟在二十都任家溪西上通黑白二龍潭下接曹娥江水兼有長潭居民買田開圳承蔭○萬歷志

青山廟在二十都下管神姓薛 國初山寇擾下管神於兒峯山上興大霧寇不得入居民以是得安立祠祀之○採訪冊

古城隍廟在二十一都西南城外正統志作古城土地廟通澤侯

行宮祔焉　廟前雙柏甚奇相傳晉時所植宋張即之書扁曰古城隍祠歲久朽壞萬曆間居民樂助與住持僧大爲修鄉改拓後殿廂房廟門樹石坊前有空地臨河後殿倚山前植柏數株紫竹數十竿與長者山相對殊爲勝覽○萬曆志　咸同間被燬今建復　採訪冊

它山廟　在二十一都上舍嶺　採訪冊○舊有菴今改祀中鄞令王元暐築堰捍江引它山水入小江湖灌溉甚溥民德而祀之奏封善政侯虞之鄉此廟也爲萬曆十九年虎傷人人不敢度嶺建廟患息故崇奉愈虔前後有殿春秋祈報郊迎頗盛○萬曆志

伍大夫廟　在二十一都山川壇前　萬曆志　祀吳伍員咸豐間被粵匪燬今建復　採訪冊○胡仁耀詩遺恨當年失越讐荒祠轉向越邦留有鞭可僇君王骨無劍能除佞倖頭十萬師迴江上雨一枝簫冷水邊秋胥門多少孤臣淚捲作銀濤萬里流

陶朱廟　在二十一都坤山西北小皁上明洪武間修葺邑人葉砥撰記上虞西南不十里而近有山曰坤山山之北麓有分注於東西者曰西溪東溪溪之左涯有坡突起若獅豹蹲踞俯首卻顧其上有陶朱公廟在焉合兩溪四境之內方數十里地名開揚里里之人餘百千家列社爲十以奉祠事歲時香燈奠薦之供不少懈故凡水旱疾沴動作謀望一有禱禳輒靈應不爽余自蚤歲即往來其地過祠下必徘徊瞻仰而爲公太息焉范少伯之易姓名也少伯之相越也雪勾踐恥復夫差讐伯業中興爵賞不受乃扁舟冥遊之齊之陶家再徙再富而富不自有姓名再易再貴而貴終不自居其功烈之盛風節之高炳耀方冊已不朽矣德澤之厚遺古人使鑄金禮像環地列封尤能没世不忘也祀典之設宜何如其報哉蓋遺廟所在固不止此此廟也僻處一陬而香火蕭然於荒山野水之間闔境耆民能知公出處者有幾況樵童牧豎褻玩易視與他土地等何怪其然哉能不歎於公乎余後祗役四方去鄉日曠頃以滿官

天曹預纂修於秘閣閲天下郡縣圖志知少伯廟凡五濟寍滕縣一越會稽縣一諸暨縣二上虞縣一即此廟也又會稽有范蠡壇鑑湖有范蠡池名雖存而實亡矣然公之生氣固不繫廟之有無而人心依戴有不容自已者存爾余記異時所慨抑不知其他典祀隆殺視吾鄉爲何如適其里士孫師魯貽書以告曰公之廟徹久弗治嚮師魯與同里周仕葛文敏等出其首於衆俾家助金穀人給庸力斂財鳩工以修繕之肇事於洪武戊寅冬十月暨明年二月告成堂宇門廡完整堅鮮神斯安矣神益承庇衆謂不可無記以詔來者且礱石以待久矣非子孰宜余疇昔所遊歷及近閲暨乘所載且重孫請乃併書修造歲月以歸之因系娛神之詞於左俾歌以侑享焉其詞曰五湖舟兮飄飄公昔遊兮莫我招兩溪之澗兮鶴鳴皋今公來思兮毋使我心勞青雲駢素霓蓋公歸來乎洋洋如在蘭釭燎兮熒熒檀爐薰兮靄靄溪有毛林有芳擷之芼之虔以將敷瑤席湛璚觴鼓鐘於樂兮公堂金誰復兮寫公像地無復兮表公冢封壤惟茲廟兮棲神我民敬事公兮世世猗與時享

樂中重建萬歷志

南源廟　在二十一都南曁祀稷契皋陶宋紹興二年建備稿○宋趙友直南源廟詩乾坤何處不披圖覔勝誰從此地趨三相神功垂舜治千秋廟貌壯勾湖衢通瑞象無塵境山隔眠牛有坦途伏臘歲時同到此祠前瞻拜一喧呼　亦名三殿廟一在半湖一在王家山頭採訪冊

東嶽廟　在二十二都舊通明堰西本順聖龍王廟見嘉泰志萬歷志　明嘉靖三年知縣楊紹芳建樓三間以塞水口更額曰水東精舍明朱袞有水東精舍碑文載古蹟　國朝康熙四年改今額以上嘉慶志　咸豐間被粵匪燬邑人倪桂林募捐重建

採訪冊○案虞邑東嶽廟無慮數十惟舊通明堰廟最著名今錄其一餘從刪又案萬歷志載東嶽廟在縣治南金罍山元妙觀西今遺址無存並刪

赤石夫人廟　相傳縣後山山腰有石正赤案嘉泰志稱望夫石夕陽返照其色如緋衣女子鄉人異之爲立祠有禱輒應稱夫人萬歷志一爲東赤石夫人廟在二十二都落馬橋西咸豐十一年燬同治間許俞劉張四姓重建改號東赤石眞人廟　一爲西赤石夫人廟在二十二都北門外三里許明知縣朱維藩有記○採訪冊

朱娥廟　在縣南八里二十二都董家嶴祀宋朱回女嘉泰

志○事詳列女俗呼救婆廟採訪冊宋治平三年建熙寍十年會稽令董楷以娥配享曹娥廟原祠圮政和三年舊志作四年知縣席彥稷主簿孫衍尉向泳增修江公亮記略娥田廬一稚女爾非有氣節凜若悍夫武士平昔所自任也非有孝義積習之訓若孝子順孫朝夕所講聞也一旦視死若生赴義如歸身悼祖母卒濟其難非孝義篤於天性勇烈發於眞誠曷克是耶從事虞公適當其時乃疏其本末著之石刻故僕得考其詳而知歲月之攸始實治平三年二月甲子也距今四十九年矣祠宇頹落香火不屬往來咨嗟政和三年冬主簿孫廣伯衍尉向道原泳相與謀曰朱娥之節近古未聞今祠頹圮非所以敦教化且稱天子修崇之意乃卽故居經營相視出帑金鳩工市財會未淹時一新遺構工告成邑令席相仲彥稷率僚吏具酒脯安奉神像示邑人祀事無窮不可無述以垂厥後乃以文見屬余聞昔曹娥以孝烈著於前今朱娥以節

義維於後英姿淑節邈千載一轍豈山川形勝之美所産耶抑風聲氣習其猶有傳耶噫彼君子有勇而不要於義士見危而不能致命聞其風可以少愧矣　明萬歷乙酉知縣朱維藩查復祭田捐俸修葺之　朱維藩記略娥僅十齡耳當惡少逞兇迫其大母事出叵測娥能呼牽賊衣冀其稍緩卒脫大母之難娥不免焉吁娥死不獨烈已娥孤賴大母卒以報之李密猶男子身報劉爲從容事古今侈談之矧娥一弱息乃衽席白刃哉今以勘荒行經廟所見其圮廢惻然傷之乃捐俸葺理其配享曹娥奉有舊典相沿勿替○

以上萬歷志參嘉慶志　國朝光緒十七年里人龔聿修重修　採訪冊○明劉履詩山有石何硜硜朱家娥方十齡仇顏兇迫大母倉皇誰爲憑娥能冒白刃奮身以迎手挽其袂呼母疾去勿當其掠賊怒不得逞刺娥之臂斬娥頸娥知不復生猶恐母脫未遠十指勿懈目愈瞠嗟哉朱娥誰教爾能安知當此可用殺其身孝誠感動天地孰能爲爾昧此至情里祠菲薦何

以昭德馨躋諸曹廟配厥靈亦有良史直筆俾爾不朽永世垂名○謝肅詩稚松生澗底已抱凌寒姿春鳥出巢去反哺還高枝何況十歲女所稟眞英奇至孝自天啟利害焉足移讐家迫大母白刃正差差奮身當刃刺揮手挽讐衣被血死瞠視尙恐追殺之母難一以脫遂達朝廷知詔書恤其家鄉里建其祠亦復祔曹女降集淸江湄丹書著往事宋史不吾欺至今頹寢在四壁苔蘚滋蘋蘩旣莫薦庶士徒嗟咨高山何漠漠溪流亦漣漪魂歸夜月皎樹聲淒以悲疇能復廟祀萬世猶一時○夏時詩百樓山前溪路紆我嘗策杖經崎嶇悲風出壑飄衣裾遠聞松籟鳴笙竽山迴水轉林木舒巋然一古柏當荒途有娟者娥身姓朱髻年獨與大母居兩身一氣相呴濡不虞寇來入室廬大母受迫號而呼娥身驚惶劇切膚奮然獨往當兇渠殺身成名在斯須邑人稱羨驚鄉閭歲時廟食爭來趨碑文殘缺半在趺使我三讀增長吁慈孫孝子何代無吾邦迴與他邦殊前有曹娥哀父盱投江抱屍出萬魚娥之相去千載餘一人生異代心同符往年氛祲連荊吳生民盡慮兵革驅一聞驚

柝鳴闉闍男奔女竄塡郭郛後厥父母遺舅姑顛危不解相持扶請觀卽是究是圖不愧爾內眞狂愚○葛焜詩孝女祠堂溪水邊蕭蕭古樹近籠煙遺碑剔蘚臨風讀不待中郎事亦傳

蕭將軍廟　在縣東南十四里嘉泰志　二十三都黃竹嶺祀秦蕭閭蕭閎採訪冊○將軍秦人諱閭與其弟閎輔王鄞領兵至越及虞鄞溺於海將軍乃植金鞭於地自誓曰化爲黃竹吾當血食茲土以福斯民已而果生黃竹因以名嶺鄉民共營廟祀之廟有斷碑吳太康間縣令濮陽興立○嘉泰志參萬歷志　一在小萬家村月山之東稱月山廟　一在箭山村稱樟木廟採訪冊

竹橋廟　在二十三都玉屏山祀宋宋郊以郊嘗編竹渡螘因額廟曰竹橋　一在潤滋湖採訪冊

遺德廟　在二都白馬湖壖，後徙蘭阜山陽。宋李光、潘顯謨分祀於鎮都五夫。祀晉周鵬舉神。東晉時爲虞令，後守雁門，歸隱漁浦湖，乘白駒泛舟，全家沒於水，自是數著靈異，民立祠祀之，號仙官廟。初在湖壖，神頗威肅，民甚畏憚，血食日盛。天寶間，明州天童僧曇德聞之，以慈力化導，俾歸正覺，自是祭奠惟用蔬食，且願以廟庭爲僧廬。鄉人孔澤、趙琰謂地勢窪狹，非立伽藍之所，請遷他所。忽大風四起，香爐紋幢皆隨風去，視所止處，聞之於官，奏陳得旨，建祠。祠堂院廟咸名利濟。會昌五年，詔停廢天下神祀，惟侯廟獨存。後祠內並藏吳越王錢鏐所賜犀帶、紫袍、笏及鐵鞭之屬。宋大中祥符間，改院爲法界，仍飭嚴潔致祭，禁樵採觸毀。政和元年，以兩浙轉運使奏越州上虞縣白馬湖上廟利濟侯祈求感應，乞賜爵號，奉勅賜廟額曰遺德。後住持失職，廟宇旋隳，神靈弗安。元至正甲辰，天台王芳尹茲邑，行縣之下，顧瞻祠庭弛勿理葺，迺撥湖旁田五畝奇錙租籍於廟，以資香燈修造，仍委寺僧明德司其事昉於丙午四月告成是年八月鄉民叠奏簫鼓大享樂神囑鄒陽朱右紀其顚末復爲迎神送神辭俾歌以祀神其辭曰蘭皐拔兮峩峩雲雨上薄兮下湖有波侯之堂兮爽塏蹇揚靈兮安歌乘白駒兮來下睠三妃兮以娭以語瓊觴湛兮鬱薌進殽羞兮飴粻樹旌兮繽紛左右兮駿奔食以飫兮飲以醲詼蕩蕩兮天之門慰我民兮下土雨暘時兮多稌民無厲札兮樂吾生答神庥兮永終古在五夫者其支廟也宋宣和七年睦寇犯浙東民大震懾侯出神兵禦之寇至倏見素旗自廟出賊衆駭愕咸謂官兵已至遂遁去鎭人朱顯明上其事部使者以聞改封威惠侯淳熙元年加封靈佑威惠侯有田七十三畝免稅以資修治○以上寶慶會稽續志參正統志萬歷志五夫志○案是廟慶歷甲申有宋李晏如得唐人所撰碑文書以刻石今字多殘闕入金石志今法界寺神像遷於桑三侯王廟左殿採訪冊

包公祠　在縣治東城隍廟大殿西祀宋包拯一在二都

楊家溪　國朝嘉慶十一年里人呂恆泰等建一在縣西十都羅方村前嘉慶志一日包公殿在王家匯采訪册

豐惠土地祠　在縣治東豐惠橋北　國朝康熙丁酉邑人錢陸剛建錢陸剛中式前一歲夢神告以明年應中并示以名次榜發果如所夢因建是祠神頗靈應凡有求者夜分尤奇驗○採訪册

節孝祠　在城隍廟西初在金罍坊望稼橋側　國朝雍正五年知縣許藎臣奉文建有司春秋致祭後圮乾隆間邑人陳瑤玉等移置今處祠自移置後其舊址建市屋六間後又圮嘉慶三年邑人朱文紹借王煦車泰占等呈邑令方維翰郡守百善定市屋六間每年租錢二十四千作歲修十二年邑

人王懋昭奉母遺訓捐田作三娥暨諸節孝夏冬
二祭並拓大祠宇津貼苦節請匾諸費。嘉慶志 道光
十八年陳兆慶王維仁等募捐重修
知縣毓秀記略邑
舊有節孝祠在八
字橋下日久傾頹改建於城隍廟右前明邑令羅公井
旁以崇祀名媛典至鉅也建祠後王君懋昭助首字號
田十畝爲每歲補葺費但積年來栗主較多寢室漸隘
非添築數楹無以爲後來庋主地今年夏與陳君兆慶
道其事始知庚寅歲王君煦曾邀同人共建此議遂有
王君望霖捌捐錢二百千文及錢某等捐錢總計祇四
百金有零資費不敷事遂止余爲悵然者久之夫揚潛
德發幽光邑宰之微意也錄貞節崇明祀邦人之盛舉
也況舊捐尚存踵事亦易君盍再集同人善襄此舉乎
嗣又捐得王君望霖哲嗣錢二百千文總較前捐約敷
修費遂庀材鳩工修葺舊祠於祠後隙地添築新室三
楹前以祀三娥後以祀諸節旅楹既敞位置攸宜自秋
徂冬工始告
竣。備稿
咸豐間被粵匪燬同治間積歷年資僅建

正殿三間專祀曹娥朱娥包娥光緒二年邑人宋梁首創捐并募貲重葺建復後殿宋梁記略咸豐十一年冬粵匪陷虞節孝祠被燬神牌得劉君耿光昇置於半湖之麓越明年九月寇平迄今十餘載未獲重建梁募捐若干搆置堂序三楹及廡軒庭戸不事華飾一以堅樸爲尚至神牌則考核志乘失者補之朽者易之陊剝者修葺之安置之所甃以石期永久焉祀產王懋昭助首字號田九畝九分六釐三毫賈餘慶姑助臣字號田二畝四分六釐三毫七絲王錢氏助朝字育字號田共二畝五分九釐八毫李震陽妻袁氏李震雷妻吳氏助夜字號田二畝一分七釐三毫周朱氏助雨字號田五畝三分五釐五毫沈榮培同妻許氏助道字黎字號田共三畝九分二釐六毫四絲○據縣冊採訪冊纂

蘇公祠　在縣治後假山祀元尹蘇松新令湜任必祭歲

清明中元長至官捐廉銀一兩庫戸書合捐銀一兩備
祭品祭文致祭邑遇水旱疾疫有求輒應國朝知縣張致高記略
袁枚小倉山房全集云錢辛楣少詹言上虞署後有古
墓墓傍有祠相傳新令至必祭之乾隆間有冉姓者宰
其地不修此禮一日至廳審事見有古衣冠客乘輿至
徑上堂曳冉入書室家僕從之聞冉語多嘵嘵不可辨
忽厲聲言我姓蘇名松元末進士爲上虞令死亂葬此
汝獨不修祀事乎艮久乃蘇遂朝服祭之道光庚戌八
月之杪致高來宰是邑將入官廨吏呈儀請祭署內後
園忠節公從之循階北上大樹環繞草木蘩茂巍然而
馬鬣者在焉折而西南歷石級以下爲明堂明堂之北
爲祠祠爲墓門碑高四尺餘字漫滅不可識邑志未紀
世代名字不可考但相傳爲元賢宰忠節公之墓云爾
夫懷忠抱節之士能使百代興起俎豆不墜而不能壽
其名於一編半簡之餘於是託物以自鳴如神降石言
諸異或亦其生平浩氣常留天壤必不與澌然者俱盡

而後達之人因假碑官之手以破後世之疑者乎簡齋之說不得盡指爲誕也因考邑志虞邑一殘於晉之孫恩再殘於元之方國珍皆不紀邑宰名氏與其事蹟豈亂離之後文獻中絕乎明末莆田余颺知縣事甲申都門之變土賊乘機竊發颺率鄉勇巷戰格退之初不言颺死節事如先生爲元進士豈遭方國珍之難而湛身者歟因誌其文論其世以備後之君子採擇焉。豐潤董象垚跋語忠節公姓蘇名松元末進士爲上虞令死難葬此垚於辛亥歲探親虞署覩古墓殘碑爲愀然者久之因憶先祖觀察公故事亦載袁枚集中其所敘上猶開河南昌隍水各事皆無虛語則忠節之託物自鳴亦非荒誕可知因識此以決來者之疑。案上虞令唐煦春稟憲請照興化知府奚世亮莆田訓導盧堯佐同時殉難奏請入昭忠祠例云蘇松遭亂投井身死後人即井爲墳立廟致祭水旱疾疫之災有求必應爲民造福合邑同聲。新纂

羅公祠　在城隍廟西嘉靖庚申建舊志作甲申時羅祀尚未任虞令正

明知縣羅尚德陳洙記略昔河東柳子厚宦柳州卒於柳死之日囑其祠之所降於州之堂其屬歐陽翼輩合柳州人之意而祀之羅池之上吾越節推羅公丁巳春視篆於虞至八月卒於虞今庚申冬其僚壕濱張公縣令喻齊李公亦合虞人之意而祀之夫亦柳人之祀柳子者乎時虞當島夷倡亂兵革旁午徵科煩急百姓嗷嗷無復更生比公下車以精明貞肅之心爲易直子諒之政推膚剝髓公能緩其徵煩賦重役公能節其力驕將悍卒公能消其氣黠吏暴胥公能回其習一意與民休息猶之膏火之後遲以湛露也雖聽政數月而民之德公者不啻積月而累歲矣既嬰疾尤切蚤夜視民疾苦眞若痌瘝之在身不能一息解於其心不三四日賫志以没遠近慟哭相向失聲夫公以善政布於虞虞忍忘公而不思建祠以報耶柳子卒於柳而降於柳之堂其生之精神在柳而不化也今公之精神盡在虞矣雖不囑其祠而降於堂而皁蓋雲衮之狀虞人恍然如有睹焉於是肖像立祠於城隍廟之右○萬歷志

國朝乾隆間改置節

孝祠側尋圮祠東有井猶稱羅公井嘉慶志道光甲午邑人王煦募捐重建備稿○王煦記略虞邑舊有羅公祠至明季頹廢鄉前輩將故址改建節孝祠而羅公竟無寸椽片瓦絕香火者二百年今集同志於城隍廟西首草字號糧地內重建公祠將節孝祠會仗存之款提作公費其有不敷俟將來歲收所入陸續培補總之節孝祠可借羅公祠之基以爲基羅公亦可借節孝祠之產以爲產一切時祀歲修諸費二祠合一贏縮相通俾名宦與名媛永食報於無窮焉又繫以詩曠代追懷社稷臣翦除醜類奠斯民許田久已假於鄭趙璧終須歸自秦益部生前留翰舊桐鄉歿後奉嘗新此邦差喜多同志好製鴻章賀肇禋咸豐間被燬於城隍廟內奉主祔祀光緒二十二年里人章銓集貲建復節孝祠後採訪冊

鄭公祠 在縣治東等慈寺左祀明知縣鄭芸嘉靖壬戌

建並置田十九畝供春秋二享明朱袞記略鄭侯名芸字士馨起家乙未進士始莆中俊髦三峯山人領麾是郡實作育而振之詎知令松陽而以優望調虞也時則戊戌之秋首謁山人請曰芸也幸獲承職師帥之鄉卒業遠曠有藉矣山人蹵然喜曰舉廢典以奠黎庶奚難乎江海之陬莫要於城虞城起自唐長慶拓於元末僞命方氏石制頗壯迨我明御世經略使視臨山禦夷孔棘權徙石以城徐圖復我迺一廢至此非心誠衛民曷任哉猷聞當道咸曰宜遂經費飭財鳩力程績外內高深積廢頓起視舊制加雄形勢一日稱險固焉平世猝興是役能無訾議孰知方十越歲而倭夷四侵白骨盈野吾城士女藉是安堵咸喧嘻歸德慮始享成之異情信夫其諸猷一根虛襟周咨民罔弗宜其以虛亭自號匪誣也尋召入爲御史去矣能忘厥思及聞不諱思矣能忘厥哀謂非古之遺愛歟邦人士德其澤咸謀祠以存像當道聽之喻齋李侯卜坊左浮屠隙地營立焉且以需次鍾良朋公田十九畝有奇入備春秋二享以山人宿知迺請記記成會

方池楊侯繼令聞而韙之乃市珉命工鑱諸祠內以祀萬歷志今其祠圮移像於西城外西倉嘉慶間復廢移像城隍廟後殿側備稿

周公祠　在二都和尚橋北道光間知縣周鏞捕逐匪黨鄉人感德建生祠祀之備稿

張公祠　在五都謝家塘祀　國朝把總張殿康熙間建里人沈棨昌記略上虞五都中堰把總張公殿字國相山西人也亦名虎康熙十七年海賊剽掠沿海州縣猝至中堰公素愛民令婦女入避土城而身與僕操刀當門立或勸之曰君之秩與抱關等耳非若封疆大吏有守土責何遽以身殉乎公曰山東出相山西出將殺身成仁之志舍生取義之言籌之熟矣把總雖微亦朝廷臣也豈肯爲草寇屈哉賊蜂擁而至公奮擊之手刃數十八賊怒甚攢刀環斫公力屈遂與僕同遇害嗚呼壯

哉里人戴其德建祠祀之至雍正丁未季秋見夢於里人謝鯨鯨記其事懸諸額祠故無產每歲十月朔爲公降生之辰祠下醵資壽公費恆不支道光乙酉同里謝兆蘭謝聘宋光照暨會稽柴瀚等議裒資立產爲久遠計置田若干畝要皆重公之義欽公之烈敬神明而報功德者也宜勒諸貞珉以彰厥美公去今已百有餘歲而里人以雨暘禱輒應是公之神在天而公之靈爽猶式憑於民爲撰迎享送神之詞俾歲時歌之以祀公其迎神詞曰紛溶溶瞻鈞天玉霄迴白鯢旋翩我靈來徐徐駕元虯魃魃驅翩我靈豎戈戟神飈興妖氛滅翩我靈變陰陽氣光昌耀霓旌翩我靈與之翔羅剎衞旗翼張其享神辭曰神筵啟蘭鐙烰霧靄靄樹耀珠奄靈車鼓鐘欽筵饌玉斝浮金奄靈車奠芳醑爵行千流若雨奄靈車神具醉蕙有馨椒觴備奄靈車進鏤俎賡歡娛樂屢舞其送神辭曰氣翼翼蓋山左絳雲圍山岌嶪靈之旋疾如風從以虎導者龍靈之旋長髯飄淩紫袍聳丹霄靈之旋風颼颼福穰穰歲有秋靈之旋錫我祜降繁禧樂終古○採訪冊○謝聘謁土城張公祠詩煙島

流氛擾里民獨先單騎勇忘身忠魂此日應還晉父老當時不苦秦敢報蒸嘗慙薄薦仰瞻祠宇願長春年經二百昇平久猶仗靈威奠海濱

崇善祠 在八都港口康熙間建祀晉陳頊 採訪冊○案神姓陳諱頊字行嵩會稽人生東晉朝梁大同二年勅封輿善王後改封崇善考李宗諤圖經及高僧傳白居易祝祠載神事蹟頗詳以無關上虞不錄

桂林祠 在八都祀晉李祥 祥海鹽人爲袁山松部將孫恩攻滬瀆山松戰沒祥突白刃奪屍歸葬鄉人義之立祠祀焉 一在六都近夏蓋山 以上俱採訪冊 亦曰桂林廟 萬歷志○明謝讜桂林廟詩敞殿疎軒廟貌新金冠繡服照青春千年俎豆垂靈遠萬戶笙歌報福頻雲引虬幢天有路風嚴虎仗地無塵一泓如鑑支流合不盡恩波潤澤人

貞烈祠　在八都後郭瀆　國朝康熙間建祀烈婦謝陳氏陳金氏事詳列女二婦並祔祀於夏蓋夫人廟採訪冊

六賢祠　在九都嵩廈松陵書院左廂康熙間建祀浙閩總督滿保巡撫朱軾知府俞卿同知閻治知縣王國棟諸生俞文旦因六賢請帑築塘衛民里人感德祀之○採訪冊

三神祠　在十都五龍山龍湫窟旁水旱禱之輒應明謝讜記略東浙古多神神罔弗靈於今爲烈則有鐵使劉相公總管陳愷山侯王蘿巖山桑郡王三神皆生而正直死爲明神余敬恭有素於凡耆獻所傳里巷所額八方商旅所揚者咸敬憶之大抵時雨時暘稔年祛沴起病於危拯難於迫若其整陰旅以靖國殺洪濤以利濟發冥鏹以消寇尤有明徵是以帝勅褒之上爵錫之琳宮絢

彩香煙成雲於戲戲赫赫哉夫神有顯司威不踰境若世之官府然三神則著宏庇之庥而隆都轄之寄者故虞會蕭剡諸廟中俱有塑像而禮拜不遺哲彥縈雩不限搢紳也於戲赫赫哉余友徐子績學務孝夢感三神迺命工飭祠祗修祀事且數以夢語余余不文無能爲神役謹製迎饗送神祠三章俾凡祀者歌焉迎神詞曰玉霄迥兮霞嶠虛靈總總兮何所如拜稽首兮丹誠輸祥飈冉冉兮猋若翠駕元菟兮魆魆爲驅霓旌羽蓋兮來徐徐饗神詞曰蘭鐙焞兮蕙服馞馥霧靄靄兮瓊樹林林鼓坎坎兮鐘欽欽肆筵饌玉兮鬱鬯浮金靈我宴兮並我歆恍有聞兮雲中音送神詞曰剎事成兮金奏徹閶闔啟兮待神之歸神僊歸兮我拜以辭鑒齋明兮降繁禧楮巒矗兮洪濤夷雲飛飛兮樂無期○刋補

趙氏三忠祠　在十都華渡西園南元時建祀宋趙艮坡趙艮坦趙艮埈嘉慶志○尹張垕有記余涖虞之明年勸農出郭憩華渡之西園溪流環繞竹

木交映其南數武有三忠祠焉里中人士逵巡進謁屬
余作文爲之記余考三公筮仕時襄樊巳失湖北江南
次第淪陷大勢將傾有非一城一邑所可支者而三公
以宗室曾任專城之責死不顧也厥後或授命於燕市
或殉節於閩中或抗志遯荒而殞於草莽皆若素所期
待甘心而無怨悔噫三公之遇誠窮矣而吾謂其節苦
而節有甚奇者江左百有餘年外死封疆內死社稷捐
軀報主者於勝國爲多而三公祓逮幽囚流離困頓悉
從容就義而不辭此苦節之貞有幾人耶弟兄藉累葉
貴盛相繼成進士各分其官各任其士郎欲闔門赴難
豈能不約而同乃守國亡與亡大義獨得其是而先後
同歸盡非天地之靈秀特鍾一門爲尊賢養士之報以
爲趙氏之光耶夫古來忠義之士郎其所生之地皆得
崇祀典以三公之大節皎如日星而表彰不及誠職斯
土者之羞也今虞之人士建宇設奠奉若楷模俾後之
宏奬幽忠者有所傳述則是祠也可以補傳志之闕遺
矣余記其人幸虞邑山川尚留正氣也記其祠幸虞邑人心能崇節義也○備稿今廢
國朝趙琴記

略三忠祠建於華渡西園祀吾宋室宗臣諱艮坡艮坦艮埈三祖者也歲久傾圮故址就湮舊志艮坡艮坦授命燕市殉節閩中載於忠烈而埈以寶祐四年進士剛正立朝忤權貴被斥退處山谷宋亡耻食元粟不知所終其事獨未之前聞書闕有間與將夷齊之餓不敵逢比之死與孔子曰殷有三仁焉孟子曰君子亦仁而已矣何必同當南渡陵夷之際嵩之似道權勢薰灼而埈具剛直之氣持國是排衆議顛沛撼跌百折不回其生平志行必有大過人者抗志遯荒殞身草莽不與伯仲同焉致命夫亦以所遇不同故所處不同而要其國亡與亡歷九死而不悔者未嘗不同也自元迄今五百餘歲今人猶知所謂三忠祠者獨賴張尹碑記一篇不然破屋頹垣鞠爲禾黍後之人即欲旁羅舊聞闡揚幽烈而無徵不信其何以使磊落軒天地者不至泯沒於閭閻間耶考埈爲南谷老人諱必蒸子必蒸上下古今靡不淹貫與子艮坡孫友直同舉咸湻元年進士出治嘉禾淸愼自持嘗從戶侍劉漢弼遊漢弼以諫酖死蒸深爲感憤欲抗疏適趙與懽白於朝不果又坡曾孫同倫

不求聞達以教讀終自景炎祥興後但書甲子不書年號有陶彭澤風坦子咏道當坦拘囚時年甫十二出入白刃間毫無怖色及坦被害奉衣冠以葬含恨終天張景泰榜其門曰忠孝乃考之舊志俱闕焉不載何歟余故併誌之以俟後之採風者擇焉○以上俱嘉慶志

三公祠　在十都蘭芎山福仙寺後　國朝道光二十七年里人王燕藻等建祀晉葛洪宋王宏之明倪元璐王振綱撰碑記余家世居梁湖距蘭芎山半里暇輒登覽焉憶少時隨先中翰公遊中翰公好吟咏值古蹟必延立指示山有泉清且冽曰此晉葛仙稚川煉丹池也寺有室靜以幽曰此明倪公鴻寶讀書所也及登峯遐眺舜江如練橫亘山麓有石嶄然俯臨江岸望之使人作飄然遺世想者曰此劉宋隱士吾家方平公釣臺也余時尚少謹識之不忘而三賢之祀典其存與否中翰公不及言余亦不及問既長偕叔五橋修佛事於山之福仙

寺頂禮神龕仰見葛倪二像與伽藍雜處叔必非之竊謂余曰是豈有當於祀典乎盍謀一室以妥其靈余曰叔言誠然然劉宋隱君子方平公釣於是山之麓吾宗先賢也今尚不祀亦祀典之失叔曰固吾意也嗣於歲丁未卜吉庀材葺寺之後院移葛倪二公像而以方平公配焉額曰三公祠奠以椒漿爲文告之并爲詩歌之夫士各有志不能相强有託而逃其必更苦爲仙耶爲隱耶爲忠臣耶出處雖不一其途而遥遥千載惟此三人偶焉棲寓遂鼎足而各成其所造人以山靈歟山以人傳歟此其故當非淺見者流所能窺測也是爲記○以上俱備稿

崔公祠　在十都崔公塘兩浙防護錄祀唐縣令崔協嘉泰志正統志俱稱崔長官　明嘉靖辛酉紹興府通判署知縣林仰成重修林仰成記略虞邑西有崔公祠余嘗登拜祠宇荒頽不除風雨而殘碑遺誌亦幾湮滅問之里人咸曰有功茲

士特祠祀之莫能詳其顛末蓋在唐時去今幾千年故老遺黎亦皆代謝余重有感焉是秋以署篆再來拜公祠乃得詳稽故實公姓崔諱協博陵人唐大中時以戶曹爲邑令適歲旱無收徵輸莫辦乃捐俸代輸至罄其家積邑人深德之置祠於莫氏地號莫家祠祠前有樟九株名九枝樟後宇廢木茂里人擬古甘棠爰香火於樹下奉如祠嘉靖己亥復營構迄今又越二十餘禩矣樟盡萎而廟貌僅存春秋歲祀他祠皆有而公獨遺將如公功德遺民者何因擇日量工門庭楹廡悉更經營祠宇既備東西構屋數間爲道人薪水之資復買置祭田以供祀事而蠲其稅焉方今東南多故倭奴竊發數年來吳越倥偬催徵日急今之人胡爲虺蜴然斯民直道三代不殊倘有如公之急民忘家者民亦未必不思之如公余故修祠崇祀以爲官茲土者勸所置祭田在阜李湖計六畝九分道人歲收以供祀

萬曆乙酉知縣朱維藩復葺新之

朱維藩記略萬曆壬午余被命出宰上虞入其郊見道旁有祠風雨不蔽心竊怪焉他日又過祠下拜瞻遺像

拭觀碑詞乃知爲前令崔公協也公令於唐之大中元年當是時歲頻不入國賦爲艱公不忍至傾家貲爲民貸輸民故德而祠之嗟乎公不負民民亦何負於公哉嘗考公起於憲宗之朝與令狐綯向敏中同遊當其氣焰薰灼度越公不啻百倍今也與草木同腐耳視公之祠巋然猶存燬於火不滅飄零於風雨不亡一興於已亥再興於辛酉歲時伏臘燈火輝煌宛然如大中之日非公之眞誠實惠深入於人心豈能世世守之而不變若是歟余也嗣爲令愧譾薄無能爲民利益每謁公祠輒爲內省今且越一考於茲得沾恩典又得與斯民優游於公之祠下厚幸矣詎非公之蔭澤也夫度時計費爲公修葺祠宇旁爲官舍以便茇止門外爲石埠以便登臨宇下植松柏使他日撫斯樹者知爲公之甘棠也工竣乃率僚友稱觴且載述始末勒石○以上萬歷志

一在華渡橋北 採訪冊

朱公祠 在十都大板橋西 採訪冊 明萬歷間郡守朱芹勘

清皁李湖瀕湖居民德之立祠祀焉　國朝郡守張三異記略

歲康熙戊申余受命守越方考鏡典故檄修郡邑志凡前賢芳躅有未闡揚者亟與蒐羅登諸記載乃虞邑諸生謂明萬歷間越郡守錦波先生朱公舊有祠今求記曰虞邑西二十里許皁李湖始自唐貞觀初居民資灌溉疆界不混雖强有力不能奪涓滴爲捍此注彼之謀其舊志然也無何萬歷間徐令俾葛曉修邑志曉改志竄入僞說冀以水利分於鄰境而令亦許可弗駁踰年邑志成竟有踰限以引溉者持僞說爲左券湖民聞而大譁向朱公號寃殆以千萬計公同別駕葉公詣皁李湖度其高下廣狹勘悉甚明因指示葉公曰盈盈水耳溉此方田猶不足而可他洩乎亟命斥僞說仍舊志遂勒石湖濱衆心帖然俄而公以課最陞陝西糧憲去民思其德爲建祠肖公像敬修春秋二祀蓋直道若斯其永也余今有郡志之修方蒐軼事片善必錄況盛德在民如朱公何可不爲之記先生蜀之富順人萬歷乙丑進士累陞貴州左布政使萬歷三十六年建祠於虞河孔道旁

顔曰郡侯

朱公祠　國朝康熙間並祀郡守張三異　孫曾記略紹興爲浙東上郡土田之肥瘠高下因地制宜法行及遠己酉春漢陽張公來守是邦不朞月而報政今且歷三載矣歲旱予奉上官檄按視災眚行縣入虞虞之人遮道而前曰張公生我請頌言其一節衆著於茲土而徼福於無窮者虞之西故有皁李湖唐時居民割田成之戒旱潦便蓄洩其旁有田萬頃實利賴焉明季有葛曉者因修邑志創爲七說奪湖注河啟豪右盜決之漸其害莫大前郡侯朱公諱芹躬勘得實請於制撫刻石禁止湖民德之建祠享祀而僞志既成災木遂久今會我張公治郡百廢具舉念郡乘之缺失百有餘季乃修而更新之而吾虞一縣志亦得改纂僞說之害政者既經刻削復請憲勒禁一如朱公故事而皁李湖得不廢吾儕被澤於公罔知報稱相與肖公之貌與朱公同祠合祀俾世世子孫無忘明賜敢請於執事願一言以志不朽虞民之情如此予不文既樂道公之盛美而喜虞之人能樂善而報本也謹撮其言以爲之記而系之以銘銘曰湖水

洋洋惟公之光湖民嘖嘖惟公之澤公諱三異號雨木漢陽世家清河族茲石不磨萬古讀○康熙志○案國朝嘉慶元年里人因旱李湖四閘頹漏議將姜字九百號田二畝六分六釐存朱公戶交住持收花作修理四閘之費

王公祠　在十都前江祀明知府王期昇採訪册○明倪元璐有碑詞載水利國朝乾隆間燬光緒七年里人金鼎等稟縣重建並以元府史王永遠字仲祔祀採訪册

萬公祠　在十一都蒿壩康熙二十九年里人章階陞籌資建立祀知縣萬中一道光間江水決堤祠被沖塌光緒十五年里人柴遇春等集資建復採訪册

謝公祠　在十二都東山祀晉謝安兩浙防護錄

彭公祠　在十三都范洋村祀會稽知縣彭某國朝乾隆間會稽知縣彭建豐惠閘於虞地會上嵊三縣田均承蔭其隸虞籍者田八百畝民感其德立廟以祀之尋被粵匪燬里人金堃重建採訪冊

郲郭祠　在十五都祠前井水甚清洌刊補○案祠不詳所祀姓名惟王龜齡嶀山賦有云郲郭祠前且見井坑之跡

徐氏三忠祠　在二十都下管國朝乾隆間徐自淑建祀明徐文彪徐學詩徐復儀嘉慶志○案徐自淑建祠後捐已田一十餘畝以供祀事至道光二十一年徐廸惠設侍郎徐檀燕少卿徐善伯神位復籌族田二畝并勸各祖支下助田立祭○

據縣冊并採訪冊

三賢祠　在二十一都西倉內即今西城外倉基祀明知縣鄭芸因等慈寺左鄭朱維藩楊紹芳生祠祔焉萬歷志今廢康熙鄭公祠廢像移此志

孟公祠　在二十二都孟閘南祀漢孟嘗祠久廢明知縣胡思伸修葺扁曰感雨還珠萬歷志國朝道光十一年里人重修錢世敘記略吾虞東越望邑山水清淑民物醇古嬀汭以降代有聞人而漢合浦太守孟公尤以循吏著公遺蹟在虞有宅有村有墓皆在今縣東南里許至若閘有孟宅橋有孟閘又輾轉以公得名者也元至正間祀公於鄉賢既與瞽宗之祭矣鄉之人復於公之故居立祠祀公明萬歷間邑令胡公思伸重

葺之國朝康熙間我先人與同里諸君作新廟於故址自是屢有修葺顧祀事未隆也歲甲辰適醵金舉爲會歲以十月二日釋菜於祠禮成屬余序其事余維公吏治紀於史德業載於郡邑志章矣不具論惟念公去合浦日吏民攀車請之不得請乃夜載鄉民船遁去耕傭窮澤鄰民慕其德就居止者百家當日之愛慕公者何其至也范史傳循吏十有二若公者眞以德感人者矣迄今千餘年流風遺韻沾溉鄉隅鄉之人於公遊釣之所一邱一壑皆託公以誌不朽何惓惓乎有餘思也嗚呼賢矣公於吾虞爲鄉賢於合浦爲名宦余未至合浦其有祠與否不可得而知而在虞則固濟南之祀伏生北海之祀鄭康成也然則公之昭後世而垂無窮者何如而生公之鄉瞻拜公之祠下感動奮發又當何如也余不文謹舉祀公之由述之如此　同治八年復修採訪冊

新安祠　在二十二都舊通明堰南里許明萬歷丙申知

縣胡思伸建新安閘立祠閘東祀夏禹萬歷志

胡公祠　在二十二都兩浙防護錄潮河南祀明知縣胡思伸事詳名宦傳今移主於新安祠中採訪冊

仙姑祠　在二十二都鳳鳴山採訪冊本鳳鳴洞主廟宋乾道間禱雨隨應知縣錢似之以其事上聞賜額靈惠嘉泰志稱靈惠王廟旁有洞高數丈深十餘步雙厓峭立懸石如隧飛瀑濺珠常若雷霆風雨昔有仙女乘鸞鶴來下立祠祀之號鳳鳴洞主○正統志後復於洞上山巔搆屋五間亦奉仙姑扁曰天開靈宅歲旱祈禱輒應長至前後占夢者禱宿祠下有奇驗明孫如遊仙姑洞記余萬歷乙亥修業龍山客有談仙姑洞之

勝夢兆先徵者駕舟抵古虞東門舟人遥指東南秀巒插天諸峯環繞爭雄而趨是其地也舍棹登岸行數里入谷口蒼翠四封谿徑欲絶扳緣而渡溪澗兩山旁襲夾拱以出勢若遊龍旣至草菴數間僅安神像其左爲仙姑洞志稱昔有仙女乘鳳下其處云雙崖峭立高可二十丈闊丈餘上覆奇石圓而頎若隧磬竅入日光玲瓏熒朗飛瀑懸瀉噴沫飄灑若風雨下有潭方丈承之不溢不涸陡深叵測遊覽入暮齋而就枕怳然示余以夢寤而記之丙子登賢書壬辰薦於南宮悉與夢符復詣神所徘徊周覽欲尋其記志而不可得嗟乎顯晦固有數哉古剎名菴棟宇崔嵬金碧輝煌奔走士女而供奉之率無徵應能效靈者豈神物憑藉山川之秀散則耗聚則靈耶茲其山深僻故融結而不露其水澄澈故鑑納而不撓其地雅而靜非有怪異可以洞駴人目故精英常完而不漓古英雄豪傑潛於深山大谷以養其眞一出而炳事幾稱先覺而碌碌浮生者昧眩於貨利聲色馳騖於紫陌紅塵神昏而志耗終其身處於夢中而不覺而我以誠格神神以靈覺我灑然易慮炯然悟

眞是以感而夢夢而徵也世之當大任者操持若茲山之聳修潔若茲水之清塵囂不染勢利不縈若茲地之雅而靜中虛外朗所謂至誠如神衆夢獨醒者非歟余不敏敢以一第邀靈於神乃涉世之道盡命之矣敬奉以從事○以上萬歷志○

國朝黃百家鳳鳴紀遊古虞鳳鳴洞在邑城東南之百雲山上先王父忠端公有記先遺獻有詩俗名仙姑洞旁有仙姑祠王父殉難後王母姚太夫人偕先母葉淑人嘗禱夢於此王母夢仙姑示以隻手手後祥光燭天成五色卿雲吾母夢曉日照竹林亦有祥光瑞靄時余尚未生也已吾母復如前夢而生余因乳名竹是茲洞於余家有夙契焉城北爲東浙水陸之路余每經此望城外東南山上浮圖矗立以爲洞祠即在浮圖下嘗懸揣一仙姑之景象久貯胸臆間庚辰十二月二十日以訪邑侯陶君頴儒寓居城店次日出東門覓朱村族人亮工爲路導至浮圖山陽去洞尚十里並龍緣溪山路窅深冰石滑足近洞一里許歷磴而上殘雪尚尺餘環觀景色與意中之景絶異及入祠中見仙姑像設則又歷然如熟覩因爲惝怳者

久之夫物非親覿終難以意想懸揣扣盤捫燭大都然也若夫身所未歷又非意擬而忽焉當前如同熟覩者此則何解豈如子瞻判杭凡所遊覽多似重來所謂生前身後之談果有其事乎獨是以仙靈之先覺假夢示人宜無不驗手後祥光手音同守吾王母冰蘗節守而有子爲先遺獻滂母之兆耳目灼如顧乃孤孱不肖易不易于不于應世不能離賤貧絕世無以待家學邇雖志切父書而景仄桑榆苦多去日竹林曉日太人將何以占之耶迄今王父之去世七十餘年王母吾母二十餘年吾父六年冬殘歲晚冰雪滿山余小子煢煢孑影行年五十八始得來此思此山之磴路與此祠內外之庭除階級皆爲我先世兩代父母之所經因追想當日前後步履之行蹤禱夢之寢處輿從之餔啜往來一一低回繞步暗索潛思山上黑林中有怪鴟作鳴鳴聲不知失聽幾許也洞在祠左不二十武瀑流爲冰柱所咽虎趾縱橫印洞外雪上恐日暮返步入城○備稿

濮陽公祠　在鎮都五夫里採訪冊里故有柯家閘一名長

壩年久鬬廢歲屢不登明萬歷初丞濮陽傳令民重建民德之建祠以祀後圮國朝乾隆間邑人潘式金薛士英募捐重建

嘉慶志。趙琴記略長壩卽柯家閘與姚邑接境乃上妃白馬夏蓋三湖合流之處其瀉於姚勢如建瓴說者謂孔家堰爲三湖尾閭長壩尤三湖之漏卮有以夫舊有閘以時啟閉歲久弊滋閘無寸板壩無完石春夏水泛奔流東注一遇旱荒卽苦弗歲乃自前明改築以來橋柱嵯峨塘址堅固歷二三百年而屹然不壞實濮陽公爲之也公諱傳廣德人萬歷初由貢爲吾邑丞築長壩而鎭二三都比歲常稔是可以廟食於茲矣鎭故有廟歲久傾圮潘君式金薛君士英糾及鄉之好義者捐資重建每歲壽日則潔肴醴以供祀事嗚呼鸞鳳其侶枳棘其棲如濮陽公者雖位不稱其德而俎豆千秋能使虞之人士景仰弗替以視列鼎鳴鐘生前赫赫身後泯泯者何如也式金仲子家揆克承先志恐其久而就湮緣捐祀田以垂永遠

庶不負濮陽公創建之功也。備稿同治間移建迴龍墩上採訪冊

劉猛將軍殿在二都楊家溪謹案大清會典諭直省各府州縣建劉猛將軍廟吾虞無專祠於包公祠右立殿祔祀。又案將軍生元末官指揮能驅蝗元亡自沈於河稱猛將軍咸豐七年虞地徧蝗知縣劉書田率民迎神蝗滅嗣經里人宋粱捐田又經宋棠劉杏林集貲置產爲歲時祈報費光緒四年神復著靈異知縣唐煦春記略神姓劉諱承忠善驅蝗咸豐七年治蝗靈驗祠部聞於朝奉旨錫封號曰保康同治四年復著靈異加普佑二字今夏飛蝗蔽空自西北來集於境民情洶洶懼損田禾春力籌挽救咨訪於衆得神塐像於城北楊家溪於是齋沐祈禱躬導神鑾奉安廳事朝夕籲求不數日悶舉襄之蔓延四野者杳不知其所之嗚呼異矣謂非神功默運吾民盛望有秋耶春忝爲

民長謹舉有功則祀之文並載其
所緣起勒之殿額○以上採訪冊

三義殿　在九都王家村祀漢昭烈帝關公張桓侯採訪冊

周郡王廟　在鎮都孟橋左卽虞丞濮陽傳生祠基潘思漢記略神姓周名城字克界姚邑馬渚人祖字彥明父炳母魏生神於明玄治□年八月初七日幼靈異有夙悟教學蕭山遊錢塘過宋神祠題詩誚之神亦附童口答以詩俱不作人間語有姊適五夫嚴氏歸過其家饌具餕餘神曰若誤以雞骨餉我耶又曰我與若等聚時少也死則爲神廟食舊土姊怪之後果於五月十三日死年二十二歲夫人陳氏無嗣神嘗降靈於馬渚龜山之巔多異蹟鄉人爲立廟民間有疾祈禱卽愈士女多晉冠袍供牲醴往來奉香火者道相望弗絕明遺藩魯王之東海神顯靈保衞封護國郡王　國朝順治間嚴氏往馬渚迎神小像禱醫於家緣祈求者衆因移像於虞丞濮陽傳生祠中至康熙間始爲建殿與潮神張公並祀

焉。五
夫志

天后宮　在七都瀝海所城北門雍正三年以海船懼有風浪建祠祀之　採訪冊。案方輿彙編載后林姓世居莆之湄州嶼五代閩王時都巡檢愿第六女太平興國四年三月二十三日始生通悟秘法預知休咎長能乘席渡海乘雲遊島嶼間雍熙四年二月十九日昇化後常衣朱衣顯聖海上里人祠之禱雨暘輒應宋宣和間始賜靈濟廟號明永樂己丑加封天妃

國朝康熙二十年舟師南征大捷提督萬正色以妃靈有反風之功聞於　朝　詔封昭靈顯應仁慈天后

遣官致祭

案越俗信巫崇事鬼神最多祠廟如秦始皇廟舊太祖廟所祀非神稱名無謂均皆裁削外如正統志載有夏湖明聖廟南山大王廟萬歷志載有橫涇廟九里廟叠石山廟明目大王廟童郭廟乾溪廟莊頭廟盧村廟煯

煉廟梅演廟上村廟黃沙廟樟樹廟鎮山廟祝聖廟橫
山廟聖顯廟桂林廟西花廟伏虎將軍廟瀦湖廟五龍
廟康熙志載有順聖龍王廟嘉慶志載有明府廟三王
廟或建不詳其處所或神不指其姓名成羣立社何地
蔑有未敢從删附名卷末至於採訪所入尤不勝
記載且名目全無何關掌故謹從闕如未敢濫入

上虞縣志校續卷三十四　建置志二